Hans W. Fröhlich

Steuererklärung 2016/2017

Rentner, Pensionäre

Stiftung Warentest

Liebe Leserin, lieber Leser!

Unerwartete Post vom Finanzamt bringt selten gute Nachrichten. Diese Erfahrung machten in letzter Zeit viele Ruheständler. Die Amtspost enthielt nämlich die Aufforderung, eine oder gleich mehrere Steuererklärungen abzugeben. Das überraschte viele, löste manchmal auch Ärger und Ängste aus. Die Überraschung ist verständlich, denn für die meisten Rentner und Pensionäre bedeutet Ruhestand auch Ruhe vor dem Finanzamt. Das gilt zwar auch weiterhin, trotzdem müssen immer mehr von ihnen eine Steuererklärung abgeben. Das liegt vor allem daran, dass Renten und Pensionen Jahr für Jahr etwas stärker besteuert werden. Außerdem verhilft modernere Technik der Finanzverwaltung zu einem immer besseren Überblick über die Einkommensverhältnisse von Ruheständlern. Die relativ starke Rentenerhöhung zum 1. Juli 2016 beschert Rentnern zudem mehr Geld als üblich. Sie führt aber auch dazu, dass 2016 rund 160 000 Rentner erstmals Einkommensteuer zahlen müssen, schätzt das Bundesfinanzministerium. Noch mehr müssen 2016 erstmals eine Steuererklärung abgeben.

Dieser Ratgeber hilft Ihnen, richtig zu reagieren. In verständlicher Sprache und ohne Steuerchinesisch erklärt er auch denen, die sich im Steuerrecht wenig auskennen, ihre steuerliche Lage. Nachvollziehbare Beispiele und Übersichten helfen dabei. Dieser Ratgeber begleitet Sie Zeile für Zeile durch die Formulare, egal ob Sie es einmalig mit dem Finanzamt zu tun haben, oder ob Sie dort „Dauerkunde“ sind. An den jeweiligen Formularabschnitten gibt es die Erläuterungen, die Rentner und Pensionäre besonders betreffen. Zudem erhalten Sie hier weitere Tipps, etwa dazu, wie Sie sich gegenüber dem Finanzamt richtig verhalten oder was sich geändert hat. Eine ausführliche Übersicht der Begriffe rund um Rente und Pension und die ausgefüllten Originalformulare des Jahrgangs 2016 bieten zusätzliche Orientierung.

Inhaltsverzeichnis

Pflicht oder nicht?

Sind Renten und Pensionen steuerpflichtig? Müssen Rentner und Pensionäre eine Steuererklärung abgeben? Wer muss abgeben und wer bleibt verschont? Bedeutet eine Steuererklärung immer auch die Zahlung von Steuern? Solche und ähnliche Fragen treiben immer mehr Ruheständler um. Hier finden Sie die Antworten.

Bei der Rentenbesteuerung ist es so wie beim Radiosender Eriwan: „Im Prinzip ja, aber …", beginnen seine Antworten auf Hörerfragen. Fest steht jedenfalls: Im Prinzip sind Renten steuerpflichtig. Aber richtig ist auch, dass bisher nur relativ wenig Rentner tatsächlich Einkommensteuer bezahlen müssen.

Von den gut 14 Millionen Rentnerhaushalten im Land geben bisher etwa drei Viertel keine Steuererklärung ab. Allerdings werden jährlich mehr Rentnerhaushalte abgabepflichtig. Eine Ursache dafür ist das sogenannte Alterseinkünftegesetz. Es bewirkt, dass seit 2005 mindestens die Hälfte der gesetzlichen Rente jedes Einzelnen steuerpflichtig ist. Für jeden neuen Rentnerjahrgang steigt der steuerpflichtige Anteil der Rente. Für alle, die 2016 Rentner wurden, beträgt er 72 Prozent.

Außerdem ist jede Rentenanpassung seit 2005 nicht nur anteilig steuerpflichtig, sondern voll. Das waren einschließlich 2016 in den alten Bundesländern rund 15,5 Prozent, in den neuen rund 22,5 Prozent.

Steuerpflicht ja, Steuerzahlung nein, Abgabe einer Steuererklärung vielleicht? Zugegeben: Auf den ersten Blick wirkt das verwirrend und widersprüchlich. Ein Widerspruch löst sich aber auf, wenn man bedenkt, dass nicht die gesamte gesetzliche Rente steuerpflichtig ist, sondern nur ein Teil davon, mindestens 50 Prozent. Bis 2020 wächst dieser Teil für jeden neu hinzukommenden Rentnerjahrgang jährlich um 2 Prozent, danach schrittweise um 1 Prozent. 2040 wird Neurentnern die gesamte Bruttorente besteuert (→ Seite 145). Eine Ausnahme gibt es aber: Die mehr oder weniger regelmäßigen Rentenerhöhungen, auch „Rentenanpassungen" genannt, sind nicht nur anteilig, sondern immer mit ihrem vollen Eurobetrag steuerpflichtig. Die fielen 2016 außergewöhnlich hoch aus: Für Rentner in den alten Bundesländern ging es um 4,25 Prozent und für die in den neuen um 5,95 Prozent nach oben (→ Seite 155). Nur aus Vereinfachungsgründen fehlen im folgenden Beispiel die Rentenerhöhungen, danach haben wir sie berücksichtigt.

→ Zum Beispiel Anton A.

Der 65-Jährige ist alleinstehend und seit dem 1. Januar 2016 Rentner, gesetzliche Jahresrente: 12 000 Euro. Andere steuerpflichtige Einkünfte hatte er nicht. Muss er Steuern zahlen? Da 72 Prozent seiner Rente steuerpflichtig sind (warum 72 Prozent → ab Seite 30), geht das Finanzamt von 8 640 Euro steuerpflichtigen Einnahmen aus. Das liegt innerhalb des steuerfreien Existenzminimums oder, laut Fachsprache, nicht über dem Grundfreibetrag, der 2016 für Alleinstehende von 8 472 auf 8 652 erhöht wurde. Also muss Anton A. nichts versteuern und nicht einmal eine Steuererklärung abgeben.

Kurzausflug ins „Steuerchinesisch"

Steuerliche Fachbegriffe werden in diesem Ratgeber so weit wie möglich vermieden. Sie verhindern oft, dass Otto Normalsteuerzahler versteht, worum es geht. Dennoch lässt es sich an dieser Stelle nicht vermeiden, einen Grundbegriff zu klären. Es ist der bereits verwendete Begriff der Ein-

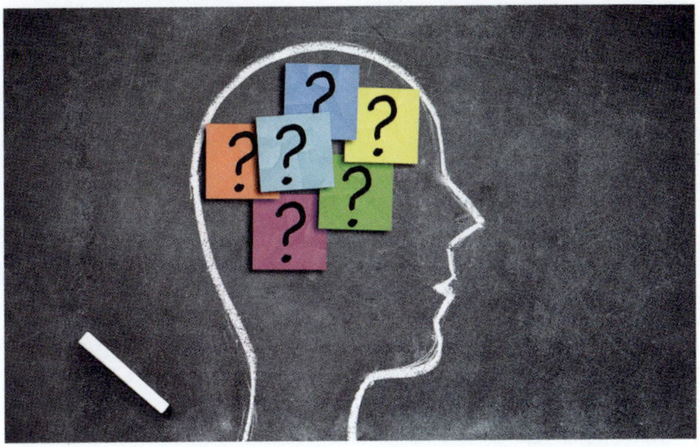

künfte. Das Wort wird auch in der Alltagssprache genutzt, oft als ein anderer Ausdruck für Einnahmen oder für Einkommen. In der steuerlichen Fachsprache liegen zwischen diesen Begriffen aber Welten.

Einkünfte sind im Steuerrecht kurz gesagt die Einnahmen aus einer Quelle beziehungsweise aus einer Tätigkeit minus der Ausgaben, die erforderlich sind, um diese Einnahmen zu erzielen oder eben diese Quelle am Sprudeln zu halten. Bei einem Arbeitnehmer ist das zum Beispiel der Bruttolohn minus der Ausgaben für den Job, Werbungskosten genannt. Die Kurzformel lautet hier: Einkünfte ist gleich Bruttolohn minus Werbungskosten.

Rentner berechnen ihre Einkünfte so ähnlich: Von der Rente gehen die Kosten ab, die sie zur Sicherung ihrer Renteneinkünfte aufbringen müssen. Das können zum Beispiel Kosten für eine Rentenberatung sein oder auch Ausgaben für eine juristische Auseinandersetzung um die Rente. Fallen solche Ausgaben nicht an, dann berücksichtigt das Finanzamt automatisch eine Werbungskostenpauschale von 102 Euro im Jahr. Pensionäre ziehen von der Bruttopension ebenfalls Werbungskosten ab, um die Einkünfte zu ermitteln, pauschal 102 Euro, und den Versorgungsfreibetrag mit Zuschlag (→ Seite 18).

Wer aus einer unternehmerischen Tätigkeit Einkünfte erzielt, etwa aus dem Verkauf von Blumen, rechnet analog, nur dass er vom Umsatz ausgeht. Er hat auch keine Werbungskosten, seine Aufwendungen heißen Betriebsausgaben. Steuerrechtliche Abhandlungen, Urteile und Verwaltungsanweisungen zu diesen Begriffen füllen mittlerweile Regalkilometer. Zusammengefasst ist hier nur so viel wichtig: Einkünfte sind Bruttoeinnahmen abzüglich der für sie erforderlichen Ausgaben, und damit retten wir uns wieder in die Alltagssprache.

Muss ich eine Steuererklärung abgeben?

Ob eine Erklärung abzugeben ist, entscheidet zunächst die Höhe der jährlichen Einkünfte. Die kritische Grenze liegt 2016 bei 8 652 Euro für Alleinstehende und 17 304 Euro für Ehepaare/eingetragene Lebenspartner, die gemeinsam eine Steuererklärung abgeben. Wird sie überschritten, ist die Abgabe einer Steuererklärung Pflicht.

→ Zum Beispiel das Ehepaar B.

Beide leben in Hamburg und sind seit 2005 Rentner. Im Jahr 2016 hat Bernd B. 20 549 Euro Rente, 2005 waren es 18 000 Euro. Davon sind 50 Prozent steuerpflichtig, weil Bernd 2005 in Rente gegangen ist (→ Seite 145). Die Rentenerhöhungen seither, das sind 2 549 Euro, sind voll steuerpflichtig. Brigitte B. bekam rund 10 959 Euro Rente, 1 359 Euro davon sind voll steuerpflichtige Rentenerhöhungen; von den anderen 9 600 Euro (das war ihre Rente 2005) sind 50 Prozent steuerpflichtig. Ehepaar B. muss wegen der relativ starken Rentenerhöhung 2016 erstmals eine Steuererklärung abgeben. Seine Einkünfte liegen mit 17 504 Euro knapp oberhalb des Grundfreibetrags von 17 304 Euro. Bis 2015 blieb das Paar unter der kritischen Grenze. Steuern werden für 2016 aber trotzdem nicht fällig, denn dank weiterer abzugsfähiger Ausgaben, zum Beispiel Beiträge zur Kranken- und Pflegeversicherung von über 3 000 Euro, landet das Ehepaar am Ende deutlich unterhalb des Grundfreibetrags (→ Seite 25).

steuerpflichtiger Rentenanteil Bernd (50 % von 18 000)	**9 000**
plus voll steuerpflichtige Rentenanpassung Bernd	+2 549
minus Werbungskostenpauschale Bernd	−102
plus steuerpflichtiger Rentenanteil Brigitte (50 % von 9 600)	+4 800
plus voll steuerpflichtige Rentenanpassung Brigitte	+1 359
minus Werbungskostenpauschale Brigitte	−102
Einkünfte (alle Angaben in Euro)	**17 504**

Wenn zur Rente weitere Einkünfte hinzukommen

Zusatzeinkünfte ändern die Rechnung. Ob und wie eine Abgabepflicht für die Steuererklärung entsteht, lässt sich am besten mit Beispielen erläutern, in denen die Auswirkungen von Zusatzeinkünften deutlich werden. An dieser Stelle ist ein weiterer Fachbegriff unvermeidlich. Er heißt **Altersentlastungsbetrag** und verliert sofort seinen Schrecken, wenn man weiß, dass er nur Gutes bewirkt.

Er kann die Höhe der Einkünfte ein ganzes Stück drücken und so dafür sorgen, dass die Pflichtabgabe einer Steuererklärung vermieden oder die Steuerbelastung gesenkt wird. Es ist ein Freibetrag, der allen zusteht, die 65 Jahre und älter sind. Um den Altersentlastungsbetrag für das Jahr 2016 nutzen zu können, muss man vor dem 2. Januar 1952 geboren sein. Er ist auf alle Einkünfte anwendbar, außer auf Renten und Pensionen. Wer aber beispielsweise Arbeitslohn, Zinsen, Mieten oder Gewinne zu versteuern hat, kann den Altersentlastungsbetrag nutzen. Dieser Freibetrag beläuft sich auf maximal 40 Prozent der entsprechenden Einnahmen, höchstens aber auf 1900 Euro im Jahr. Wer 2016 seinen 65. Geburtstag feierte, kann noch 22,4 Prozent der begünstigten Einnahmen, maximal 1064 Euro, steuerfrei kassieren. Berechnungsgrundlage sind in der Regel die Einkünfte, beim Arbeitslohn ist es der Bruttolohn (→ auch Seite 150). Der Freibetrag muss nicht beantragt werden, denn das Finanzamt berücksichtigt ihn grundsätzlich automatisch. Falls nicht, ist aber ein Einspruch gegen den Steuerbescheid erforderlich.

Bei Ehe-/Lebenspartnern erhält nur derjenige den Altersentlastungsbetrag, der selbst die entsprechenden Einkünfte hat. Sind beispielsweise beide Partner Eigentümer eines Depots mit Bundesschatzbriefen, können beide ihren jeweiligen Altersentlastungsbetrag für die Zinsen nutzen. Ist nur einer Depoteigentümer, geht der andere beim Altersentlastungsbetrag für die Zinsen leer aus.

TIPP: Wie viel Sie neben der gesetzlichen Rente steuerfrei einnehmen können, finden Sie ab Seite 155.

Beschäftigung als Arbeitnehmer

Wenn ein Rentner noch ein paar Stunden pro Woche versicherungspflichtig arbeitet, gilt er als Arbeitnehmer. Er kommt um eine Steuererklärung nicht herum, wenn er Arbeitslohn und mehr als 410 Euro Renteneinkünfte im Jahr versteuern muss.

→ Zum Beispiel Doris D.

Die ledige Kölnerin erhält seit März 2016 monatlich 1 000 Euro Altersrente. Sie geht noch in die alte Firma, um ihre Rente mit 900 Euro im Monat aufzubessern. Von der Rente sind 72 Prozent steuerpflichtig (→ Seite 145). Doris kann die Pauschalen für Werbungskosten (102 Euro als Rentnerin, 1 000 Euro als Arbeitnehmerin) sowie den Altersentlastungsbetrag nutzen (→ Seite 150). Trotzdem muss sie aus zwei Gründen eine Steuererklärung abgeben: Sie bezieht neben ihrem Lohn mehr als 410 Euro andere Einkünfte, nämlich aus ihrer Rente. Zudem liegen die Einkünfte mit 15 834 Euro über dem Grundfreibetrag von 8 652 Euro.

steuerpflichtiger Rentenanteil (10 Monate × 1 000 Euro = 10 000 Euro davon 72 %)	**7 200**
minus Werbungskostenpauschale	–102
plus Bruttolohn (900 × 12)	+10 800
minus Arbeitnehmerpauschbetrag (→ Seite 89)	–1 000
minus Altersentlastungsbetrag (22,4 % von 10 800, maximal 1 064)	–1 064
Einkünfte (alle Angaben in Euro)	**15 834**

Minijob

Viele Ruheständler verdienen sich in einem Minijob etwas hinzu. Diese „geringfügige Beschäftigung" bleibt für Arbeitnehmer steuer- und abgabenfrei, wenn der Arbeitgeber die Pauschalsteuer und Sozialversicherungsbeiträge übernimmt. Die Höchstverdienstgrenze wurde 2013 von 400 auf 450 Euro im Monat angehoben. Minijobs sind seit 2013 rentenversicherungspflichtig, per Antrag beim Arbeitgeber ist eine Befreiung möglich. Altersrentner und Pensionäre brauchen aber keinen Antrag, da sie ohnehin nicht mehr rentenversicherungspflichtig sind. Sie können mehrere Minijobs nebeneinander haben, solange sie damit im Monat insgesamt nicht mehr als 450 Euro Lohn verdienen.

→ Zum Beispiel Friderike F.

Die alleinstehende Rostockerin ist seit Januar 2016 Rentnerin. Ihre Jahresrente von 12 000 Euro ist zu 72 Prozent steuerpflichtig (→ Seite 145). Für den Minijob im Architekturbüro erhält sie 450 Euro im Monat, die der Arbeitgeber pauschal versteuert. Friderike F. muss keine Steuererklärung abgeben, weil ihre Einkünfte innerhalb des ab 2016 erhöhten Grundfreibetrags von 8 652 Euro liegen.

steuerpflichtiger Rentenanteil (72 % von 12 000)	**8 640**
minus Werbungskostenpauschale	–102
Lohn aus Minijob (450 × 12 = 4 800), davon steuerpflichtig	0
Einkünfte (alle Angaben in Euro)	**8 538**

Ehrenamt

Viele engagieren sich in Vereinen oder in Einrichtungen, die gemeinnützigen, mildtätigen, kirchlichen Zwecken dienen. Wird ihnen dort eine Aufwandsentschädigung gezahlt, kann sie bis zu einer Höhe von 2400 Euro im Jahr steuerfrei bleiben. Dieser „Übungsleiter-Freibetrag" wird gewährt, wenn es ausbildende, betreuende, erzieherische, künstlerische oder pflegerische Jobs sind. Träger sind etwa (Volks-)Hochschulen, Kirchengemeinden oder Sportvereine. Es kann sich dabei um ein reguläres Angestelltenverhältnis, eine selbstständige Tätigkeit oder einen Minijob handeln.

→ Zum Beispiel Frauke F.

Die alleinstehende Tanzpädagogin erhält seit dem 1. Januar 2016 eine gesetzliche Altersrente. Die 12 500 Euro sind zu 72 Prozent steuerpflichtig (→ Seite 145). Frauke betreut eine Kindertanzgruppe, wofür ihr die Gemeinde 300 Euro Honorar pro Monat zahlt. Weil sie Einkünfte oberhalb des Grundfreibetrags von 8 652 Euro hat, muss sie eine Steuererklärung abgeben. Warum sie trotzdem keine Steuern zahlen muss, erfahren Sie ab Seite 25 (→ auch Seite 88).

steuerpflichtiger Rentenanteil (72 % von 12 500)	**9 000**
minus Werbungskostenpauschale	−102
1. Zwischenergebnis	8 898
plus Honorar für den Nebenjob (300 × 12)	+3 600
minus Übungsleiter-Freibetrag	−2 400
bleibt steuerpflichtiges Honorar (3 600 minus 2 400)	1 200
minus Altersentlastungsbetrag (22,4 % von 1 200)	−269
2. Zwischenergebnis	931
Einkünfte (1. plus 2. Zwischenergebnis, alle Angaben in Euro)	**9 829**

TIPP: Manche ehrenamtlich Tätige können seit 2013 bis 2 400 Euro steuerfrei erhalten, andere bis 720 Euro. Mehr dazu lesen Sie auf Seite 88.

Selbstständigkeit

Manche Ruheständler verdienen sich ein freiberufliches oder gewerbliches Zubrot. Sie schreiben Zeitungsartikel, Bücher, halten Vorträge, verkaufen Versicherungen, Wein und anderes. Das Finanzamt sieht in ihnen Unternehmer und behandelt sie auch so. Sie müssen neben der Rente ihren Gewinn versteuern. Dieser ergibt sich aus ihren Betriebseinnahmen abzüglich der Betriebsausgaben.

Kommt kein Gewinn zustande, weil die Ausgaben höher sind als die Einnahmen, entsteht ein sogenannter Verlust. Der kann bewirken, dass auf Renten und Pensionen weniger Steuern fällig werden.

Ruheständler, die sich nebenbei als Gewerbetreibende und Freiberufler etwas dazuverdienen, sind in der Regel Kleinunternehmer. Was das steuerlich bedeutet, lesen Sie ab Seite 101.

→ Zum Beispiel das Ehepaar G.

Gerhard G. ist 70 Jahre alt. Seit 2009 ist er Rentner. Gerhard lebt in Kiel und bekommt 13 160 Euro Jahresrente. Davon sind 12 000 Euro zu 58 Prozent steuerpflichtig (→ Seite 145). Die restlichen 1 160 Euro sind voll steuerpflichtig, weil sie aus Rentenanpassungen stammen. Seine Ehefrau Gudrun ist ebenfalls seit 2009 in Rente. Sie erhält rund 7 896 Euro Jahresrente, davon sind 7 200 Euro zu 58 Prozent und 696 Euro zu 100 Prozent steuerpflichtig. Gerhard betreibt einen kleinen Weinhandel mit einem steuerpflichtigen Jahresgewinn von 6 000 Euro. Ehepaar G. muss keine Steuererklärung abgeben, weil die Einkünfte von 17 132 Euro nicht über dem Grundfreibetrag von 17 304 Euro liegen. Die folgende Rechnung veranschaulicht dies.

steuerpflichtiger Rentenanteil Gerhard (58 % von 12 000)	**6 960**
plus voll steuerpflichtige Rentenanpassung	+1 160
minus Werbungskostenpauschale Gerhard	−102
plus steuerpflichtiger Rentenanteil Gudrun (58 % von 7 200)	+4 176
plus voll steuerpflichtige Rentenanpassung Gudrun	+696
minus Werbungskostenpauschale Gudrun	−102
plus Gewinn aus Weinhandel	+6 000
minus Altersentlastungsbetrag (33,6 % von 6 000, maximal 1 596)	−1 596
Einkünfte (alle Angaben in Euro)	**17 192**

TIPP: Kleinunternehmer mit bis zu 17 500 Euro Vorjahresumsatz und bis zu 50 000 Euro im laufenden Jahr können auf die Umsatzsteuer verzichten und dürfen ihren Gewinn mithilfe einer formlosen Einnahmenüberschussrechnung ermitteln (→ Seite 101).

Werkspension

Arbeitnehmer, die in Rente gehen, bekommen neben ihrer gesetzlichen Rente oftmals auch eine von ihrem ehemaligen Arbeitgeber finanzierte Werkspension. Sie wird wie Arbeitslohn behandelt. Der Arbeitgeber zieht die Lohnsteuer sowie die gesetzlichen Versicherungsbeiträge ab und stellt eine Lohnsteuerbescheinigung aus.

Als Steuervorteil gibt es einen Versorgungsfreibetrag von maximal 40 Prozent der Werkspension, höchstens aber 3 000 Euro im Jahr. Dazu kommen noch

- der sogenannte Zuschlag zum Versorgungsfreibetrag von maximal 900 Euro
- und eine Werbungskostenpauschale von 102 Euro.

Worauf Pensionäre bei der Steuer besonders achten sollten, finden Sie ab Seite 114, 153 und 190.

→ Zum Beispiel Hans H.

Der alleinstehende Ruheständler ist seit dem 1. Januar 2016 in Rente. Er bekommt 12 000 Euro Rente, die ist zu 72 Prozent steuerpflichtig (→ Seite 145). Zusätzlich erhält er 500 Euro Werkspension im Monat. Hans muss aus zwei Gründen eine Steuererklärung abgeben. Erstens hatte er neben seiner Werkspension, die als Arbeitslohn gilt, im Jahr mehr als 410 Euro Rente. Zweitens liegen die Einkünfte über dem Grundfreibetrag von 8 652 Euro. Den Altersentlastungsbetrag kann Hans nicht nutzen, weil er mit Rente und Pension ausschließlich Altersbezüge erhält. Dieser Freibetrag ist nur für andere steuerpflichtige Einnahmen einsetzbar, etwa für Lohn, Miete, Honorare oder Zinsen (→ Seite 13).

steuerpflichtiger Rentenanteil (72 % von 12 000)	**8 640**
minus Werbungskostenpauschale für die Rente	–102
plus Werkspension (500 × 12)	+6 000
minus Versorgungsfreibetrag (22,4 % von 6 000, → Seite 153)	–1 344
minus Zuschlag zum Versorgungsfreibetrag	–504
minus Werbungskostenpauschale für die Pension	–102
Einkünfte (alle Angaben in Euro)	**12 588**

Beamtenpension

Die meisten ehemaligen Beamten mussten wegen ihrer Pensionen bisher schon Steuererklärungen abgeben. Das gilt umso mehr, wenn sie selbst oder ihr Ehe- oder Lebenspartner zusätzlich eine Rente bezogen oder weitere Einkünfte hatten.

Steuerlich werden Beamtenpensionen behandelt wie Werkspensionen (→ ab Seite 153). Es gibt also einen

- Versorgungsfreibetrag von bis zu 3 000 Euro,
- einen Zuschlag von bis zu 900 Euro und
- die Werbungskostenpauschale von 102 Euro .

→ Zum Beispiel das Ehepaar E.

Elke und Edgar E. gingen zu Jahresbeginn 2016 gemeinsam in den Ruhestand. Elke hatte 6 000 Euro Jahresrente, die sind zu 72 Prozent steuerpflichtig (→ Seite 145). Edgar bezog monatlich 2 500 Euro Pension. Sie müssen eine Steuererklärung abgeben, denn neben Edgars Pension, die steuerlich wie Arbeitslohn behandelt wird, gibt es Einkünfte von mehr als 410 Euro im Jahr, nämlich aus Elkes Rente. Zudem liegen die Einkünfte über dem Grundfreibetrag von 17 304 Euro. Der Altersentlastungsbetrag ist nicht nutzbar, denn sie haben ausschließlich Ruhestandseinkommen (→ Seite 13).

steuerpflichtiger Rentenanteil Elke (72 % von 6 000)	**4 320**
minus Werbungskostenpauschale Elke	–102
plus Pension Edgar (2 500 × 12)	+30 000
minus Versorgungsfreibetrag (maximal 1 680, → Seite 153)	–1 680
minus Zuschlag zum Versorgungsfreibetrag	–504
minus Werbungskostenpauschale Edgar	–102
Einkünfte (alle Angaben in Euro)	**31 932**

Mehrere gesetzliche Renten

Bekommt jemand mehrere Renten, wird in steuerlicher Hinsicht jede einzeln bewertet. Das gilt zum Beispiel für das Zusammentreffen der eigenen Rente einer Frau mit einer Witwenrente oder das Zusammentreffen einer Altersrente mit einer Erwerbsminderungsrente bei einem Rentnerehepaar (→ Begriffsübersicht ab Seite 190).

→ Zum Beispiel Johanna J.

Die alleinstehende Johanna ist seit 2016 Rentnerin. Sie bekam 8 400 Euro eigene Rente, die ist zu 72 Prozent steuerpflichtig (→ Seite 145). Johanna erhält zudem seit 2015 eine Witwenrente von 10 200 Euro. Die Witwenrente ist nur zu 50 Prozent steuerpflichtig, weil ihr verstorbener Mann bereits seit 2003 Rentner war (→ Seite 74 und 145).

Johanna J. muss eine Steuererklärung abgeben, denn ihre Einkünfte übersteigen den Grundfreibetrag Warum sie trotzdem keine Steuern zahlt, lesen Sie ab Seite 26.

steuerpflichtiger Anteil eigener Rente (72 % von 8 400)	**6 048**
plus steuerpflichtiger Anteil Witwenrente (50 % von 10 200)	+5 100
minus Werbungskostenpauschale (nur eine für beide Renten)	–102
Einkünfte (alle Angaben in Euro)	**11 046**

Privatrente

Bezüge aus einer privaten Versicherung sind steuerpflichtig. Sie werden vom Fiskus aber „milder" behandelt als die gesetzliche Rente, weil die früher gezahlten Rentenbeiträge meist aus bereits versteuertem Einkommen bezahlt wurden. Der steuerpflichtige Anteil der Leistungen nennt sich „Ertragsanteil", und seine Höhe richtet sich nach dem Lebensalter bei Rentenbeginn. Wer zum Beispiel mit 65 Jahren erstmals eine solche Privatrente bezieht, muss 18 Prozent davon versteuern. Wer in jüngerem Alter schon eine private Rente bekommt, muss mehr versteuern: zum Beispiel mit 60 Jahren 22 Prozent. Die Höhe des Ertragsanteils hat der Gesetzgeber festgeschrieben (→ Tabelle auf Seite 146).

→ Zum Beispiel das Ehepaar K.

Konrad K. ist 2012 in Rente gegangen. Er hatte 2016 rund 19 130 Euro gesetzliche Rente. Davon sind 18 023 Euro zu 64 Prozent steuerpflichtig, 1 107 Euro muss er als Rentenanpassung voll versteuern. Seit 2012 erhält Konrad monatlich 100 Euro aus einer privaten Rentenversicherung. Die ist zu 18 Prozent steuerpflichtig, weil er bei Rentenbeginn 65 Jahre alt war (→ Seite 146). Ehefrau Karola ging 2009 in Rente. Sie bekam 2016 rund 7 896 Euro gesetzliche Altersrente, davon sind 7 200 Euro zu 58 Prozent steuerpflichtig. Die voll steuerpflichtigen Rentenanpassungen belaufen sich auf 696 Euro. Steuererklärung und Steuerzahlung blieben dem Ehepaar aus Leverkusen bisher erspart, weil die Einkünfte insgesamt unter dem Grundfreibetrag lagen. Nach der Rentenerhöhung von 2016 müssen sie erstmals eine Steuererklärung abgeben, weil ihre Einkünfte von 17 525 Euro den Grundfreibetrag von 17 304 Euro leicht übersteigen. Steuern werden aber trotzdem nicht fällig (→ ab Seite 25).

steuerpflichtiger Rentenanteil Konrad (64 % von 18 023)	**11 534**
plus voll steuerpflichtige Rentenanpassung Konrad	+1 107
plus Privatrente Konrad (100 × 12 = 1 200, davon 18 % steuerpflichtig)	+216
minus Werbungskostenpauschale (für Konrads beide Renten)	−102
plus steuerpflichtiger Rentenanteil Karola (58 % von 7 200)	+4 176
plus voll steuerpflichtige Rentenanpassung Karola	+696
minus Werbungskostenpauschale Karola	−102
Einkünfte (alle Angaben in Euro)	**17 525**

Zinsen

Mit Zinsen, Dividenden und anderen Kapitalerträgen bessert mancher Ruheständler seine Altersversorgung auf. An Zinsen & Co. möchte aber auch der Fiskus teilhaben, wenn sie den Sparerpauschbetrag übersteigen. Seit 2009 gilt für Zinsen und andere Kapitalerträge die Abgeltungsteuer von 25 Prozent. Das betrifft auch private Veräußerungsgewinne aus Wertpapieren und Dividenden (→ ab Seite 79 und 130).

→ Zum Beispiel das Ehepaar L.

Ludwig L. ist seit 2009 Rentner mit einer Jahresrente von rund 17 106 Euro. Davon sind 15 600 Euro zu 58 Prozent steuerpflichtig, der Rest (1 506 Euro) stammt aus voll steuerpflichtigen Rentenanpassungen. Ehefrau Luise bekommt ebenfalls seit 2009 Rente (rund 7 896 Euro). Davon sind 7 200 Euro zu 58 Prozent steuerpflichtig, 696 Euro als Rentenanpassung voll. Luise hat ordentlich angespart. Aus ihrem Depot mit Aktien und Anleihen bezog sie 12 000 Euro Zinsen, Dividenden und Kursgewinne. Ehepaar L. muss trotz der erheblichen Kapitalerträge keine Steuererklärung abgeben, weil die Einkünfte unterhalb des Grundfreibetrags von 17 304 Euro bleiben. Für Zinsen und andere Kapitalerträge hat die Bank bereits Abgeltungsteuer (25 Prozent) an das Finanzamt überwiesen, sie tauchen deshalb hier nicht auf. Das Ehepaar aus Kassel sollte aber unbedingt freiwillig eine Steuererklärung abgeben, denn nur so kann Luise zu viel gezahlte Abgeltungsteuer zurückholen. Warum das so ist, können Sie ab Seite 79 nachlesen.

steuerpflichtiger Rentenanteil Ludwig (58 % von 15 600)	**9 048**
plus voll steuerpflichtige Rentenanpassung Ludwig	+1 506
minus Werbungskostenpauschale Ludwig	−102
plus steuerpflichtiger Rentenanteil Luise (58 % von 7 200)	+4 176
plus voll steuerpflichtige Rentenanpassung Luise	+696
minus Werbungskostenpauschale Luise	−102
Einkünfte (alle Angaben in Euro)	**15 222**

TIPP: Der Sparerfreibetrag (750 Euro pro Person) plus Werbungskostenpauschale (51 Euro pro Person) verwandelte sich 2009 in den Sparerpauschbetrag von 801 Euro pro Person. Weitere Werbungskosten, etwa Depotgebühren oder Beraterhonorare, sind nicht mehr abzugsfähig. Klagen dagegen sind bisher vor dem Bundesfinanzhof gescheitert.

Miete und Pacht

Wer mit vermieteten Immobilien vorgesorgt hat, kassiert neben der Rente noch Miete. Steuerpflichtig ist aber nicht die gesamte Miete, sondern der Überschuss der Mieteinnahmen über die Werbungskosten, das sind zum Beispiel Zinsen fürs Hypothekendarlehen, Abschreibungen auf das Gebäude (nicht auf Grund und Boden!), Instandhaltungs- und Hausver-

waltungskosten. Bei verbilligter Vermietung an Verwandte gelten besondere Bestimmungen. Wer viel weniger Miete verlangt, als es ortsüblich ist, darf nicht alle Werbungskosten absetzen (→ Seite 99).

→ Zum Beispiel das Ehepaar M.

Murat M. ist 65 Jahre alt und seit 1. Januar 2016 Rentner. In diesem Jahr bekam er 15 500 Euro Rente. Die sind zu 72 Prozent steuerpflichtig (→ Seite 145). Seine Frau Martina ist gleichaltrig und erhält 7 300 Euro Jahresrente, ebenfalls zu 72 Prozent steuerpflichtig, weil sie gemeinsam mit Murat 2016 in den Ruhestand ging. Beiden gehört ein Mietshaus, das ihnen nach Abzug aller Kosten 10 000 Euro im Jahr einbringt. Das Ehepaar M. muss trotz Altersentlastungsbetrag eine Steuererklärung abgeben, weil ihre Einkünfte über dem Grundfreibetrag von 17 304 Euro liegen. Warum sie dennoch keine Steuern zahlen, lesen Sie auf 28.

steuerpflichtiger Rentenanteil Murat (72 % von 15 500)	**11 160**
minus Werbungskostenpauschale Murat	−102
plus steuerpflichtiger Rentenanteil Martina (72 % von 7 300)	+5 256
minus Werbungskostenpauschale Martina	−102
plus steuerpflichtige Mieteinkünfte	+10 000
minus Altersentlastungsbetrag (22,4 % von 10 000, maximal 2 × 1 064, → Seite 150)	−2 128
Einkünfte (alle Angaben in Euro)	**24 084**

Werden bei Pflichtabgabe stets Steuern fällig?

Nein. Wer eine Steuererklärung abgeben muss, wird nicht zwangsläufig zur Kasse gebeten. Das liegt an weiteren Entlastungsmöglichkeiten, und die gibt es für Ruheständler vor allem im Bereich der sogenannten Sonderausgaben und außergewöhnlichen Belastungen. Das sind Kosten, die nichts mit einer Erwerbstätigkeit zu tun haben, sondern aus persönlichen Gründen entstehen. Sie können aber trotzdem dem Finanzamt in Rechnung gestellt werden.

Dazu gehören zum Beispiel bestimmte Versicherungsbeiträge, Spenden oder Unterhaltszahlungen, Ausbildungskosten, Kirchensteuern, Ausgaben für Krankheit oder Pflege. Die folgenden Beispiele zeigen Möglichkeiten, wie man trotz der Pflichtabgabe einer Steuererklärung von Steuerzahlungen verschont bleiben kann. Aber auch wenn Steuern fällig werden, kann die Nutzung dieser Abzugsmöglichkeiten eine erhebliche Entlastung bringen.

Sonderausgaben

Beiträge zur Kranken- und Pflegeversicherung müssen in der Regel alle zahlen, die eine gesetzliche Rente, eine Betriebsrente oder eine Pension beziehen. Diese Beiträge belasten Ruheständler verhältnismäßig hoch. Umso mehr entlasten sie in der Steuererklärung, wo sie neben dem Sonderausgaben-Pauschbetrag von 36 Euro für Ledige und 72 Euro für Ehe- und Lebenspartner abzugsfähig sind (→ Seite 66 und 160).

→ Zum Beispiel Frauke F. von Seite 16

Die Tanzpädagogin kommt mit ihrer Rente und ihren Zusatzeinnahmen auf 9 829 Euro steuerpflichtige Einkünfte. Das bedeutet die Abgabe einer Steuererklärung, weil Frauke damit Einkünfte oberhalb des Grundfreibetrags von 8 652 Euro hat. In die Anlage Vorsorgeaufwand ihrer Einkommsteuererklärung schreibt sie die von ihr selbst getragenen Beiträge zur Krankenversicherung (hälftiger Beitragssatz: 7,3 Prozent), Pflegeversicherung (2,35 Prozent) sowie den individuellen Zusatzbeitrag zur Krankenversicherung (1,1 Prozent). Damit unterschreitet Frauke F. den Grundfreibetrag von 8 652 Euro und muss trotz Steuererklärung keinen einzigen Cent Steuern zahlen (→ auch Seite 88, 103 und 160).

Einkünfte	**9 829**
minus Krankenversicherung (7,3 % von 12 500 Euro Bruttorente)	–913
minus Zusatzbeitrag (1,1 % von 12 500 Euro Bruttorente)	–138
minus Pflegeversicherung (2,35 % von 12 500 Euro Bruttorente)	–294
minus Sonderausgaben-Pauschbetrag	–36
zu versteuern (alle Angaben in Euro)	**8 448**

Außergewöhnliche Belastungen

Unter diesen Begriff fallen abzugsfähige Ausgaben, die Ruheständlern häufig entstehen. Dazu gehören zum Beispiel Ausgaben für

- Gesundheit,
- Behinderung,
- die Pflege von Angehörigen,
- den Unterhalt von Angehörigen.

An einigen dieser Kosten beteiligt sich das Finanzamt nur, wenn der Betroffene einen Teil selbst schultert. Dieser Teil nennt sich zumutbare Belastung und richtet sich nach Einkommen, Familienstand und Kinderzahl (→ Seite 54 und 142). Ob das auch für Krankheits- und Pflegekosten gilt, ist umstritten. Steuerbescheide bleiben in diesem Punkt offen (→ Seite 142).

→ Zum Beispiel Johanna J. von Seite 21

Die Rentnerin hat mit ihrer eigenen und mit ihrer Witwenrente brutto 18 600 Euro, davon sind Einkünfte von 11 046 Euro steuerpflichtig. Sie muss eine Steuererklärung abgeben. Auch mithilfe der Beiträge

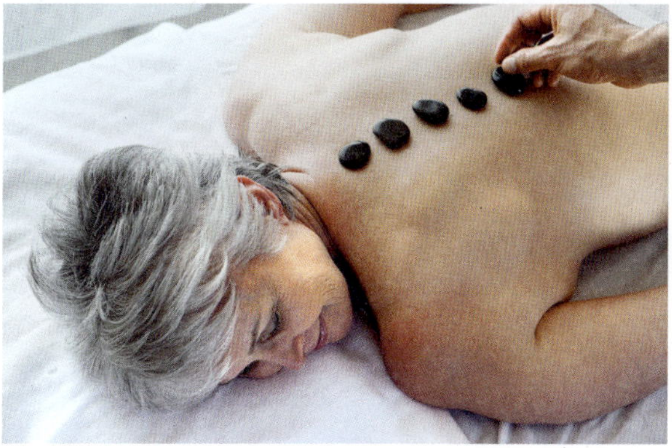

zur Kranken- und Pflegeversicherung (insgesamt 10,75 Prozent) kommt sie nicht darum herum. Trotzdem zahlt sie keine Steuern, weil sie für Zahnarzt, Kur und Medikamente 779 Euro als außergewöhnliche Belastung geltend machen kann und damit unter dem Grundfreibetrag von 8 652 Euro bleibt.

Einkünfte	**11 046**
minus SV-Beiträge (10,75 % von 18 600)	–2 000
minus Sonderausgaben-Pauschbetrag	–36
minus Krankheitskosten nach Abzug der zumutbaren Belastung	–779
zu versteuern (alle Angaben in Euro)	**8 231**

Dienstleistungen im Haushalt

Sogar wenn unter dem Strich eine Steuerforderung steht, ist es möglich, ungeschoren davonzukommen. Bestimmte Ausgaben verringern die Steuerschuld nämlich unmittelbar. Dazu gehören die für sogenannte haushaltsnahe Dienstleistungen. Das ist zum Beispiel der Fall, wenn ein Privathaushalt eine Firma damit beauftragt,

- Fenster zu putzen,
- den Garten zu pflegen,
- Kinder oder Alte zu betreuen oder
- das Badezimmer zu sanieren.

Dann erkennt das Finanzamt 20 Prozent der Personalkosten an, maximal 4 000 Euro pro Jahr. Haushaltsnahe Dienstleistungen und Handwerkerleistungen rund um Haus und Wohnung werden nebeneinander bis zu 5 200 Euro im Jahr gefördert (→ ab Seite 57). In diesem Zusammenhang können nahezu alle Wohnungsmieter und Eigentümer, die ihre Wohnung selbst nutzen, Aufwendungen geltend machen, zum Beispiel für Treppenreinigung, Winterdienst oder Gartenpflege.

→ Zum Beispiel des Ehepaars M. von Seite 24

Das Ehepaar erzielte Einkünfte von 24 084 Euro. Auch unter Berücksichtigung der Kranken- und Pflegeversicherungsbeiträge müsste das Ehepaar 684 Euro Einkommensteuer zahlen. Aber dazu kommt es nicht: Für die sozialversicherungspflichtige Beschäftigung einer Hausangestellten, die ihr Einfamilienhaus putzt, zahlen sie 4 000 Euro im Jahr. Mit 20 Prozent davon (800 Euro → Seite 58) drücken die Eheleute Martina und Murat M. ihre Steuerschuld auf null.

Einkünfte	**24 084**
minus SV-Beiträge (10,75 % beider Bruttorenten von 22 800)	−2 451
minus Sonderausgaben-Pauschbetrag (2 × 36)	−72
zu versteuerndes Einkommen	21 561
Einkommensteuer auf 21 423	684
minus Steuerermäßigung für Reinigungskraft	−800
verbleibende Steuer (alle Angaben in Euro)	**0**

→ **TIPP:** Selbst wenn Ruheständler eine Steuererklärung abgeben müssen, bleiben sie wegen ihrer Versicherungsbeiträge, Ausgaben für eine Haushaltshilfe oder für Handwerker manchmal von der Steuerzahlung verschont.

Zinsen: Eine kleine Steuererstattung

Manchmal zahlen Rentner und Pensionäre Steuern, ohne je eine Steuererklärung abzugeben. Das geht ganz einfach. Wer ein paar Zinsen oberhalb des Sparerpauschbetrags hat (801/1 602 Euro, alleinstehend beziehungsweise verheiratet/verpartnert) oder wer seinen Sparerpauschbetrag nicht optimal einsetzt, zahlt 25 Prozent Abgeltungsteuer plus 5,5 Prozent Solidaritätszuschlag. Manche merken das gar nicht, denn die Bank behält die Steuer automatisch ein und führt sie an das Finanzamt ab.

→ Zum Beispiel Nina N.

Die alleinstehende Rentnerin hat eine Jahresbruttorente von 13 450 Euro, die steuerfrei bleibt, weil die Renteneinkünfte unterhalb des Grundfreibetrags von 8 652 Euro liegen. Zusätzlich kassiert Rentnerin Nina N. 4 000 Euro Zinsen und andere Kapitaleinkünfte. Bei voll ausgeschöpftem Freistellungsauftrag führte die Bank 844 Euro Abgeltungsteuer (25 Prozent plus 5,5 Prozent Soli) an das Finanzamt ab. Nina N. staunte nicht schlecht, dass es anstelle der befürchteten Steuerzahlung eine Steuererstattung für sie gab.

steuerpflichtiges Renteneinkommen (unter Berücksichtigung der Sonderausgaben)	**5 518**
plus Zinsen	+ 4 000
minus Sparerpauschbetrag	– 801
steuerpflichtige Kapitaleinkünfte (4 000 minus 801)	3 199
minus Altersentlastungsbetrag (40 % von 3 199, → Seite 13)	– 1 280
zu versteuerndes Einkommen	7 437
Einkommensteuer	0
gezahlte Abgeltungsteuer (25 % von 3 199 plus Soli)	– 844
Steuererstattung (alle Angaben in Euro)	**844**

Warum Ruheständler mit dem Fiskus rechnen müssen

Seit 2005 gilt das Alterseinkünftegesetz. Es verändert die Besteuerung von Ruhestandseinkommen grundlegend – bis zum Jahr 2040. Seine Wirkungen „bescheren" vielen Rentnern und Pensionären mehr Steuern. Bis 2004 hing der steuerpflichtige Rentenanteil davon ab, in welchem Alter jemand in Rente ging. Wer zum Beispiel mit 65 Jahren Rentner wurde, musste 27 Prozent seiner Rente versteuern, wer mit 60 Rentner wurde, 32 Prozent.

Das Lebensalter bei Beginn der gesetzlichen Rente spielt seit 2005 keine Rolle mehr. Wichtig ist jetzt das Kalenderjahr, in dem man in Rente geht. Wer 2005 Rentner war oder wurde, muss 50 Prozent seiner damaligen Rente versteuern, egal wie alt er ist. Für Rentner, die 2005 mindestens 65 Jahre alt waren, bedeutet das die Erhöhung des steuerpflichtigen Rentenanteils um bis zu 23 Prozentpunkte. Trotzdem fallen bei ihnen für Jahresrenten bis etwa 19 000 Euro keine Steuern an, Rentnerehepaare erhalten das Doppelte steuerfrei. Voraussetzung ist aber, dass zur gesetzlichen Rente keine weiteren Einkünfte hinzukommen. Wer zum Beispiel Miete, eine Werkspension oder den Arbeitslohn des Ehepartners zu versteuern hat, muss schon bei weit geringeren Renteneinkünften mit dem Finanzamt rechnen (→ Seite 155).

→ Zum Beispiel Paul P.

Der alleinstehende Rentner bezog 2004 und 2005 jeweils eine Bruttorente von 15 600 Euro. Zusätzlich hat er nach Abzug des Altersentlastungsbetrags 2004 und 2005 jeweils Mieteinkünfte von 5 000 Euro. Obwohl sich seine Einkommenslage gegenüber 2004 nicht geändert hat, bittet ihn der Fiskus seit 2005 zur Kasse. Das liegt vor allem daran, dass das Alterseinkünftegesetz den Besteuerungsanteil von Pauls gesetzlicher Rente 2005 im Vergleich zum Vorjahr 2004 auf einen Schlag von 27 auf 50 Prozent erhöht hat, immerhin um 23 Prozent.

Jahr	**2004**	**2005**
steuerpflichtiger Rentenanteil (27 % bzw. 50 % von 15 600)	4 212	7 800
minus Werbungskostenpauschale	–102	–102
minus Sonderausgaben-Pauschbetrag	–36	–36
minus Kranken- und Pflegeversicherung (10 %)	–1 560	–1 560
plus Mieteinkünfte	+5 000	+5 000
zu versteuern	7 514	11 102
Einkommensteuer (alle Angaben in Euro)	**0**	**620**

Die Anhebung des steuerpflichtigen Rentenanteils auf die Hälfte war nur ein Anfang. Jeder neue Rentnerjahrgang muss etwas mehr von seiner Rente versteuern als der Vorgängerjahrgang, bis 2040 die gesamte Rente steuerpflichtig wird. Aber bleiben wir in der Gegenwart. Wer bereits 2005 Rentner war, versteuert 50 Prozent seiner Rente, der Euro-Betrag der anderen 50 Prozent bleibt steuerfrei – ein Leben lang. Wer 2009 in Rente ging, hat einen Freibetrag von 42 Prozent und kann rund 16 500 Euro Rente steuerfrei kassieren. Der Rentenbeginn 2016 bedeutet ein Verhältnis von 28 Prozent steuerfrei zu 72 Prozent steuerpflichtig und so weiter (→ Seite 145). Dieser Prozentsatz richtet sich nach dem Kalenderjahr des Renteneintritts, der persönliche Rentenfreibetrag wird in zwei Schritten ermittelt, wie das Beispiel auf Seite 32 zeigt.

→ Zum Beispiel Regina R.

Die 66-jährige verheiratete Bankangestellte ging am 1. Juli 2007 in Rente, sie erhielt 1 000 Euro Monatsrente. Davon muss sie 54 Prozent versteuern, 46 Prozent bleiben steuerfrei. Damit ist zwar der Prozentsatz klar, nicht aber die Höhe des persönlichen Rentenfreibetrags in Euro. Die wird immer auf der Grundlage der Rente des Folgejahres ermittelt. Das ist für Regina R. sogar vorteilhaft. Da sich die Rente zum 1. Juli 2008 um 1,1 Prozent erhöht hat (also um 66 Euro), wächst auch ihr Rentenfreibetrag ein klein wenig mit: nämlich auf gut 5 550 Euro. Dort bleibt er stehen, egal welche Rentenanpassungen danach noch kommen. Das bedeutet für sie auch: Jede Rentenerhöhung nach 2008 ist nicht nur anteilig, sondern voll steuerpflichtig.

Bruttorente Januar bis Juni 2008	**6 000**
plus Bruttorente Juli bis Dezember 2008	+6 066
Bruttorente 2008	12 066
davon 46 Prozent steuerfrei (alle Angaben in Euro)	**5 550**

Aber auch Pensionäre müssen „bluten". Der Versorgungsfreibetrag sinkt zwischen 2005 und 2040 von 3 000 Euro auf null. Gleichermaßen im Sinkflug befindet sich der Zuschlag zum Versorgungsfreibetrag (→ ab Seite 153).

Altersentlastungsbetrag schwindet

Das Alterseinkünftegesetz baut Vorteile ab, die Rentner und Pensionäre in bestimmten Punkten begünstigten. Einschnitte beim Altersentlastungsbetrag treffen beide Gruppen gleichermaßen, und zwar Menschen, die 65 Jahre und älter sind und zum Beispiel Arbeitslohn, Zinsen, Mieten oder Gewinne zu versteuern haben.

Auf Renten und Pensionen ist dieser Freibetrag grundsätzlich nicht anwendbar (→ Seite 13). 2040 soll er ganz wegfallen, und bis dahin wird er jedes Jahr schwindsüchtiger. Wer ihn 2016 erstmals nutzen darf, muss vor dem 2. Januar 1952 geboren sein. Für ihn bleiben 22,4 Prozent der begünstigten Einkünfte steuerfrei, maximal 1064 Euro. Wer vor dem 2. Januar 1941 geboren wurde, erhält noch 40 Prozent, maximal 1900 Euro (→ Tabelle Seite 150). Zum Glück gibt es wenigstens einen Bestandsschutz. Wenn beispielsweise jemandem der Altersentlastungsbetrag im Jahr 2013 erstmals zustand, behält er die 27,2 Prozent lebenslang.

→ Zum Beispiel das Ehepaar St.

Stefan St. bekommt seit 2003 eine gesetzliche Rente. Seine Ehefrau Stine, geboren am 1. April 1953, arbeitet halbtags als Verkäuferin. Nach Berücksichtigung sämtlicher Abzüge (einschließlich Sozialversicherung) bleiben von Lohn und Rente zusammen 16 000 Euro steuerpflichtiges Einkommen. Stefans Mietshaus beschert ihnen nach Abzug aller Kosten 9 000 Euro Mieteinkünfte. Da er bereits im Jahr 2005 älter als 65 war, steht ihm ein Altersentlastungsbetrag von 40 Prozent zu, maximal 1 900 Euro. Den behält er sein Leben lang. Stine darf den Altersentlastungsbetrag erst ab 2018 nutzen, dann gibt es aber nur noch 19,2 Prozent, maximal 912 Euro.

steuerpflichtiges Lohn- und Renteneinkommen	**16 000**
plus jährliche Mieteinkünfte	+9 000
minus Altersentlastungsbetrag Stefan (40 %, von 9 000, max. 1 900)	–1 900
zu versteuern	23 100
Einkommensteuer (alle Angaben in Euro)	**978**

Der Altersentlastungsbetrag ist zwar nicht auf gesetzliche Renten anwendbar, ebenfalls nicht auf Privatrenten, die mit dem Ertragsanteil besteuert werden, und Pensionen, die der Arbeitgeber zahlt. Er kann aber die steuerliche Belastung der Riester-Rente und bestimmte Formen der betrieblichen Altersversorgung verringern. Dazu gehören zum Beispiel voll steuerpflichtige Zahlungen aus Pensionsfonds oder Pensionskassen (→ Seite 197).

Erwerbsminderungsrenten

Erwerbsminderungsrenten waren früher nur zu einem sehr geringen Teil steuerpflichtig, jetzt sind es mindestens 50 Prozent. Gesetzliche Erwerbsminderungsrenten werden im Prinzip so besteuert wie gesetzliche Altersrenten. Entscheidend ist das Jahr des Rentenbeginns. Wer 2016 erstmals eine gesetzliche Erwerbsminderungsrente erhielt, muss 72 Prozent davon versteuern (→ Seite 145). Die Höhe des steuerpflichtigen Anteils privater Erwerbsminderungsrenten bemisst sich weiterhin vor allem nach der voraussichtlichen Laufzeit der Rente (→ ab Seite 147).

Mütterrente

Auch bei der seit Juli 2014 geltenden Mütterrente **für vor 1992 geborene Kinder** gibt es einen steuerfreien und einen steuerpflichtigen Teil. Letzterer steigt für jeden neuen Rentnerjahrgang wie bei der gesetzlichen Rente (→ Seite 145). Ist zum Beispiel eine Kölner Mutter mit einem Kind 2005 in Rente gegangen, bekommt sie 2016 dafür durchschnittlich 29,83 Euro mehr Rente im Monat. Davon bleiben rund 13 Euro steuerfrei. Grundlage für die Berechnung ist der Entgeltpunktwert von 2005 (26,13 Euro). Die Hälfte davon bleibt steuerfrei, die andere Hälfte plus die Erhöhung des Punktwertes seit 2005 sind steuerpflichtig. Mit jeder Rentenerhöhung wächst ausschließlich der steuerpflichtige Rentenanteil. Der steuerfreie Teil der Mütterrente bleibt auch weiterhin unverändert bei rund 13 Euro (→ Seite 196).

Kurze Zwischenbilanz

Die Frage, ob eine Steuererklärung abzugeben ist oder nicht, lässt sich, wie wir gesehen haben, nicht pauschal beantworten. Dafür ist die steuerliche Situation jedes Einzelnen zu unterschiedlich und das deutsche Steuerrecht zu unübersichtlich. Die Beispiele zeigen aber auch, dass es mit relativ einfachen Berechnungen, ein paar Überlegungen und Vergleichen möglich ist, für die eigene Situation die zutreffende Antwort zu finden. Dabei können die aufgeführten Beispiele Hilfestellung geben, wenn die eigenen Daten eingesetzt und durchgerechnet werden. Ab Seite 161 finden Sie ein vereinfachtes Berechnungsschema, das Ihnen hilft, Ihre steuerpflichtigen Einkünfte zu ermitteln. Landen Sie dabei oberhalb des ab 2016 geltenden Grundfreibetrags von 8 652/17 304 Euro (Alleinstehende/Ehepaare sowie eingetragene Lebenspartnerschaften), wird eine Steuererklärung fällig.

Wer auf Seite 162 die steuerpflichtigen Einkünfte ermittelt hat, kann auf Seite 163 sein zu versteuerndes Einkommen berechnen. Das erfolgt unter Berücksichtigung von Sonderausgaben (→ Seite 45 und 66) und außergewöhnlichen Belastungen (→ Seite 51). Mithilfe der Einkommensteuertabellen ab Seite 164 lässt sich überschlägig feststellen, ob überhaupt und welche Belastungen kommen. Unter www.test.de/Steuerrechner oder www.bmf-steuerrechner.de („Berechnung der Einkommensteuer") können Sie die Steuerschuld genauer ermitteln, einschließlich der Grenz- und Durchschnittssteuersätze. Wenn die Einkünfte nur ein wenig über der kritischen Grenze für die Abgabepflicht der Steuererklärung liegen (8 652 Euro für Alleinstehende, 17 304 Euro für Verheiratete/Verpartnerte), kann nicht viel passieren. Wie gezeigt, können verschiedene Ausgaben die steuerpflichtigen Einkünfte drücken. Ruheständler können mindestens ihre Beiträge zur Kranken- und Pflegeversicherung abziehen. Wenn danach keine Steuern anfallen, verzichtet das Finanzamt – auf Antrag – regelmäßig auf künftige Steuererklärungen. Wer unsicher ist, sollte einfach eine Steuererklärung abgeben. Dann entsteht so oder so Klarheit.

Für zügiges Handeln spricht eine weitere Entwicklung: Seit 2005 arbeitet die Finanzverwaltung mehr oder weniger intensiv daran, sich den vollen Überblick über alle Rentenzahlungen zu verschaffen, die ein Rentner bekommen hat. Seit 2012 funktioniert das Kontrollsystem besser (→ ab Seite 118). Immer mehr Rentner, die nach Auffassung des Finanzamts eigentlich Steuern zahlen müssten, das aber nicht getan haben und auch keine Steuererklärung abgaben, erhielten und erhalten weiterhin Amtspost. Darin steht die Aufforderung, eine Steuererklärung (eventuell auch für Vorjahre) abzugeben. Das betrifft inzwischen Hunderttausende Rentner. Wer aber bereits eine Steuererklärung abgegeben hat, braucht keine Aufforderung mehr zu befürchten.

Der Aufwand für eine Steuererklärung hält sich bei Ruheständlern in der Regel in Grenzen, und außerdem gibt es mit diesem Ratgeber Unterstützung: Wie Sie Ihre Steuererklärung ausfüllen sollten, erläutern wir ab Seite 39 ausführlich.

Entscheidungshilfe und praktische Unterstützung bieten zudem Steuerberater und Lohnsteuerhilfevereine (→ Seite 125). Der Sachbearbeiter im Finanzamt ist zu kostenlosen Auskünften verpflichtet. Er beantwortet einzelne Fragen, eine Gesamtberatung kann er aber nicht bieten. Die Deutsche Rentenversicherung Bund (DRV) schickt Rentnern, die das schriftlich beantragen, eine kostenfreie Aufstellung über alle im Jahr gezahlten Leistungen mit exakten Hinweisen, was wo in den Steuerformularen einzutragen ist. Das erleichtert die Übersicht und hilft, Fehler zu vermeiden.

Wer nicht mehr als 8 652/17 304 Euro zu versteuerndes Einkommen hat (alleinstehend/verheiratet oder verpartnert), kann sich auf Antrag beim

Finanzamt von der Pflicht zur Abgabe einer Steuererklärung befreien lassen. Mit lästiger Amtspost muss er dann nicht mehr rechnen.

Allerdings führen die relativ hohen Rentenanpassungen zum 1. Juli 2016 von 4,25 Prozent in den alten und von 5,95 Prozent in den neuen Bundesländern dazu, dass 2016 und in den Folgejahren immer mehr Ruheständler eine Steuererklärung abgeben und Steuern zahlen müssen.

Wer eine Erklärung abgeben muss oder sie abgeben möchte, findet in der folgenden Anleitung eine Hilfe, die Schritt für Schritt und ohne Steuerchinesisch durch die für Ruheständler wichtigsten Formulare führt. Dieser Ratgeber begleitet Sie Zeile für Zeile durch die Formulare, egal ob Sie es einmalig mit dem Finanzamt zu tun haben, oder ob Sie dort „Dauerkunde" sind. An den jeweiligen Formularabschnitten gibt es die Erläuterungen, die Rentner und Pensionäre besonders betreffen.

Zudem erhalten Sie ab Seite 113 weitere Tipps, etwa dazu, wie Sie sich gegenüber dem Finanzamt richtig verhalten oder was sich steuergesetzlich geändert hat. Auf Anregung von Lesern haben wir die wichtigsten Änderungen, die sich 2016 erstmals unmittelbar auf die Steuererklärung auswirken, in einer neuen Übersicht zusammengefasst (→ ab Seite 170).

Das Buch schließt mit einer ausführlichen Übersicht oft genutzter Begriffe rund um Rente und Pension (→ ab Seite 190) und mit den ausgefüllten Originalformularen des Jahrgangs 2016 ab (→ ab Seite 172). Auch dies bietet Ihnen eine zusätzliche Orientierung.

Und wer vom Finanzamt dann letztendlich doch zur Kasse gebeten wird, kann sich vielleicht ein wenig mit der gesicherten Erkenntnis trösten: „Das Schöne am Steuerzahlen ist, dass es garantiert nicht süchtig macht."

Schritt für Schritt

Wenn Sie nach der bisherigen Lektüre der Meinung sind, dass Sie eine Steuererklärung abgeben müssen oder sollten, finden Sie ab hier eine Anleitung, die Zeile für Zeile durch die für Sie wichtigsten Formulare führt.

Zugegeben: Die Formulare der Einkommensteuererklärung sind eine Spaßbremse. Beim Durchblättern löst die Mischung aus Amtsdeutsch und Steuerchinesisch nicht selten ein Stirnrunzeln aus. Wer die Formulare ausfüllen muss, kann sich aber wenigstens damit trösten, nicht allein zu sein. Über 20 Millionen Erklärungen werden jedes Jahr abgegeben, und all diese Menschen haben es schließlich auch geschafft. Außerdem finden Sie auf den nächsten Seiten eine Anleitung, die Schritt für Schritt durch die Formulare führt und dabei die Belange von Rentnern und Pensionären besonders berücksichtigt. Am Ende steht das gute Gefühl, den Papiertiger gezähmt zu haben.

Die Formulare dieses Jahres weichen von den Formularen des Vorjahres ab. Wir weisen an an den jeweiligen Stellen darauf hin (→ auch Seite 170).

Eine direkte Übernahme der Angaben aus Formularen der Vorjahre ist nicht ohne Prüfung möglich. Wer eine Erklärung für die Jahre vor 2016 abgibt, muss unbedingt die alten Formulare verwenden.

TIPP: Die wichtigsten Steuerformulare für das Jahr 2016 finden Sie als Ausfüllhilfe ab Seite 172.

Abgabetermin für die Steuererklärung 2016 ist grundsätzlich der 31. Mai 2017. Wird ein Steuerberater oder ein Lohnsteuerhilfeverein beauftragt, verlängert sich die Frist voraussichtlich bis zum 2. Januar 2018. Diese Fristverlängerung wird jedes Jahr neu bekanntgegeben. Wer nicht verpflichtet ist, eine Steuererklärung abzugeben, sondern das freiwillig tut, etwa, weil er bereits gezahlte Steuern zurückholen will, hat mit der Abgabe der Erklärung vier Jahre Zeit.

Die Formulare erhalten Sie beim Finanzamt. Wer Schwierigkeiten hat, dorthin zu kommen, bittet die Beamten telefonisch oder schriftlich um Zusendung oder fragt Nachbarn, Bekannte oder Verwandte, ob sie die Unterlagen mitbringen können.

Über das Internet können Sie die Steuererklärungsformulare aufrufen, ausfüllen und ausdrucken. Sie müssen nur noch unterschreiben. Wer seine Steuererklärung via Internet über Elster abgibt, kann und sollte das auch weiterhin tun (→ Seite 133).

Bevor es richtig losgeht, sind ein paar Vorarbeiten zweckmäßig. Suchen Sie alle Bescheide, Mitteilungen und andere Belege über eventuell steuerpflichtige Einnahmen heraus, zum Beispiel Rentenbescheide, Lohnsteuerbescheinigungen oder Steuerbescheinigungen von Banken. Weiterhin benötigen Sie Kontoauszüge, Quittungen, Rechnungen oder andere Belege für Ausgaben, die steuerlich wichtig sein können. Schenken Sie dem Finanzamt nichts: Sollten Sie Rechnungen, die Sie von der Steuer absetzen wollten, nicht mehr finden, hilft nur Suchen, Ersatzbelege beschaffen oder Eigenbelege ausstellen. Es empfiehlt sich manchmal, bestimmte Einnahmen und Ausgaben zunächst in Listen- oder Tabellenform zu erfassen, zum Beispiel Fahrtkosten oder Tankbelege. Das erhöht die eigene Übersicht, erleichtert die spätere Eintragung in die Formularzeilen und kann eventuell als Zusatzbeleg dienen.

In der Regel werden in die Formulare nur volle Euro-Beträge eingetragen. Cent-Beträge können Sie zu Ihren Gunsten aufrunden (bei Ausgaben) oder abrunden (bei Einnahmen). So gehört zum Beispiel eine Bruttorente von 14 590,99 Euro mit 14 590 Euro ins Formular und nicht mit 14 591, wie es den Rundungsregeln normalerweise entsprechen würde. Wer beispielsweise Krankheitskosten von 3 543,10 Euro hatte, rundet nicht ab, sondern trägt aufgerundete 3 544 Euro ein. Cent-Beträge gehören nur dorthin, wo sie laut Vordruck vorgesehen sind. Füllen Sie nur die weißen Felder aus. Reicht der Platz nicht, fügen Sie gesonderte Blätter bei.

Achten Sie besonders darauf, ob die aktuellen Formulare gegenüber den Vorjahresformularen verändert wurden. Für Rentner und Pensionäre bleiben die Veränderungen überschaubar. Sie betreffen vor allem den Mantelbogen, die Anlagen Vorsorgeaufwand, R und N (→ auch Seite 170).

Nach der steuerlichen Gleichstellung eingetragener Lebenspartner mit Ehepaaren im Jahr 2013 wurden die Formulare entsprechend geändert. Alle in diesem Ratgeber genannten ehebedingten Bestimmungen gelten für eingetragene Lebenspartner in gleicher Weise, auch wenn das nicht überall gesondert erwähnt wird.

→ **TIPP:** Vergessen Sie nicht, sich von allem, was Sie ans Finanzamt schicken, eine Kopie zu machen. Kommt es zu Rückfragen oder Streitigkeiten, können Sie mithilfe der Kopien besser reagieren. Außerdem haben Sie eine gute Vorlage für das nächste Jahr.

Los geht's mit dem Mantelbogen

Das vierseitige Steuerformular heißt offiziell Hauptvordruck, landläufig wird es Mantelbogen genannt, weil es bei der Abgabe der Formulare die einzelnen Anlagen wie ein Mantel umschließen kann (→ das ausgefüllte Formular Seite 172).

TIPP: Rentner müssen immer den Mantelbogen sowie die Anlagen Vorsorgeaufwand und R ausfüllen, Pensionäre die Anlage N.

Zeile 1 bis 5: Aller Anfang ist leicht

Ganz oben links in **Zeile 1** machen Sie Ihr Kreuz bei „Einkommensteuererklärung". Wer eine Steuererklärung nur deswegen abgibt, weil er Kirchensteuer auf Zinsen und andere Kapitalerträge bezahlen muss, kreuzt das in **Zeile 2** (linkes Kästchen) an. Das ist immer dann erforderlich, wenn jemand kirchensteuerpflichtig ist und die Bank die Abgeltungsteuer auf Zinsen ohne die Berücksichtigung von Kirchensteuer an das Finanzamt abgeführt hat. Ob das so war, ergibt sich aus den Mitteilungen der Bank. Seit 2015 führen Banken und andere Finanzinstitute Kirchensteuer, die sie einbehalten haben, automatisch an den Fiskus ab. Wenn das laut Steuerbescheinigung geschehen ist, müssen Sie hier nichts ankreuzen. Haben Sie beim Bundeszentralamt für Steuern einen „Sperrvermerk" eingereicht, kommt hierher ein Kreuz (→ Seite 79). Wenn Sie eine Steuernummer haben, tragen Sie die in **Zeile 3** ein, ansonsten lassen Sie diese Zeile frei oder schreiben das Wort „NEU" hinein. Die Persönliche Identifikationsnummer taucht hier nicht mehr auf, sie wird in **Zeile 7 und 16** abgefragt. Das zuständige Finanzamt (**Zeile 4**) ist das Amt, in dessen Amtsbezirk Sie derzeit wohnen. Nur nach einem Wohnsitzwechsel ist ein Eintrag in **Zeile 5** erforderlich.

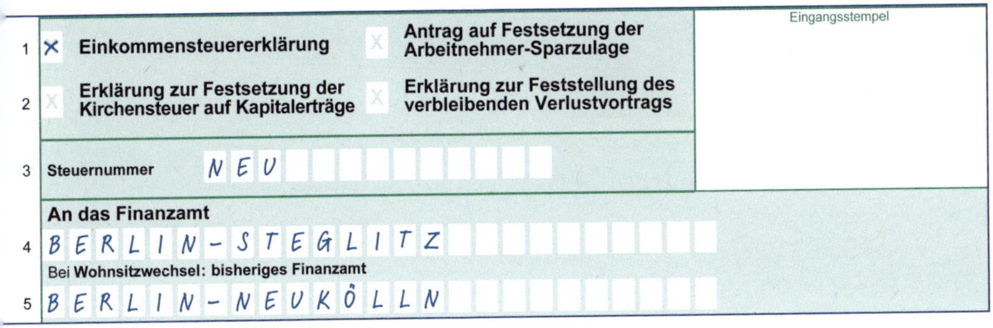

1 ☒ Einkommensteuererklärung ☐ Antrag auf Festsetzung der Arbeitnehmer-Sparzulage

2 ☐ Erklärung zur Festsetzung der Kirchensteuer auf Kapitalerträge ☐ Erklärung zur Feststellung des verbleibenden Verlustvortrags

Eingangsstempel

3 Steuernummer NEU

An das Finanzamt

4 BERLIN-STEGLITZ

Bei Wohnsitzwechsel: bisheriges Finanzamt

5 BERLIN-NEUKÖLLN

Zeile 6 bis 23: Allgemeine Angaben

Die Fragen zur Person sind relativ überschau- und nachvollziehbar. Die Angabe der Telefonnummer in **Zeile 6** ist freiwillig, kann aber die Bearbeitung beschleunigen. Bei eingetragenen Lebenspartnern kommt in **Zeile 7** bis **Zeile 14** derjenige, dessen Nachname im Alphabet zuerst steht. Der andere Partner wird ab **Zeile 16** eingetragen. Bei gleichen Namen entscheidet der Vorname, bei Gleichheit auch dort zählt das Geburtsdatum: der ältere Partner bekommt **Zeile 7 bis 14**. Die Religion wird rechts in **Zeile 11 und 20** mit den dort abgedruckten Abkürzungen markiert, weitere Abkürzungen stehen in der „Anleitung zur Einkommensteuererklärung" des Finanzamts. **Zeile 15** betrifft bestehende oder gewesene Ehe-/Lebenspartner. Wer ganz rechts (dauernd getrennt) ein Datum vor Neujahr 2016 einträgt, wird wie ein Lediger besteuert.

Zeile 24: Nur für Ehepaare/Lebenspartner

Diese Paare entscheiden selbst, ob sie eine gemeinsame Steuererklärung abgeben wollen („Zusammenveranlagung" ankreuzen) oder zwei getrennte. Zusammen ist in der Regel vorteilhaft. Eine „Einzelveranlagung" kann sich ausnahmsweise lohnen, etwa bei Verlusten, Auslandseinkünften oder Abfindungen. Dann sollte vorher eine Vergleichsrechnung gemacht oder ein Steuerprofi befragt werden.

Wer nicht zusammen abgeben will, kann seit 2013 nur noch die „Einzelveranlagung" wählen. Die erlaubt es aber nicht, bestimmte Kosten, etwa

Sonderausgaben, außergewöhnliche Belastungen oder Steuerermäßigungen nach freier Entscheidung einem der Partner zuzuordnen: Die Kosten darf nur noch der absetzen, der sie auch getragen hat. Ehe- und Lebenspartner können aber beantragen, dass sie bei jedem zur Hälfte berücksichtigt werden.

Bis 2012 konnten Paare nach jeder Änderung ihres Steuerbescheids erneut wählen, ob sie eine gemeinsame oder zwei einzelne Steuererklärungen abgeben. Jetzt funktioniert das nur noch, wenn eine neue Wahlentscheidung zu einer geringeren Steuer führen würde.

Ist ein Partner 2016 verstorben, kann der andere für die Jahre 2016 und 2017 noch Steuervorteile für Verheiratete und Verpartnerte nutzen. Das gilt aber nur, wenn beide zum Todeszeitpunkt nicht getrennt gelebt haben (weitere Einzelheiten ab Seite 136).

Zeile 25 bis 35: Bankverbindung und Adresse

Das Formular fragt seit 2013 nicht mehr nach Kontonummer und Bankleitzahl (BLZ), sondern nach der internationalen Bankkontonummer IBAN (International Bank Account Number) und nach der Bankenkennung BIC (Bank Identifier Code). Sollten Sie dazu Fragen haben, kann Ihre Bank sicher weiterhelfen. In **Zeile 28** wird das rechte Buchstabenfeld nur ausgefüllt, wenn das Finanzamt eine Steuererstattung nicht auf Ihr Konto oder das Konto des Partners überweisen soll.

Füllen Sie **Zeile 31 bis 35** nur aus, wenn der Steuerbescheid nicht an Sie, sondern an jemand anderen geschickt werden soll, zum Beispiel an den von Ihnen beauftragten Steuerberater. Auch wenn der Bescheid nicht an die oben angegebene Wohnadresse gehen soll, zum Beispiel weil Sie sich für eine längere Zeit woanders aufhalten, können Sie hier die entsprechende Adresse eingeben.

Zeile 36 bis 56: Sonderausgaben

Die hier einzutragenden Positionen sind steuerlich abzugsfähige Kosten, die Rentnern und Pensionären interessante Steuersparchancen bieten können. Das Finanzamt berücksichtigt automatisch nur eine geringe Pauschale von 36 Euro für Alleinstehende und 72 Euro für Ehepaare/Lebenspartner.

Zeile 36 bis 41: Zahlungen an andere

In **Zeile 36 bis 37** geht es um Versorgungsleistungen – oft im Zusammenhang mit Vermögensübertragungen der Älteren an die Jüngeren der Familie. Für das Vermögen erhalten die Älteren zum Beispiel eine lebenslange Rente. Diese Zahlung können die Jüngeren unter bestimmten Voraussetzungen als Sonderausgaben absetzen. Für Ruheständler sind diese Zeilen weniger interessant, weil sie meist nicht die Zahler, sondern die Empfänger solcher Leistungen sind (→ Seite 94). Außerdem geht es hier um verzwickte Konstruktionen, bei denen ein Steuerprofi helfen sollte.

Zeile 38 bis 41: Unterhalt für den oder die Ex

Zeile 38 behandelt Ausgleichszahlungen, die im Rahmen eines gerichtlich angeordneten Versorgungsausgleiches an einen geschiedenen Ehegatten oder Lebenspartner geleistet wurden. Sie sind beim Zahler in dem Umfang als Sonderausgaben abzugsfähig, wie sie beim Empfänger steuerpflichtig sind. Eine andere Begrenzung gibt es nicht. Das gilt auch für die **Zeile 39**. Hierher kommen Leistungen, die zur Vermeidung eines Versorgungsausgleichs gezahlt wurden. Weitere Unterhaltsleistungen an den Expartner dürfen unabhängig davon bis 13 805 Euro im Jahr als Sonderausgaben abgesetzt werden (**Zeile 40**). Seit 2010 erhöht sich der Betrag von 13 805 Euro um die Beiträge, die für die Kranken- und Pflegeversicherung des Expartners übernommen wurden. Der Abzug funktioniert aber nur mit Zustimmung des Unterstützten, denn bei ihm sind diese Zahlungen steuerpflichtig, und er muss auch die erforderliche Anlage U mit unterschreiben.

In **Zeile 40** wird nach der Steueridentifikationsnummer des Unterstützten gefragt. **In Zeile 41** (links) muss der Teil der Unterhaltszahlung, der auf Beiträge zur Kranken- und Pflegeversicherung entfällt, nochmals separat aufgeführt werden. Damit nicht genug: Krankenversicherungsbeiträge, die Anspruch auf Krankengeld auslösen, müssen rechts zusätzlich separat erscheinen. Der Grund: Sie sind nicht voll absetzbar (→ Seite 68). Ist der Expartner Ruheständler, dürfte diese Eintragung meist entfallen, denn Krankengeld ist in der Regel für Rentner und Pensionäre kein Thema mehr.

TIPP: Seit 2010 darf der Zahler zusätzlich zu den maximal 13 805 Euro Unterhalt von ihm übernommene Beiträge zur Kranken- und Pflegeversicherung des Unterstützten als Sonderausgaben geltend machen.

40	**Unterhaltsleistungen** lt. **Anlage U** an den – geschiedenen Ehegatten, Lebenspartner einer aufgehobenen Lebenspartnerschaft – dauernd getrennt lebenden Ehegatten / Lebenspartner	117	IdNr. der unterstützten Person 08 154 711 081	116	14 500,–
41	In Zeile 40 enthaltene Beiträge (abzgl. Erstattungen und Zuschüsse) zur Basis-Kranken- und gesetzlichen Pflegeversicherung	118	EUR 695,– 2016 gezahlt EUR	Davon entfallen auf Krankenversicherungsbeiträge mit Anspruch auf Krankengeld 119	0,– 2016 erstattet EUR

Wenn Sie den Expartner unterstützen, können Sie unter bestimmten Voraussetzungen anstelle des Sonderausgabenabzugs 2016 bis zu 8 652 Euro im Jahr als außergewöhnliche Belastung absetzen (→ ab Seite 107). Diese Unterstützung bleibt beim Unterstützten steuerfrei und Sie können sich die Anlage U sparen.

Zeile 42: Kirchensteuer

Hierher gehört die tatsächlich gezahlte Kirchensteuer, einschließlich im Jahresverlauf geleisteter Voraus- oder Nachzahlungen, abzüglich eventuell erhaltener Erstattungen. Freiwillige Beiträge oder Zahlungen sind nicht hier, sondern unter Spenden (**Zeile 45**) einzutragen. Kirchensteuer, die die Bank oder ein anderer Finanzdienstleister im Rahmen der Abgeltungsteuer bereits an das Finanzamt abgeführt hat, gehört nicht hierher. Ob etwas abgeführt wurde, ergibt sich in der Regel aus den Mitteilungen der Banken (→ Anlage KAP ab Seite 82).

Auf Antrag kappen viele Kirchenbehörden bei hohen Einkünften die Kirchensteuer bei 3 bis 4 Prozent des zu versteuernden Einkommens oder sie erstatten bei Abfindungen einen Teil der Kirchensteuer. Eine Nachfrage bei der Kirche bringt Klarheit und eventuell weniger Steuerbelastung.

Zeile 43 bis 44: Berufsausbildung

Hierher gehören Kosten für eine erste Berufsausbildung und für ein Erststudium. Die Betonung liegt hier auf „Erst", denn das Finanzamt unterscheidet strikt zwischen einer Erstausbildung und einer Folgeausbildung nach abgeschlossener Erstausbildung. Was klingt wie ein „Streit um des Kaisers Bart", hat handfeste steuerliche Folgen.

Aufwendungen für eine Erstausbildung können nur bis zu 6 000 Euro pro Person und Jahr als Sonderausgaben abgesetzt werden. Ausgaben für eine Folgeausbildung oder für ein Zweitstudium sind dagegen als Werbungskosten oder Betriebsausgaben voll absetzbar und eventuell entstandene Verluste können in andere Jahre übertragen werden.

→ **TIPP:** Seit 2015 ist der Begriff Erstausbildung gesetzlich definiert als mindestens 12-monatige Vollzeitausbildung mit mindestens 20 Wochenstunden. Die Ausbildung muss mit einem Prüfungsabschluss oder einem anderen für die jeweilige Ausbildung üblichen Abschluss enden. Diese Begriffsbestimmung gilt ausschließlich für die Abgrenzung von Werbungskosten und Sonderausgaben. Bei der Kinderförderung ist sie ohne Bedeutung (→ ab Seite 104).

Die Abgrenzung von Ausbildungs- und Fortbildungskosten ist oft umstritten. Für Ruheständler sind Ausbildungskosten in der Regel voll abzugsfähige Werbungskosten oder Betriebsausgaben. Die allermeisten von ihnen haben längst eine abgeschlossene Berufsausbildung. Zu den Ausbildungskosten gehören zum Beispiel Gebühren und andere Ausgaben für Kurse und Prüfungen, Büromaterial, Lehrmaterialien, Fachbücher, Fahrten zwischen Wohnung und Ausbildungsstätte, Übernachtung und Verpflegung. Handelt es sich um Werbungskosten oder Betriebsausgaben gehören die Aufwendungen nicht hierher, sondern in die Anlagen G, N oder S (→ Seite 92 und Seite 101).

TIPP: Ob Ausgaben für eine Erstausbildung oder für ein Erststudium als Sonderausgaben oder als Werbungskosten/Betriebsausgaben geltend gemacht werden dürfen, muss das Bundesverfassungsgericht entscheiden. Steuerbescheide erlässt das Finanzamt in diesem Punkt vorläufig, Einspruch ist nicht erforderlich (→ Seite 142).

Zeile 45 bis 56: Spenden & Co.

Spenden sind für viele Ruheständler ein wichtiges Thema. Das Finanzamt spielte in diesem Zusammenhang aber oft keine Rolle. Das ändert sich gerade mit der zunehmenden steuerlichen Belastung von Ruheständlern und mit der wachsenden Anzahl von Rentnern und Pensionären, die eine Steuererklärung abgeben müssen, denn nur wer Steuern zahlt, kann auch Steuern sparen.

Absetzbar sind Spenden „zur Förderung steuerbegünstigter Zwecke" (**Zeile 45**). Hinter dieser Formulierung verbirgt sich so ziemlich alles, zum Beispiel auch Kultur und Bildung, Jugend und Sport, Denkmalschutz und Heimatpflege, Hundezucht oder Karneval.

Als Sonderausgaben sind Spenden grundsätzlich in Höhe von 20 Prozent der Einkünfte nutzbar (→ Beispiel Seite 49).

TIPP: Auch Mitgliedsbeiträge mancher Organisationen, etwa des DRK, sind als Spenden absetzbar.

Für die Anerkennung der Spende ist in der Regel die Spendenbescheinigung des Empfängers nach amtlichem Muster im Original erforderlich – eine sogenannte Zuwendungsbescheinigung. Spenden an Empfänger in der EU und im Europäischen Wirtschaftsraum (EWR) gehören in **Zeile 46**. Bei Spenden bis 200 Euro ist keine Zuwendungsbescheinigung nötig, es reicht der Kontoauszug mit dem vorgedruckten Überweisungsbeleg des Spendenempfängers. Der Kontoauszug genügt auch für höhere Beträge in Katastrophenfällen, wenn auf bestimmte Sonderkonten gespendet wurde.

→ Zum Beispiel Käte und Karl K.

Das Ehepaar hat nach Abzug von Werbungskosten und Sonderausgaben (außer Spenden) gemeinsam steuerpflichtige Einkünfte von 20 000 Euro. Sie haben 500 Euro an ein Heim des Deutschen Roten Kreuzes für behinderte Kinder gespendet, 500 Euro für die neue Orgel der Dorfkirche und 800 Euro für den örtlichen Fußballverein. Sie dürfen die gespendeten 1 800 Euro absetzen, denn ihr „Spendenvolumen" beträgt in diesem Jahr 4 000 Euro (das sind 20 Prozent von 20 000 Euro).

TIPP: Beiträge an Kulturfördervereine sind auch dann absetzbar, wenn die Mitglieder Sondervorteile, zum Beispiel verbilligte Karten für Veranstaltungen, erhalten.

Auch gespendete Sachen wie Kleider, Möbel oder Bücher sind von der Steuer absetzbar, wenn sich der Wert der Gegenstände nachvollziehbar ermitteln lässt. Bei erbrachten Leistungen ist das mitunter leichter festzustellen, zum Beispiel, wenn unter Verzicht auf einen – rechtlich zustehenden – Kostenersatz Pkw-Fahrten für den Verein unternommen wurden. Auch in diesen Fällen ist eine Spendenbescheinigung erforderlich.

In **Zeile 47 bis 48** gehören Mitgliedsbeiträge und Spenden an politische Parteien sowie unabhängige Wählervereinigungen. Davon drücken bei Ledigen bis zu 1650 Euro, bei Ehe-/Lebenspartnern bis zu 3300 Euro zur Hälfte direkt die Steuerschuld. Über diese Beträge hinausgehende Parteispenden können wiederum bis zu 1650 beziehungsweise 3300 Euro zusätzlich als Sonderausgaben abgesetzt werden. Spendet beispielsweise ein Lediger 2000 Euro an eine Partei, zahlt er 825 Euro weniger Steuern (50 Prozent von 1650). Zusätzlich darf er die darüber hinaus gespendeten 350 Euro als Sonderausgaben geltend machen (2000 minus 1650).

In **Zeile 49 bis 51** kommen die Spenden und Mitgliedsbeiträge, die vom Spendenempfänger elektronisch an die Finanzverwaltung gemeldet worden sind. Für solche Beträge entfällt die Vorlage einer Spendenbescheinigung. Zahlungen aus den **Zeilen 45 bis 48** haben hier nichts zu suchen. Für sie bleibt grundsätzlich eine Spendenbescheinigung erforderlich.

→ **TIPP:** Fragen Sie bei Unklarheiten am besten den Spendenempfänger. Der weiß in der Regel auch, ob eine elektronische Meldung erfolgt ist.

In den **Zeilen 52 bis 56** geht es um Zuwendungen an bestimmte Stiftungen. Wer damit zu tun hat, braucht ohnehin einen Steuerberater. Das gilt auch für Großspenden oberhalb der 20-Prozent-Grenze.

Der Freibetrag für alle, die sich im Verein gemeinnützig engagiert haben und dafür eine Aufwandsentschädigung bekamen, gehört nicht hierher, sondern in Anlage N oder S (→ Seite 88, 103).

Bei der Berechnung des abzugsfähigen Spendenvolumens berücksichtigt das Finanzamt seit 2012 die Einkünfte aus Kapitalvermögen, die der Abgeltungsteuer unterliegen, nicht mehr. Kapitaleinkünfte, die nach der

Günstigerprüfung wie früher mit dem übrigen Einkommen besteuert werden, erhöhen das abzugsfähige Spendenvolumen aber weiterhin (→ Anlage KAP ab Seite 79).

Zeile 61 bis 70: Außergewöhnliche Belastungen

Die dritte Seite des Mantelbogens kann für Rentner und Pensionäre ganz besonders interessant sein, weil hinter den „außergewöhnlichen Belastungen" so manches steckt, womit gerade sie ihre Steuerlast senken können. Und so „außergewöhnlich" ist das alles gar nicht, geht es doch zum Beispiel um Krankheit, Unterstützung Bedürftiger, Behinderung oder Pflege.

Einige dieser Kosten hatten Ruheständler schon immer, doch steuerlich waren die ziemlich uninteressant, solange sie keine Steuern zahlen mussten. Jetzt sollten Ruheständler überlegen, ob sie ein paar dieser Belastungen nicht doch steuerlich nutzen können. Ein Beispiel: Das Geld, das sie dem ewig studierenden oder brotloser Kunst nachjagenden Enkel ohnehin gelegentlich zustecken, ließe sich in eine steuerlich absetzbare Unterhaltszahlung umwandeln (→ Seite 107). Was eine außergewöhnliche Belastung ist und was nicht, lässt sich nicht genau eingrenzen. Manchmal muss man es austesten. So kann nach Urteilen des Bundesfinanzhofs die Beseitigung von Gebäudeschäden durch Hausschwamm, Brand oder Hochwasser eine außergewöhnliche Belastung sein (VI R 70/10), ebenso die Abwehr einer Gesundheitsgefährdung durch ein mit Asbest verseuchtes Dach (VI R 47/10).

Zeile 61 bis 64: Behinderung

Je nach Grad der Behinderung gewährt das Finanzamt einen pauschalen Freibetrag zwischen 310 und 3700 Euro jährlich (→ Seite 152). In die **Zeilen 61 und 63** werden zunächst Ausstellungs- und Gültigkeitsdaten der entsprechenden Dokumente (zum Beispiel Ausweis des Versorgungsamts) eingetragen sowie rechts der Grad der Behinderung, der auf ihnen vermerkt ist. Legen Sie bei einer erstmaligen Beantragung eines Behindertenpauschbetrags eine Kopie des Dokuments bei. Die kleinen Kästchen in den **Zeilen 61 bis 64** sind, wo zutreffend, mit der Ziffer „1" auszufüllen. Merkzeichen Bl oder H auf dem Ausweis steht für blind oder hilflos, Merkzeichen G und aG (außergewöhnliche Gehbehinderung) bedeuten geh- und stehbehindert.

Pauschbeträge gewährt das Finanzamt grundsätzlich erst ab 50 Prozent Behinderungsgrad. Es gibt aber Ausnahmen, zum Beispiel bei einer Behinderung wegen einer typischen Berufskrankheit oder wenn wegen der Behinderung ein gesetzlicher Anspruch auf Rente besteht. Ob im konkreten Fall Ausnahmen zutreffen, kann eine Nachfrage beim zuständigen Finanzamt klären.

→ **TIPP:** Viele Ruheständler haben erhebliche Gesundheitsprobleme, wissen aber oftmals nicht, dass ihnen dafür eigentlich ein Behindertenpauschbetrag zusteht. Fragen Sie den Hausarzt, ob und wie ein Antrag auf einen Behindertenausweis Erfolgsaussichten haben kann.

Neben dem Pauschbetrag können Behinderte weitere Ausgaben geltend machen, zum Beispiel für andere Krankheitskosten und für Kfz-Fahrten. Ohne Nachweis sind das bis 900 Euro Kfz-Kosten (ab 80 Prozent oder ab 70 Prozent und Merkzeichen G), mit Nachweis bis 4 500 Euro bei Merkzeichen aG, Bl und H. Auch Ausgaben für einen behindertengerechten Umbau eines Kfz oder einer Wohnung können absetzbar sein. Das gilt auch für bestimmte Kosten einer Begleitperson im Urlaub.

Anstelle des Behindertenpauschbetrags können auch die tatsächlichen, nachgewiesenen Kosten der Behinderung geltend gemacht werden. Das passiert alles in **Zeile 67** beziehungsweise in ergänzenden Aufstellungen zu diesen Zeilen.

Um behinderungsbedingte Steuervorteile auszuschöpfen, kann die Hilfe eines Steuerprofis zumindest beim erstmaligen Ausfüllen einer Steuererklärung zweckmäßig sein.

TIPP: Ob die zumutbare Belastung auch bei Pflegekosten gilt, ist umstritten. Steuerbescheide bleiben in diesem Punkt bis zu einer Entscheidung des Bundesfinanzhofs offen (→ Seite 142).

In die **Zeilen 62 und 64** ist neben dem Behindertenpauschbetrag auch ein Pauschbetrag für Hinterbliebene zu beantragen. Er beläuft sich auf 370 Euro und steht Menschen zu, denen aufgrund ganz bestimmter gesetzlicher Regelungen Hinterbliebenenbezüge gewährt werden, zum Beispiel nach einem Dienstunfall eines Beamten.

Zeile 65 bis 66: Pflege zu Hause

Wer eine andere Person in seiner Wohnung oder in deren Wohnung unentgeltlich pflegt, kann den Pflegepauschbetrag von 924 Euro im Jahr erhalten. Dafür gilt aber eine Reihe von Voraussetzungen: Die Pflege muss persönlich geleistet werden (eine Unterstützung durch einen ambulanten Pflegedienst schadet aber nichts), der Gepflegte muss hilflos sein (Merkmal H) oder die Pflegestufe III haben. Den Pauschbetrag erhalten Menschen, die unterhaltsberechtigte Angehörige pflegen. Es gibt ihn aber auch, wenn entfernte Verwandte, Lebensgefährten, Freunde oder Nachbarn gepflegt werden. Dann muss der Pflegende aber darlegen können, dass er die Pflege aus tatsächlichen oder sittlichen Gründen übernehmen musste. Sind mehrere Menschen an der Pflege einer Person beteiligt, zum Beispiel wenn Geschwister ihre Eltern pflegen, wird der Pauschbetrag nach der Anzahl der beteiligten Personen aufgeteilt.

TIPP: Den Pflegepauschbetrag gibt es auch, wenn die gepflegte Person in einem Heim untergebracht ist und nur an den Wochenenden zu Hause gepflegt wird.

Zeile 65 fragt erstmals, wer der Pflegende ist und bietet mit den Ziffern „1", „2" oder „3" drei Varianten an. In **Zeile 66** gehören Angaben zur gepflegten Person und dem Verwandtschaftsverhältnis. In das neue rechte Kästchen schreiben Sie die Anzahl eventueller „Mitpfleger". Für zusätzliche Angaben sollten Sie ein Extrablatt beifügen.

Zeile 67 bis 70: Krankheit, Scheidung und andere Katastrophen

Hier wird eingetragen, was das Steuerrecht unter „außergewöhnlichen Belastungen allgemeiner Art" versteht. Der Begriff entzieht sich einer klaren Definition und soll es wohl auch, denn hier findet sich so ziemlich alles von Krankheitskosten im weitesten Sinn über Grundwasserschäden bis zum Verlust von Hausrat durch Naturkatastrophen oder Diebstahl. Damit das Ganze nicht ausufert, muss jeder, der eine solche „allgemeine" Belastung absetzen will, einen Teil davon selbst schultern. Der nennt sich „zumutbare Belastung", beläuft sich je nach Familienstand, Kinderzahl und Einkünften auf 1 bis 7 Prozent der Einkünfte und ist im Zusammenhang mit Krankheitskosten umstritten (→ Seite 26, 142 und 151).

Krankheitskosten sind die außergewöhnlichen Belastungen, die Ruheständler am häufigsten geltend machen. Dazu gehören die Kosten für alle vom Arzt oder Heilpraktiker verordneten Medikamente, Heilbehandlungen und Hilfsmittel, aber nur der Anteil, der selbst bezahlt wurde. Auch dabei gibt es immer wieder umstrittene Positionen, aber grundsätzlich sollten Sie alle Belege sammeln, die etwas mit Kosten für Krankheit und Gesundheit zu tun haben, zum Beispiel Zuzahlungen bei Arzt, Zahnarzt, Masseur und Apotheke, Zahlungen für Heilbehandlungen und Medikamente, die zwar verordnet, aber von der Kasse nicht getragen wurden, zum Beispiel homöopathische Mittel. Ausgaben für Brillen, Einlagen oder

Rollstühle gehören dazu ebenso wie die Fahrtkosten zum Arzt und bestimmte Kurkosten.

Ausgaben für einen krankheits- oder pflegebedingten Heimaufenthalt können wie Krankheitskosten als außergewöhnliche Belastung geltend gemacht werden, auch Zahlungen für dort untergebrachte Verwandte, die unterhaltsberechtigt sind. Das Finanzamt beteiligte sich früher nur, wenn mindestens die Pflegestufe I oder die Merkzeichen H und Bl vorlagen. Jetzt berücksichtigt das Finanzamt Pflegesätze des Heims auch, wenn keine Pflegestufe vorliegt.

→ Zum Beispiel das Ehepaar B.

Berthold und Bettina B. sind beide Rentner, die Kinder längst aus dem Haus. Sie hatten 23 000 Euro steuerpflichtige Einkünfte. Nach Abzug der Versicherungsbeiträge beläuft sich das Einkommen auf 18 000 Euro. Die Krankheitskosten sind dabei noch gar nicht berücksichtigt. Die fielen aber reichlich an. Berthold musste beim Zahnarzt 2 000 Euro zuzahlen und Bettina bei ihrer vom Amtsarzt bestätigten Kur für den Bewegungsapparat 300 Euro. Hinzu kamen Zuzahlungen für Medikamente, Bertholds neue Lesebrille und Fahrtkosten zum Arzt für 700 Euro. Beide haben die Kur- und Zahnarztkosten insgesamt in diesem Jahr konzentriert, um die Hürde der zumutbaren Belastung sicher zu überwinden (→ Seite 151). Ohne die 3 000 Euro Krankheitskosten müssten sie 98 Euro Steuer bezahlen, wegen der Krankheitskosten bleiben sie steuerfrei.

Einkommen	**18 000**
Einkommensteuer	98
Krankheitskosten	3 000
minus zumutbare Eigenbelastung (5 % von 23 000)	–1 150
bleiben abzugsfähige Krankheitskosten (3 000 minus 1 150)	1 850
steuerpflichtig (18 000 minus 1 850)	16 150
Einkommensteuer (alle Angaben in Euro)	**0**

TIPP: Ob die zumutbare Belastung auch für Krankheitskosten gilt, ist umstritten. Steuerbescheide bleiben in diesem Punkt bis zur Entscheidung Bundesverfassungsgerichts (Az. 2 BvR 180/16, → Seite 142). Ein Einspruch gegen den Steuerbescheid ist nicht erforderlich.

	Andere außergewöhnliche Belastungen (z. B. Fahrtkosten behinderter Menschen, Krankheitskosten, Kurkosten, Pflegekosten)		Summe der Aufwendungen EUR		Erhaltene / Anspruch auf zu erwartende Versicherungsleistungen, Beihilfen, Unterstützungen; Wert des Nachlasses usw. EUR
	Art der Belastungen				
67	KRANKHEITSKOSTEN S. AUFSTELLUNG	300	3000,–	301	0,–
	Für die – wegen Abzugs der zumutbaren Belastung – nicht als außergewöhnliche Belastung abziehbaren Aufwendungen wird die Steuerermäßigung für haushaltsnahe Beschäftigungsverhältnisse / Dienstleistungen / Handwerkerleistungen beantragt (die Beträge sind nicht zusätzlich in den Zeilen 71 bis 73 einzutragen):				Aufwendungen (abzüglich Erstattungen) EUR
68	Die in Zeile 67 enthaltenen Pflegeleistungen im Rahmen eines geringfügigen Beschäftigungsverhältnisses im Privathaushalt – sog. Minijob – betragen			370	,–
69	Die in Zeile 67 enthaltenen übrigen haushaltsnahen Pflegeleistungen (ohne Minijob) betragen			371	,–
70	Die in Zeile 67 enthaltenen Arbeitskosten für Handwerkerleistungen betragen			372	,–

Scheidungskosten insbesondere die Gerichtskosten und Anwaltskosten für den Scheidungsprozess, waren bis 2012 als außergewöhnliche Belastung absetzbar. Nach Auffassung der Finanzverwaltung sind sie es seit 2013 nicht mehr. Diese veränderte Position der Finanzverwaltung ist aber stark umstritten. Betroffene sollten deshalb ihre Scheidungskosten weiterhin geltend machen und Einspruch einlegen. Sie können sich dabei auf Verfahren beim Bundesfinanzhof stützen, zum Beispiel VI 9/16, IV R 19/15 (→ Seite 143). Bisher war umstritten, ob für die Jahre bis 2012 **Zivilprozesskosten** generell absetzbar sind. Nunmehr hat der Bundesfinanzhof entschieden, dass Zivilprozesskosten „im Allgemeinen keine außergewöhnlichen Belastungen" sind. Ausnahmen lassen die Richter (wie die Verwaltung) nur gelten, wenn es um „existenziell wichtige Bereiche" geht (Az. VI R 17/14).

Wenn **Hausrat** oder **Kleidung** durch Feuer, Unwetter, Hochwasser oder Diebstahl verloren gegangen sind, können Ausgaben für die Wiederbeschaffung eine außergewöhnliche Belastung sein. Da prüft das Finanzamt aber sehr genau. Stellt sich beispielsweise heraus, dass keine Hausratversicherung abgeschlossen wurde, hält der Fiskus seine Taschen zu.

Schadstoffe in Haus oder Wohnung können zu einer außergewöhnlichen Belastung führen. Wenn zum Beispiel Asbest, Formaldehyd oder giftige Holzschutzmittel zu beseitigen sind, berücksichtigt das Finanzamt die anfallenden Kosten. Die Anforderungen dafür sind allerdings hoch: Ein Arzt muss in der Regel den Zusammenhang zwischen der Schadstoffbelastung und den gesundheitlichen Folgen attestieren; außerdem will das Finanzamt die Gutachten über die konkrete Gesundheitsgefährdung sehen.

Die neu gestaltete **Zeile 68** und die 2016 eingefügten **Zeilen 69 bis 70** füllen Sie nur aus, wenn Sie in **Zeile 67** Aufwendungen eingetragen haben, die wegen der zumutbaren Belastung nicht als außergewöhnliche Belastung absetzbar sind (→ auch Seite 151). Das betrifft zum Beispiel in **Zeile 67** enthaltene Pflegeleistungen, die im Rahmen eines Minijobs erbracht wurden (**Zeile 68**), alle anderen haushaltsnahen Pflegeleistungen ohne Aufwendungen für einen Minijob (**Zeile 69**) und Arbeitskosten für Handwerkerleistungen (**Zeile 70**).

Seit 2012 werden Zinsen und andere Kapitalerträge, die mit der Abgeltungsteuer besteuert wurden, bei der Berechnung der zumutbaren Belastung nicht mehr berücksichtigt. Das verringert die zumutbare Belastung. Kapitalerträge, die nicht der Abgeltungsteuer unterlagen, sondern mit dem persönlichen Steuersatz steuerpflichtig sind, erhöhen aber weiterhin die zumutbare Belastung (→ Seite 79).

Zeile 71 bis 77: Rund um den Haushalt

Wer eine Haushaltshilfe einstellt, kann damit Steuern sparen. Die Hilfskraft muss aber typische Hausarbeiten erledigen, zum Beispiel einkaufen, putzen, waschen, kochen, Familienangehörige betreuen oder den Garten pflegen. (Die Einstellung von Fahrern, Sekretärinnen oder Hauslehrern bleibt ungefördert.) Arbeitet die Haushaltshilfe in einem Minijob, gehören die Angaben in diesem Jahr in **Zeile 71**. Die Verdienstgrenze liegt bei 450 Euro im Monat, zudem gilt Rentenversicherungspflicht. Davon können sich Minijobber aber auf eigenen Antrag bei ihrem Arbeitgeber befreien lassen (→ Seite 15). Die Formulare und weitere Informationen gibt es bei der Minijobzentrale im Internet unter www.minijob-zentrale.de (telefonisch unter 03 55/2 90 27 07 99).

Die Angaben für **Zeile 71** können Sie der Bescheinigung der Minijobzentrale entnehmen, die die Sozialabgaben und Steuern pauschal eingezogen und abgeführt hat. Hierher gehört auch eine kurze Tätigkeitsbeschreibung, etwa „Reinigungsarbeiten". Von den Lohnkosten verringern 20 Prozent die Steuerschuld. Die Steuererstattung für einen Minijob bleibt jedoch auf 510 Euro im Jahr begrenzt.

→ Zum Beispiel das Ehepaar U.

Ulrike und Ulrich U. sind beide Rentner. Sie haben Vera V. als Haushaltshilfe in einem Minijob eingestellt. Als Arbeitgeber rechnen sie mit der Minijobzentrale ab, 20 Prozent ihrer Ausgaben für Vera V., maximal 510 Euro, verringern direkt ihre Steuerschuld. Die Ausgaben bestehen aus dem Arbeitslohn und einer Pauschalabgabe von 14,9 Prozent.

Lohn für Vera V. (12 × 450)	**5 400**
plus Pauschalabgabe (14,9 % von 5 400)	+ 805
Lohnkosten des Ehepaars U.	6 205
Steuererstattung (20 % von 6 205, maximal 510, alle Angaben in Euro)	**510**

Das Finanzamt akzeptiert generell Ausgaben für haushaltsnahe Dienstleistungen bis jährlich 20 000 Euro. Die Ausgaben gehören in diesem Jahr alle in **Zeile 72**. Förderfähig sind einfache Arbeiten, zum Beispiel Gartenarbeiten, Putzen, Kochen, Kinder- und Seniorenbetreuung. Das Finanzamt zieht 20 Prozent der Arbeitskosten (von bis 20 000 Euro) unmittelbar von der Steuerschuld ab. Das ergibt bis zu 4 000 Euro Steuererstattung im Jahr. Ob sich der eigene Haushalt in einer gemieteten Wohnung oder in einem Eigenheim befindet, ist dabei egal. Auch die Pflege und Betreuung bedürftiger Personen im Haushalt wird von dieser Zeile erfasst. Dabei muss keine der zu pflegenden Personen Leistungen aus der Pflegeversicherung erhalten oder einer Pflegestufe zugeordnet sein. Angaben zur versicherungspflichtigen Beschäftigung einer Haushaltshilfe mit mehr als 450 Euro Monatslohn gehören ebenfalls hierher. Auch dafür kann es eine Steuererstattung von maximal 4 000 Euro im Jahr geben. Das Arbeitsverhältnis muss aber wie jeder andere versicherungspflichtige Job angemeldet und abgerechnet werden. Wer das alles richtig machen will, sollte besser einen Steuerprofi zurate ziehen, wenigstens im ersten Jahr der Beschäftigung. Die Lohnunterlagen sollten beigefügt werden. Arbeitsverhältnisse mit Bekannten und Verwandten sind ebenfalls förderfähig. Die Helfer dürfen aber nicht zum eigenen Haushalt gehören. Wird der Ehe-/Lebenspartner als Haushaltshilfe beschäftigt, spielt das Finanzamt nicht mit.

- sozialversicherungspflichtige Beschäftigungen im Privathaushalt
- haushaltsnahe Dienstleistungen, Hilfe im eigenen Haushalt
- Pflege- und Betreuungsleistungen im Haushalt, in Heimunterbringungskosten enthaltene Aufwendungen für Dienstleistungen, die denen einer Haushaltshilfe vergleichbar sind; das in Zeile 67 als Erstattung für häusliche Pflege- und Betreuungskosten berücksichtigte Pflegegeld (§ 37 SGB XI) / Pflegetagegeld

Art der Tätigkeit / Aufwendungen

72 TREPPENREINIGUNG, HAUSWART 212 153,–

Haushalte, die niemanden einstellen, sondern eine Firma engagieren, können ebenfalls steuerlich geförderte Hilfe im Haushalt nutzen. Das können zum Beispiel Fensterputzer, Gärtner oder Betreuungs- und Pflegedienste sein. Übrigens können in diesem Rahmen auch Speditionskosten eines privaten Umzugs gefördert werden.

NEU: Nach Urteilen des Bundesfinanzhofs akzeptiert das Finanzamt auch die Betreuung von Haustieren im Haushalt des Eigentümers (Az. VI R 13/15) sowie Hausnotrufdienste als haushaltsnahe Dienstleistungen (Az. VI R 18/14).

Pflegekosten können auf unterschiedlichen Wegen geltend gemacht werden: als Pflegepauschbetrag (**Zeile 65 bis 66**), als „allgemeine" außergewöhnliche Belastung (**Zeile 67**), über die geringfügige (**Zeile 71**) oder sozialversicherungspflichtige (**Zeile 72**) Beschäftigung einer Hausangestellten und über den Behindertenpauschbetrag (**Zeile 61 bis 64**).

Wichtig ist, dass die entsprechenden Voraussetzungen gegeben sind. Die unterscheiden sich aber erheblich. So kann etwa jemand, der einen Verwandten zu Hause oder in einem Heim pflegen lässt, seine Ausgaben in der Regel als allgemeine außergewöhnliche Belastung nur geltend machen, wenn er gegenüber der zu pflegenden Person unterhaltsverpflichtet ist und der Gepflegte die Kosten nicht allein tragen kann. Das wäre etwa dann der Fall, wenn ein Kind Pflegeheimkosten für die bedürftigen Eltern übernimmt. Demgegenüber ist die Nutzung des Pflegepauschbetrags oder einer Steuerermäßigung für Pflegeleistungen im Haushalt nicht an diese Voraussetzungen gebunden. Kombinationen sind ebenfalls möglich. So lässt sich der Teil der Pflegekosten, der wegen der „zumutbaren Belastung" (→ Seite 54) nicht als außergewöhnliche Belastung absetzbar ist, als Pflegeleistung im Haushalt geltend machen (**Zeile 68 bis 70**). Auch kann jemand, der Pflegeleistungen im Haushalt als haushaltsnahe Dienstleistung absetzt, neben dem Höchstbetrag von 20 000 Euro weitere Pflegekosten als außergewöhnliche Belastungen geltend machen.

Was im Einzelfall möglich und was steuerlich günstiger ist, sollte mit einem Steuerprofi besprochen werden. Grundsätzlich ist ein Abzug als außergewöhnliche Belastung günstiger, wenn der Grenzsteuersatz mehr als 20 Prozent beträgt. Alleinstehende erreichen diesen Steuersatz bereits bei einem zu versteuernden Einkommen von rund 11 700 Euro (→ Seite 160).

	– Handwerkerleistungen für Renovierungs-, Erhaltungs- und Modernisierungsmaßnahmen im eigenen Haushalt (ohne öffentlich geförderte Maßnahmen, für die zinsverbilligte Darlehen oder steuerfreie Zuschüsse in Anspruch genommen werden, z. B. KfW-Bank, landeseigener Förderbanken oder Gemeinden) Art der Aufwendungen		
73	MALERARBEITEN	214	850,–

Zusätzlich zu den haushaltsnahen Dienstleistungen (**Zeile 72**) werden Handwerkerleistungen gefördert (**Zeile 73**). Eigentümer und Mieter, die die von ihnen selbst genutzte Wohnung modernisieren, renovieren oder

instand halten, können ihre Steuerschuld senken, wenn sie dafür Handwerker, etwa Maler oder Elektriker, engagieren. Das Finanzamt akzeptiert bis zu 6 000 Euro Handwerkerkosten im Jahr, 20 Prozent davon, also bis zu 1 200 Euro, drücken die Steuerschuld.

Gefördert werden Reparaturen sowie Modernisierungsarbeiten an und in vorhandenen Gebäuden. Aber auch Dachausbauten und Anbauten wie Wintergärten können förderfähig sein, ebenso Arbeiten auf dem Grundstück und an Grundstücksanschlüssen außerhalb des Grundstücks. Zu den begünstigten Arbeiten gehören auch die Wartung und Reparatur technischer Geräte im Haushalt, etwa Waschmaschinen oder Kochherde. Förderfähig sind nur die Arbeitskosten. Dazu gehört alles, was nicht unter Material fällt, auch die Anfahrtskosten. Material- und Arbeitskosten müssen voneinander getrennt nachgewiesen werden. Die aktuelle Liste der geförderten Tätigkeiten finden Sie im Internet unter www.bundesfinanzministerium.de, dann im Suchfeld „Anwendungsschreiben zu § 35a EStG" eingeben.

→ **NEU:** Alle Schornsteinfegerleistungen sind wieder als Handwerkerleistungen absetzbar, einschließlich der Mess- und Prüfarbeiten und der Feuerstättenschau.

Zum Nachweis haushaltsnaher Dienst- und Handwerkerleistungen brauchen Sie zwei Belege: die Rechnung des Dienstleisters und den Überweisungsbeleg (Kontoauszug) des Auftraggebers. Die Nachweise müssen der Steuererklärung nicht mehr beigefügt werden, aber auf Verlangen vorzeigbar sein. Alleinstehende, die das gesamte Jahr mit einem oder mehreren Alleinstehenden im gemeinsamen Haushalt lebten, tragen in **Zeile 74** die Anzahl dieser anderen Personen ein. **Zeile 75** fragt nach den persönlichen Daten einer Person. Die Angaben zu weiteren Personen gehören auf ein Extrablatt. In **Zeile 76** können sie die Aufteilung der Höchstbeträge festlegen. **Zeile 77** betrifft nur Paare, die während eines Teils des Jahres 2016 einen Einzelhaushalt geführt haben. Was leider oft vergessen wird: Angehörige von Eigentümergemeinschaften und Mieter dürfen ihre anteiligen Kosten für Leistungen wie Treppenreinigung, Gartenarbeiten oder Schneeräumung als haushaltsnahe Dienstleistungen oder Handwerkerleistungen an das Finanzamt weitergeben. Die Höhe entnehmen sie der Nebenkostenabrechnung des Verwalters oder Vermieters.

Zeile 78: Erbschaft

Hier geht es um Einkünfte, die in dieser Steuererklärung auftauchen und die bestimmte Erbfälle ab 2011 betreffen, für die bereits Erbschaftsteuer gezahlt worden ist. Wenn das der Fall war, kann es dafür eine Ermäßigung der Einkommensteuer geben (§ 35b des Einkommensteuergesetzes). Denkbar sind in diesem Zusammenhang beispielsweise Mietforderungen oder andere Forderungen des Erblassers, die zum Zeitpunkt des Erbfalls bereits bestanden und mit Erbschaftsteuer belegt worden sind, die aber erst später beim Erben eingingen und bei ihm einkommensteuerpflichtig sind. Wer denkt, dass ihn das betreffen könnte, sollte einen Steuerprofi um Rat fragen, denn solche Fälle sind oft verzwickt.

Zeile 79: Kulturgüter

Hier geht es um bestimmte Baudenkmäler und andere Kulturgüter im Privatbesitz, etwa um alte Mühlen, Garten-/Parkanlagen, Bibliotheken oder Kunstgegenstände (§ 10g Einkommensteuergesetz). Bis zu 9 Prozent der Herstellungs- und Erhaltungskosten sind als Sonderausgaben absetzbar, wenn die (umfangreichen) Voraussetzungen eingehalten werden.

Zeile 80 bis 81: Verluste & Co.

Renten und Pensionen führen in der Regel nicht zu Verlusten. Die können aber bei anderen Einkünften entstehen, zum Beispiel bei Wohnungsvermietung. Auch in diesen Fällen sollte ein Steuerprofi helfen. Ein Kreuz in der **Zeile 80** zeigt, dass zum Ende des Jahres 2015 vom Finanzamt bereits ein Verlust oder ein Spendenvortrag aus einem Vorjahr (→ Seite 48) festgestellt worden ist. Steuerliche Verluste 2016 trägt das Finanzamt in das Jahr 2015 zurück. Wer das nicht will, weil sich die Verluste später günstiger auswirken würden, schränkt den Verlustrücktrag ein, indem er in **Zeile 81** einträgt, wie viel von einem Verlust aus dem Jahr 2016 im Jahr 2015 berücksichtigt werden soll.

Zeile 91 bis 110: Sonstige Angaben und Anträge

Die letzte Seite des Mantelbogens ist eine Sammlung von Fragen, die bisher nicht unterzubringen waren. Die meisten Ruheständler sind nicht betroffen. Wer Fragen mit Auslandsbezug zu beantworten hat, sollte die Hilfe eines Steuerprofis nutzen, besonders wenn es um das erste Mal geht.

Zeile 91: Ersatzleistungen

Es wird nach „Einkommensersatzleistungen" gefragt. Das sind Leistungen, die anstelle eines Einkommens gezahlt wurden, etwa Arbeitslosen-, Insolvenz-, Kranken- oder Mutterschaftsgeld. Die meisten Ruheständler müssen diese Zeilen nicht ausfüllen. Es sei denn, ihr Ehe-/Lebenspartner, mit dem sie zusammen eine Steuererklärung abgeben, hat eine Einkommensersatzleistung bezogen oder ein Rentner selbst im Jahr des Renteneintritts. Die Angaben sind in der Bescheinigung der Krankenversicherung oder des Sozialversicherungsträgers zu finden und als Beleg beizufügen.

Sonstige Angaben und Anträge 18

			stpfl. Person / Ehemann / Lebenspartner(in) A EUR		Ehefrau / Lebenspartner(in) B EUR
91	**Einkommensersatzleistungen,** die dem Progressionsvorbehalt unterliegen, z. B. Arbeitslosengeld, Elterngeld, Insolvenzgeld, Krankengeld, Mutterschaftsgeld und vergleichbare Leistungen aus einem EU- / EWR-Staat oder der Schweiz (ohne Beträge lt. Zeile 27 der Anlage N)	120	252,–	121	,–

Seit 2015 gehören Lohn- und Einkommensersatzleistungen grundsätzlich hierher. Es gibt aber eine wichtige Ausnahme: Was unter Nummer 15 der Lohnsteuerbescheinigung steht, tragen Arbeitnehmer und Pensionäre nicht hier, sondern in Zeile 27 der Anlage N ein, zum Beispiel Kurzarbeitergeld (→ Seite 89).

Zeile 92: Aufteilung

Hier geht es um Ehe-/Lebenspartner, die keine gemeinsame Steuererklärung abgeben. Sie können in **Zeile 92** beantragen, dass Abzugsbeträge, etwa für außergewöhnliche Belastungen, oder Steuerermäßigungen, hälftig zwischen ihnen aufgeteilt werden. Eine frei wählbare Aufteilung ist seit 2013 nicht mehr möglich (→ ab Seite 43).

Zeile 93 bis 110: Auslandsprobleme & Co.

Zeile 93 bis 109 sind für Menschen gemacht, die beispielsweise ihre Wohnung in Deutschland aufgegeben und ganz oder teilweise im Ausland gelebt haben. Wenn sie Einkünfte beziehen, die in Deutschland besteuert werden, müssen sie weiterhin eine deutsche Steuererklärung ausfüllen. Das Besteuerungsrecht für Deutsche im Ausland ist sehr unterschiedlich geregelt. Mindestens bei der ersten Steuererklärung empfiehlt sich dringend professionelle Hilfe. Das gilt besonders, wenn es um bestimmte in- oder ausländische Einkünfte geht (**Zeile 95 bis 97**) oder um die Frage nach einem Wohnsitz in einer Steueroase (**Zeile 98**).

→ Zum Beispiel die Rentner Werner und Wanda W.

Sie sind im Juni 2016 in die sonnige Toskana gezogen und haben ihren Wohnsitz in Deutschland aufgegeben. Damit sind sie ab diesem Zeitpunkt in Deutschland nicht mehr unbeschränkt steuerpflichtig. Weil sie aber zu Jahresbeginn noch in Deutschland wohnten, müssen sie wie bisher für das gesamte Jahr eine Steuererklärung abgeben. Die Zeit in Deutschland geben sie in Zeile 93 und 94 an.

			vom	bis
	Nur bei zeitweiser unbeschränkter Steuerpflicht im Kalenderjahr 2016:			
93	Wohnsitz oder gewöhnlicher Aufenthalt im Inland	stpfl. Person / Ehemann / Lebenspartner(in) A	0101	1506
94		Ehefrau / Lebenspartner(in) B	0101	1506

Wenn sie im Ausland keine Einkünfte oberhalb des Grundfreibetrags erzielen (→ Seite 10), können sie beantragen, in Deutschland auch weiterhin eine vollständige Steuererklärung als unbeschränkt Steuerpflichtige abzugeben. Das ist in der Regel vorteilhaft, weil sie so den Grundfreibetrag und andere Steuervorteile nutzen können, die „beschränkt Steuerpflichtige“ nicht haben. Dazu füllen sie die **Zeilen 99 bis 102** aus. Die **Zeilen 103 und 104** betreffen vor allem beschränkt steuerpflichtige Sportler, Künstler, Manager oder andere Spezialkräfte, die in Deutschland Geld verdienen und hier teilweise dem Steuerabzug unterliegen.

In **Zeile 108** muss angegeben werden, ob auf Dauer angelegte Geschäftsbeziehungen zu ausländischen Banken oder anderen ausländischen Finanzdienstleistern bestehen. Auch wer nur ein einziges Konto im Ausland hat, muss hier die Ziffer „1“ eintragen.

In die neue **Zeile 109** gehört die Ziffer „1“, wenn ein Lohnsteuerhilfeverein oder Steuerberater mitgewirkt hat. Vergessen Sie die Unterschrift nicht (**Zeile 110**). Denken Sie bei einer gemeinsamen Steuererklärung auch an die Unterschrift des Ehe-/Lebenspartners. Hat ein Steuerberater oder Lohnsteuerhilfeverein bei der Steuererklärung geholfen, kommen die Angaben dazu in den Kasten rechts neben der Unterschrift.

Anlage Vorsorgeaufwand: Versicherungsbeiträge

Beiträge zur Rentenversicherung, zur Krankenversicherung und zu anderen Versicherungen, die als Sonderausgaben abzugsfähig sind, gehören in diese ziemlich unübersichtliche Anlage. Seit 2010 dürfen Beiträge zur Kranken- und Pflegeversicherung grundsätzlich voll als Sonderausgaben abgesetzt werden. Das gilt für gesetzlich und privat Versicherte. Aufwendungen, die nicht im Leistungskatalog der gesetzlichen Krankenversicherung stehen, etwa für eine Chefarztbehandlung, sind in diesem Rahmen allerdings nicht abzugsfähig. Die Absicherung von Krankengeld ist nach der Neuregelung vom Sonderausgabenabzug ausgeschlossen. Für Ruheständler hat sich praktisch wenig geändert, denn sie konnten in der Regel vorher schon Beiträge zur Kranken- und Pflegeversicherung voll geltend machen (→ das ausgefüllte Formular auf Seite 176).

Zeile 4 bis 10: Altersvorsorge

Mit Beiträgen zur Rentenversicherung können Ruheständler kaum Steuern sparen. In der Regel zahlen sie ja keine Beiträge, sondern erhalten (hoffentlich) eine ordentliche Auszahlung aus der Rentenkasse. Aber auch hier bestätigen Ausnahmen die Regel. Ist zum Beispiel der Ehe-/Lebenspartner eines Ruheständlers noch erwerbstätig, gehören seine Beitragszahlungen in die gesetzliche Rentenversicherung, in landwirtschaftliche Alterskassen oder in berufsständische Versorgungseinrichtungen in die **Zeilen 4 bis 6** – jeweils in die Spalte „Ehemann/Lebenspartner(in) A" oder „Ehefrau/Lebenspartner(in) B". Arbeitnehmer finden den von ihnen gezahlten Anteil in ihrer Lohnsteuerbescheinigung. Wer in der gesetzlichen Rentenversicherung freiwillig oder höher versichert ist, nutzt **Zeile 6** und übernimmt den vom Rentenversicherungsträger bescheinigten Betrag.

Erhält jemand Erstattungen oder steuerfreie Zuschüsse zu den in den **Zeilen 4 bis 6** genannten Altersvorsorgebeiträgen, trägt er diese in die neue **Zeile 7** ein. Arbeitgeberanteile zur gesetzlichen Rentenversicherung gehören ausdrücklich nicht hierher, sondern in **Zeile 9** oder in **Zeile 10**.

Wer in zertifizierte Basisrentenverträge („Rürup-Rente“) einzahlt, trägt in **Zeile 8** nur die Höhe der selbst gezahlten Beiträge ein (ohne Zuschüsse). Hierher gehören auch Beiträge zu zertifizierten privaten Berufsunfähigkeits- oder Erwerbsminderungsversicherungen, die es seit 2014 gibt. Andere Berufsunfähigkeits-/Erwerbsminderungsversicherungen bleiben in **Zeile 49** abzugsfähig (→ Seite 71).

Arbeitgeberleistungen zur Rentenversicherung und seit 2015 auch zu Versorgungswerken gehören in **Zeile 9**. Die Höhe ergibt sich in der Regel aus der Lohnsteuerbescheinigung. In die **Zeile 10** soll die Höhe des Arbeitgeberanteils zur Rentenversicherung von Minijobbern, die selbst einen Aufstockungsbeitrag gezahlt haben und ihre eigenen Beiträge in die **Zeile 6** eintragen. Die Angaben sind freiwillig und in der Regel nur bei Beschäftigung in Privathaushalten vorteilhaft.

Zeile 11 bis 45: Kranken- und Pflegeversicherung

Das Finanzamt fragt in **Zeile 11** nach steuerfreien Zuschüssen zur Krankenversicherung oder zu den Krankheitskosten. Diese bekommen gesetzlich versicherte Rentner, Pensionäre und Arbeitnehmer. Sie müssen hier die Ziffer „1“ (Ja) eintragen. Rentner erhalten den Zuschuss in Form des Beitragsanteils, den die Rentenversicherung für sie übernimmt. Selbstständige und nicht familienversicherte Hausfrauen/-männer, die ihren gesamten Beitrag selbst bezahlen, tragen die Ziffer „2“ (Nein) ein. Wer eine „1“ einträgt, darf neben der Rentenversicherung bis zu 1900 Euro andere abzugsfähige Versicherungsbeiträge absetzen, Ziffer „2“ heißt bis zu 2800 Euro. Für viele Ruheständler würde das bedeuten, dass allein ihre Kranken- und Pflegeversicherungsbeiträge das mögliche Abzugsvolumen ausschöpfen. Lassen Sie sich davon aber nicht beeindrucken. Das Finanzamt nimmt eine „Günstigerprüfung“ zwischen der neuen und der alten Regelung des Sonderausgabenabzugs vor und eine zweite zwischen der oben genannten 1900/2800-Euro-Grenze und den gezahlten Kranken- und Pflegeversicherungskosten. Viele Ruheständler fahren weiterhin mit der

alten Regelung besser, danach sind 2016 bis 3 201 Euro Sonderausgabenabzug möglich, für Ehepaare das Doppelte (→ Seite 149).

Die **Zeilen 12 bis 23** betreffen Beiträge an inländische gesetzliche Kranken- und Pflegeversicherungen. Arbeitnehmerbeiträge (**Zeile 12 und 14**) finden Sie auf der Lohnsteuerbescheinigung. Darin enthalten sind seit 2015 auch die Zusatzbeiträge an die Krankenkasse, die der Arbeitnehmer allein getragen hat. **Zeile 13** fragt nach eher seltenen Krankenversicherungsbeiträgen von Arbeitnehmern, die keinen Krankengeldanspruch auslösen. Dahinter versteckt sich die Festlegung, dass 4 Prozent des „normalen" Beitrags der Versicherung des Krankengelds dienen, und dass diese 4 Prozent nicht als Sonderausgaben abzugsfähig sind. Das Finanzamt kürzt sie von sich aus, möchte aber zusätzlich wissen, ob es Beitragsanteile gibt, die keinen Krankengeldanspruch und damit keine 4-Prozent-Kürzung auslösen. Das betrifft die als Arbeitnehmer weiterbeschäftigten Rentner, die auf ihren Hinzuverdienst eigene Beiträge für die Krankenversicherung bezahlen müssen.

Für gesetzlich versicherte Ruheständler gelten die **Zeilen 17 bis 22**. Ruheständler schreiben die von ihnen selbst gezahlten Beiträge zu einer inländischen gesetzlichen Krankenversicherung in **Zeile 17**. Das gilt seit 2015 auch für die vom Versicherten allein zu tragenden Zusatzbeiträge. Die Beitragshöhe entnehmen gesetzlich Versicherte dem aktuellen Rentenbescheid. Achten Sie dabei besonders auf Veränderungen durch Renten- und Beitragsanpassungen (→ Seite 160). Von der Rentenversicherung gezahlte Zuschüsse (etwa an freiwillig Versicherte) haben hier nichts zu suchen, sondern gehören in **Zeile 22**. Eine Kürzung der absetzbaren Beiträge wegen des Krankengelds ist für Ruheständler in der Regel kein Thema, weil sie auf Krankengeld ohnehin keinen Anspruch haben. Sollte es ausnahmsweise anders sein, etwa bei manchen Selbstständigen in der gesetzlichen Versicherung, muss der entsprechende Beitrag nochmals separat in **Zeile 18**.

17	Beiträge zu Krankenversicherungen – ohne Beiträge, die in Zeile 12 geltend gemacht werden – (z. B. bei Rentnern; bei freiwillig gesetzlich versicherten Selbstzahlern, wenn in die Datenübermittlung eingewilligt oder dieser nicht widersprochen wurde)	326	1607,–	426	863,–
18	In Zeile 17 enthaltene Beiträge zur Krankenversicherung, aus denen sich ein Anspruch auf Krankengeld ergibt	328	,–	428	,–
19	Beiträge zu sozialen Pflegeversicherungen – ohne Beiträge, die in Zeile 14 geltend gemacht werden – (z. B. bei Rentnern; bei freiwillig gesetzlich versicherten Selbstzahlern, wenn in die Datenübermittlung eingewilligt oder dieser nicht widersprochen wurde)	329	450,–	429	243,–

In **Zeile 19** gehört der volle Beitrag zur gesetzlichen Pflegeversicherung laut Rentenbescheid. Die **Zeilen 20 und 21** fragen nach Beitragserstattungen oder Bonuszahlungen, die die abzugsfähigen Beiträge verringern.

Nach einem neuen Urteil des Bundesfinanzhofs (BFH) verringern Bonuszahlungen der Krankenkasse an ihre Mitglieder nicht in jedem Fall die als Sonderausgaben abzugsfähigen Krankenversicherungsbeiträge. Bonuszahlungen führen laut BFH nur dann zu einer Kürzung des Sonderausgabenabzugs, wenn die Mitglieder dadurch weniger zu ihrer Basiskrankenversicherung zahlen müssen (Az. X R 17/15). Eine Reaktion der Finanzverwaltung auf das Urteil lag zu Redaktionsschluss noch nicht vor (→ auch Seite 142).

Zeile 23 fragt nach Beiträgen zu einer gesetzlichen Krankenversicherung für Wahl- oder Zusatzleistungen (etwa Chefarztbehandlung). Das betrifft gesetzlich versicherte Arbeitnehmer wie Ruheständler.

Im Inland privat Versicherte tragen ihre Kranken- und Pflegeversicherungsbeiträge in die **Zeilen 24 bis 29** ein. **Zeile 24** betrifft nur die Krankenversicherungsbeiträge zu einer sogenannten Basisabsicherung. Das ist die Absicherung, die dem Leistungskatalog der gesetzlichen Krankenversicherung entspricht. Beiträge für Sonderleistungen wie Chefarztbehandlung oder Einzelzimmer im Krankenhaus gehören nicht hierher. Die Krankenkasse schlüsselt die Beiträge in der Regel von sich aus oder auf Nachfrage entsprechend auf. Beitragsteile, die hier nicht erfasst werden, sowie Beiträge zu privaten Zusatzversicherungen, etwa für Auslandsreisekrankenversicherungen oder Zahnversicherungen, kommen nicht hierher, sondern in **Zeile 28**. **Zeile 25** fragt nach Beiträgen zu privaten Pflegepflichtversicherungen, zusätzliche freiwillige Pflegeversicherungen gehören in **Zeile 29**. Mit „Beitragszuschüssen von dritter Seite" (**Zeile 27**) sind zum Beispiel die Zuschüsse der Rentenversicherungsträger für privat versicherte Rentner gemeint.

In den **Zeilen 31 bis 36** geht es um Zahlungen an gesetzliche oder private ausländische Kranken- und Pflegeversicherungen nach dem Muster der **Zeilen 24 bis 29**. In der Praxis dürfte das Ruheständler, die nicht im Ausland wohnen, selten betreffen. Wenn doch, ist Profihilfe empfehlenswert. Seit 2012 schlüsselt das Formular den Arbeitgeberzuschuss auf: nach gesetzlicher (**Zeile 37**) und privater (**Zeile 38**) Krankenversicherung sowie gesetzlicher Pflegeversicherung (**Zeile 39**).

Die **Zeilen 40 bis 45** betreffen Kranken- und Pflegeversicherungsbeiträge, die für andere gezahlt wurden, zum Beispiel für getrennt lebende Ehe-/Lebenspartner oder für (in der Regel erwachsene) Kinder, für die kein Anspruch auf Kindergeld besteht. Nach Eintragung der Steueridentifikationsnummer (**Zeile 40**) sowie des Namens und der Anschrift der mitversicherten Person (**Zeile 41**) gehören in die **Zeilen 42 bis 44** die übernommenen Beiträge zur Kranken- und Pflegeversicherung sowie eventuelle Beitragserstattungen. In **Zeile 45** geht es um zusätzliche Versicherungen außerhalb der Basisabsicherung, etwa für ein Einzelzimmer im Krankenhaus oder für eine zusätzliche Pflegeversicherung.

Zeile 46 bis 52: Weitere abzugsfähige Beiträge

Zeile 46 fragt nach den Beiträgen von Arbeitnehmern zur gesetzlichen Arbeitslosenversicherung, der Betrag ergibt sich aus der Lohnsteuerbescheinigung. Freiwillige Zahlungen in Arbeitslosenversicherungen gehören in **Zeile 48**. In **Zeile 47** müssen die Beiträge zu gesetzlichen und privaten Kranken- sowie Pflegeversicherungen für den Fall, dass der Versicherte einer Datenübermittlung widersprochen hat. Nach Beiträgen zur privaten Erwerbs- und Berufsunfähigkeitsversicherung fragt **Zeile 49**.

In den **Zeilen 50 bis 52** gehören Beiträge zu Haftpflichtversicherungen, zu Unfall- oder Risikolebensversicherungen. Auch Beiträge zu bestimmten Kapitallebens- und Rentenversicherungen, die vor 2005 abgeschlossen wurden, können hier geltend gemacht werden (→ Seite 195). Die beschränkte Abzugsfähigkeit der in **Zeile 46 bis 52** aufgeführten Beiträge ist umstritten, Steuerbescheide bleiben offen (→ Seite 142).

TIPP: Ruheständler, die als Versicherungsnehmer für Kinder, Enkel oder andere Personen Haftpflicht-, Unfall- oder andere begünstigte Versicherungen abschließen, können damit sogar noch Steuern sparen, wenn die Beiträge das ihnen zur Verfügung stehende Absetzungsvolumen nicht überschreiten.

50	– Unfall- und Haftpflichtversicherungen sowie Risikoversicherungen, die nur für den Todesfall eine Leistung vorsehen	502	400,–
51	– Rentenversicherungen mit Kapitalwahlrecht und / oder Kapitallebensversicherungen mit einer Laufzeit von mindestens 12 Jahren sowie einem Laufzeitbeginn und der ersten Beitragszahlung vor dem 1.1.2005	503	,–

Zeile 53 bis 58: Ergänzende Angaben

Dieser Abschnitt betrifft angestellte Rentner und Pensionäre, die die Anlage N auch wegen einer weiteren Beschäftigung ausfüllen müssen. Verdient sich etwa ein Rentner als versicherungspflichtiger Arbeitnehmer etwas hinzu, trägt er in **Zeile 55** ein: „weiterbeschäftigter Altersrentner“ und stimmt mit „Ja“ (Ziffer „1“) ab. Für die Ehefrau wird in der Spalte daneben das Gleiche abgefragt. Beamte tragen in **Zeile 53, 56** und **Zeile 57** die Ziffer „1“ ein. Die **Zeile 58** kreuzen vor allem die dort genannten Menschen an, die früher als geplant in den Ruhestand gehen durften, aber noch keine Versorgungsbezüge, sondern weiter Arbeitslohn erhalten haben.

Anlage R: Speziell für Rentner

Renten sind grundsätzlich steuerpflichtig. Ausnahmen bestätigen aber die Regel: Hier sind das zum Beispiel gesetzliche Unfallrenten oder Kriegs- und Wehrdienstbeschädigtenrenten. Die sind steuerfrei und gehören nicht in die Steuererklärung.

Die Anlage R (wie Rente) unterscheidet drei Gruppen von Renten.

1. Die **gesetzlichen und gleichgestellten Renten**, etwa aus berufsständischen Versorgungseinrichtungen, gehören in die **Zeilen 4 bis 10**. Von ihnen wird je nach Kalenderjahr der Bewilligung der Rente mindestens die Hälfte besteuert (erste Gruppe → Seite 145).
2. Dagegen sind **privat finanzierte Renten** in der Regel nur mit einem Teil, dem sogenannten Ertragsanteil, steuerpflichtig. Dessen Höhe hängt vom Renteneintrittsalter ab (zweite Gruppe → Seite 146). Sie werden in den **Zeilen 14 bis 20** abgefragt.
3. Geförderte **Riester-Renten** und **Auszahlungen aus der betrieblichen Altersvorsorge** sind in der Regel voll steuerpflichtig und gehören in die **Zeilen 31 bis 51** (dritte Gruppe). Das ausgefüllte Formular finden Sie ab Seite 178.

Der Zusatz „Leistungen" in der Überschrift der **Zeile 4** zeigt an, dass hier auch einmalige Leistungen, etwa Kapitalauszahlungen oder bestimmte Rentenabfindungen, einzutragen sind.

Zeile 4 bis 10: Gesetzliche Renten & Co.

Sie tragen die Ziffern „1", „2", „3", „4" oder „9" in die Kästchen der **Zeile 4** ein. In die **Zeilen 5 bis 10** gehören Renten aus der gesetzlichen Rentenversicherung und steuerlich gleichbehandelte Renten. Bei berufsständischen Versorgungseinrichtungen (Ziffer „3") handelt es sich etwa um Versorgungswerke von Ärzten, Anwälten oder anderen Freiberuflern. Ziffer „4" meint die Rürup-Rente. Die erste Rente kommt in die erste Spalte, eine zweite, etwa eine gesetzliche Witwenrente, die Sie neben der eigenen Altersrente bekommen, tragen Sie in die zweite Spalte ein. Die in **Zeile 5** anzugebenden Rentenbeträge errechnen Sie aus der letzten Leistungsmitteilung des Rentenversicherungsträgers. Hier ist der jährliche Bruttobetrag einzutragen, einschließlich der einbehaltenen Beiträge zur Kranken- und Pflegeversicherung. Beitragszuschüsse des Versicherungsträgers sind steuerfrei und bleiben hier unberücksichtigt. In **Zeile 6** gehören alle Rentenerhöhungen, die es nach dem Jahr gegeben hat, in dem der Rentenfreibetrag festgelegt wurde.

	Leibrenten / Leistungen	1. Rente	2. Rente	3. Rente
4	1 = aus **inl. gesetzlichen Rentenversicherungen** 2 = aus **inl. landwirtschaftlicher Alterskasse** 3 = aus **inl. berufsständischen Versorgungseinrichtungen** 4 = aus eigenen **zertifizierten Basisrentenverträgen** 9 = aus **ausl. Versicherungen / Rentenverträgen**	100 1 Bitte 1, 2, 3, 4 oder 9 eintragen.	150 Bitte 1, 2, 3, 4 oder 9 eintragen.	200 Bitte 1, 2, 3, 4 oder 9 eintragen.
5	Rentenbetrag (einschließlich Einmalzahlung und Leistungen)	101 EUR 13 160,–	151 EUR ,–	201 EUR ,–
6	Rentenanpassungsbetrag (in Zeile 5 enthalten)	102 1 160,–	152 ,–	202 ,–

→ Zum Beispiel Barbara B.

Die alleinstehende Nürnbergerin erhält seit 1. Januar 2009 Rente, im Folgejahr waren es 12 000 Euro Jahresrente. Durch Rentenerhöhungen kam sie 2016 auf rund 13 160 Euro (**Zeile 5**). Die Rentenerhöhungen seit 2010 betragen insgesamt 1 160 Euro. Barbara errechnet sie, indem sie von der Jahresrente 2016 die Ursprungsrente von 2010 abzieht (13 160 minus 12 000). Die 1 160 Euro gehören in

Zeile 6, auch wenn sie bereits in **Zeile 5** berücksichtigt sind. Ihren Rentenbeginn (**Zeile 7**) trägt sie mit 01 01 2009 ein. **Zeile 10** fragt nach milder besteuerten Zahlungen für mehrere Jahre, etwa bei Rennachzahlungen.

Übrigens „wandert" der Besteuerungsanteil mit bestimmten Renten mit. Wer zum Beispiel seit 2010 eine Erwerbsminderungsrente erhielt, die im Jahr 2016 in eine Altersrente umgewandelt wurde, muss 2016 statt 72 Prozent nur 60 Prozent seiner Altersrente versteuern. Gleiches gilt für Witwen- und Witwerrenten. Ihr steuerpflichtiger Anteil richtet sich nicht nach dem Jahr des Erstbezugs durch den Hinterbliebenen, sondern nach dem Jahr des Erstbezugs der Altersrente durch den Verstorbenen.

→ Zum Beispiel Elfriede E.

Die alleinstehende Rentnerin bekommt seit dem 1. August 2009 eine eigene Rente. Ihr Mann Ernst, seit 2005 Rentner, verstarb 2010, und seit März 2010 erhält Elfriede eine Witwenrente. Davon muss sie aber nur 50 Prozent versteuern und nicht 60 Prozent, wie es für einen Rentenbeginn 2010 eigentlich zu erwarten wäre (→ Seite 145). Grund: Die Rente von Ernst war nur zu 50 Prozent steuerpflichtig, und das überträgt sich auf Elfriedes Witwenrente.

		103	153	203
7	Beginn der Rente	0 1 0 8 2 0 0 9	0 1 0 3 2 0 1 0	T T M M J J J J
	Vorhergehende Rente:	105	155	205
8	Beginn der Rente	T T M M J J J J	0 1 0 5 2 0 0 5	T T M M J J J J
		106	156	206
9	Ende der Rente	T T M M J J J J	2 8 0 2 2 0 1 0	T T M M J J J J

Zeile 11 bis 13: Höhere Beiträge

Die **Zeilen 11 bis 13** betreffen nur Ruheständler, die vor 2005 mindestens zehn Jahre lang Beiträge oberhalb des Höchstbetrags zur gesetzlichen Rentenversicherung (West) eingezahlt haben. Das sind in der Regel Freiberufler, zum Beispiel Ärzte, Anwälte, Steuerberater, Wirtschaftsprüfer. Da-

zu müssen Sie bei Ihrem Versorgungswerk eine Bescheinigung über die Einzahlungen in den einzelnen Jahren beantragen. Das Versorgungswerk ermittelt daraus den Prozentsatz Ihrer Rente, der günstiger zu versteuern ist als der Rest. Der mitgeteilte Prozentsatz gehört in **Zeile 11**. Er wird mit dem Ertragsanteil besteuert (→ Seite 21 und das folgende Beispiel).

Sie müssen die Bescheinigung rechtzeitig bei Ihrem Versorgungswerk beantragen. Ist der Einkommensteuerbescheid erst einmal bestandskräftig, geht nachträglich nichts mehr.

Handelt es sich um eine befristete Rente, muss **Zeile 12** ausgefüllt werden, bei einer Einmalzahlung **Zeile 13**.

Zeile 14 bis 21: Private Renten

Hier geht es um Renten, die überwiegend aus bereits versteuerten Mitteln finanziert wurden. Sie sind mit dem Ertragsanteil steuerpflichtig (→ Seite 146). Beispielsweise kann es sich um eine Rente aus einer privaten Rentenversicherung handeln (Ziffer „6“) oder um eine private Erwerbsminderungsrente (Ziffer „7“). Auch Renten, die aus privaten Vermögensübertragungen entstanden sind (Ziffer „8“), gehören hierher. Typisches Beispiel: Ein Grundstück oder Betriebsvermögen wurde gegen die Zahlung einer lebenslangen Rente verkauft. Der Vermögenswert entspricht dabei etwa dem Wert der Rente. Dafür sollte unbedingt professioneller steuerlicher Rat eingeholt werden.

→ Zum Beispiel Dieter D.

Der verheiratete Rentner erhält seit 1. März 2001 monatlich 250 Euro aus einer lebenslangen privaten Rente. Er trägt in **Zeile 14** die Ziffer „6“ ein und 3 000 Euro in **Zeile 15** (250 mal 12). Als Rentenbeginn kommt in **Zeile 16** die Zahlenfolge 01032001. Die **Zeilen 17 bis 19** interessieren ihn nicht, weil seine Rente keine Garantierente ist und sie weder durch den Tod einer dritten Person noch durch Zeitablauf umgewandelt wird. Nachzahlungen (**Zeile 20**) gab es nicht. Trotzdem kann sich Dieter D. über einen kleinen Steuereffekt freuen. Als er 2001 mit 60 die Rente erstmals bezog, hatte er 32 Prozent davon zu versteuern. Seit 2005 muss er nur noch 22 Prozent seiner Privatrente mit dem Fiskus teilen (→ Seite 146).

In der **Zeile 17** geht es um das Geburtsdatum eines Erblassers von „Garantiezeitrenten". Das sind Renten aus einem privat vereinbarten Vertrag, die auch nach dem Tod des Rentenempfängers (manchmal als einmaliger Betrag) gezahlt werden. Hängt die Rente vom Leben einer anderen Person ab, gehört deren Name in **Zeile 18**. Eventuell vereinbarte Daten kommen in **Zeile 19**. Wer sich damit erstmals befasst, sollte besser Profirat einholen. In **Zeile 20** geht es um Rentennachzahlungen für mehrere Jahre. Sie sind bereits mit in **Zeile 15** zu erfassen, können aber ermäßigt besteuert werden und werden deshalb hier nochmals einzeln abgefragt. In der hier neu eingefügten **Zeile 21** geht es um Rentenzahlungen, die mit Verlustzuweisungsgesellschaften und anderen Steuersparmodellen zusammenhängen. Wer solche Renten bezieht, hat (und braucht!) einen Steuerberater.

→ **TIPP:** Einmalauszahlungen aus Renten- oder Direktversicherungen können steuerfrei sein, wenn die Verträge vor 2005 abgeschlossen wurden (→ Seite 192 und 195).

Auf Anfrage schickt die Deutsche Rentenversicherung eine „Mitteilung zur Vorlage beim Finanzamt". Dort steht, was in welche Zeile der Anlage R einzutragen ist. Bei Unklarheiten können Betroffene dort nachfragen. Werden Renten zwischen Privatpersonen vereinbart, zum Beispiel nach einer Vermögensübertragung, sollte der Steuererklärung zumindest bei der erstmaligen Eintragung der entsprechende Vertrag beigelegt werden.

Zeile 31 bis 51: Riester & Co.

Hier wird nach Riester-Renten und bestimmten Leistungen aus Pensionsfonds und anderen Formen der geförderten betrieblichen Altersversorgung gefragt. Empfänger solcher Leistungen, zum Beispiel aus Lebensversicherungen, Banksparplänen oder anderen Geldanlagen, erhalten einen amtlichen Vordruck, auf dem 13 Zeilen unterschiedliche Arten der Besteuerung solcher Leistungen aufgeführt sein können (→ ab Seite 116). Da staunt der Laie und der Fachmann wundert sich. Die einzige Möglichkeit damit umzugehen ist, die Beträge dieser Leistungsmitteilung in die jeweils dafür vorgesehene Zeile der Anlage R zu übertragen. Das sollte im Regelfall auch keine Probleme bereiten. Die Fragen sind relativ klar gestellt und die Beträge eindeutig zuzuordnen. Die bisherigen **Zeilen 36 bis 37** wurden um die **Zeilen 38 bis 39** erweitert, um Beginn und Ende einer eventuell voran gegangenen Leistung abzufragen. Es kann sich dabei beispielsweise um Leistungen aus einer betrieblichen Altersversorgung handeln, die Hinterbliebene erhalten. Bei Unklarheiten oder aber bei Zweifeln über die Richtigkeit der Leistungsmitteilung hilft in der Regel nur ein Gang zum Steuerprofi wirklich weiter.

	Leistungen aus Altersvorsorgeverträgen und aus der betrieblichen Altersversorgung		1. Rente EUR		2. Rente EUR
31	Leistungen aus einem Altersvorsorgevertrag, einem Pensionsfonds, einer Pensionskasse oder aus einer Direktversicherung lt. Nummer 1 der Leistungsmitteilung	500	600,—	550	,—
32	Leistungen aus einem Pensionsfonds lt. Nummer 2 der Leistungsmitteilung	501	,—	551	,—
33	Bemessungsgrundlage für den Versorgungsfreibetrag	502	,—	552	,—

Es ist wichtig, die Angaben aus der Leistungsmitteilung exakt zu übertragen, denn Übertragungsfehler können sich steuerlich erheblich auswirken. Je nach Besteuerung der eingezahlten Beiträge sind diese Altersbezüge nämlich voll, teilweise oder gar nicht steuerpflichtig (→ Begriffsübersicht ab Seite 190).

Zeile 52 bis 59: Werbungskosten

Das Finanzamt berücksichtigt von sich aus pauschal 102 Euro für Werbungskosten im Zusammenhang mit Renten und Pensionen, ganz gleich, ob welche angefallen sind oder nicht. Rentner und Pensionäre, die mehr ausgeben mussten, können auch mehr geltend machen. In den **Zeilen 52 bis 59** werden die Werbungskosten den jeweiligen Leistungen zugeordnet. Zu den Kosten für Erwerb und Sicherung der Rente gehören zum Beispiel Aufwendungen für Telefon, Fahrten oder Porto, die bei Beantragung der Rente anfielen.

Auch Ausgaben für eine Rentenberatung oder juristische Auseinandersetzungen um die Rente lassen sich absetzen, ebenso die Gewerkschaftsbeiträge.

Finanzierungskosten im Zusammenhang mit einer sofort beginnenden Rente sind unter bestimmten Voraussetzungen abzugsfähig. Bei einer solchen Konstruktion empfiehlt sich aber dringend die Hilfe eines Steuerprofis (→ Seite 125).

	Werbungskosten		EUR
	Werbungskosten zu den Zeilen 5 und 15 (Art der Aufwendungen)		
52	RENTENBERATUNG, GEWERKSCHAFTSBEITRAG	800	195,–
	Werbungskosten zu den Zeilen 10 und 20 (Art der Aufwendungen)		
53		801	,–

TIPP: Rentner können Gewerkschaftsbeiträge als Werbungskosten absetzen. Damit dürften einige über die magere Werbungskostenpauschale von 102 Euro kommen.

Anlage KAP: Für Sparer und Anleger

Die Anlage KAP (wie Kapitalvermögen) ist auf den ersten Blick ziemlich unübersichtlich. Soweit die schlechte Nachricht. Jetzt kommt die gute: Viele Ruheständler können auf eine Ausfüllung verzichten. Wenn sie es aber freiwillig oder gezwungenermaßen trotzdem tun, müssen sie nur relativ wenige Eintragungen vornehmen. Wir geben hier vor allem praktische Ausfüllhilfe in den Bereichen, die für Ruheständler wichtig sein können. Wenn es um betriebliche Vorgänge geht, etwa um Gesellschafterdarlehen oder um ganz spezielle Kapitalanlagen, empfiehlt sich professionelle Beratung.

Weitere Erläuterungen finden Sie ab Seite 130, das ausgefüllte Musterformular ab Seite 180. Auch die Steuerbescheinigungen, die Banken und andere Finanzdienstleister ihren Kunden ausstellen, bieten Ausfüllhilfe. Banken sind nicht mehr verpflichtet, solche Bescheinigungen auszustellen, die meisten tun es aber in der Regel weiterhin von sich aus. Wenn nicht, ist ein Antrag in der Regel erfolgreich. Dort sind Kapitalerträge, einbehaltene Steuern und andere Hinweise vermerkt, und dort ist auch zu finden, in welche Zeile der Anlage KAP welche Beträge gehören. Ansonsten helfen Nachfragen: kostenlos bei der Bank oder beim Finanzamt, gegen Bezahlung bei einem Steuerprofi (→ ab Seite 125).

Wer Zinsen und andere Kapitalerträge unterhalb des Sparerpauschbetrags von 801 Euro hatte (Paare 1 602 Euro), kann sich diese Anlage in der Regel sparen. Auch Menschen mit Zinsen oberhalb des Sparerpauschbetrags müssen keine Anlage KAP abgeben, wenn die Bank von ihren Kapitalerträgen Abgeltungsteuer, Solidaritätszuschlag und gegebenenfalls Kirchensteuer abgeführt hat. Es gibt aber Ausnahmen. Die schreiben einerseits eine Abgabe der Anlage KAP vor, etwa, wenn von bestimmten Zinsen keine Abgeltungsteuer einbehalten wurde (→ Seite 84). Andererseits kann es sich lohnen, freiwillig abzugeben (→ Beispiel Seite 80).

Zeile 1 bis 6: Günstigerprüfung

Zunächst füllen Sie den Kopf mit den persönlichen Angaben aus und kreuzen rechts Zweck und Person an. Anschließend geht es darum, ob eine Anlage KAP abgegeben werden muss, beziehungsweise ob es zweckmäßig ist, eine abzugeben. In **Zeile 4** wird mit der Ziffer „1" im Kästchen die „Günstigerprüfung" beantragt. Das Finanzamt prüft dann, ob die Abgeltungsteuer für den Bürger günstiger war als die Versteuerung der Kapitaleinkünfte mit dem „persönlichen Grenzsteuersatz". Das ist der Steuersatz, mit dem der letzte eingenommene steuerpflichtige Euro versteuert wird. Er liegt immer über dem Durchschnittssteuersatz (→ Beispiel unten und Tabelle auf Seite 159). Beträgt der persönliche Grenzsteuersatz weniger als 25 Prozent, zahlt das Finanzamt auf Antrag per Anlage KAP bereits abgeführte Abgeltungsteuer zurück. Daumenregel: Bleibt das zu versteuernde Einkommen ohne die Kapitaleinkünfte unterhalb von rund 15 900/31 900 Euro (alleinstehend/verheiratet oder verpartnert), ist der persönliche Grenzsteuersatz geringer als 25 Prozent, und eine Günstigerprüfung kann sich für Sparer und Anleger lohnen. Es gibt allerdings eine wichtige Ausnahme: Wenn für Zinsen und andere Kapitaleinkünfte der Altersentlastungsbetrag genutzt werden kann (→ Seite 150), lohnt sich die Günstigerprüfung oft auch bei erheblich höheren Grenzsteuersätzen.

→ Zum Beispiel das Ehepaar W.

Waltraud und Wolfgang W. haben aus Rente und Pension ein zu versteuerndes Einkommen von 20 000 Euro. Zusätzlich hatten sie zusammen 8 000 Euro Zinsen. Ihnen wurde im Jahresverlauf Abgeltungsteuer abgezogen. Per Abgabe zweier Anlagen KAP bekommen sie davon 973 Euro zurück (Ehepaare/Lebenspartner müssen für die Günstigerprüfung in der Regel zwei Anlagen KAP abgeben). Für das Ehepaar W. fällt das Ergebnis besonders günstig aus, weil beide den vollen Altersentlastungsbetrag geltend machen können. Aber auch wenn der Altersentlastungsbetrag geringer ausfiele oder für ihre Kapitalerträge gar nicht nutzbar wäre, würde das Ehepaar W. durch die Günstigerprüfung Steuern sparen.

1. Berechnung mit Abgeltungsteuer

Ruhestandseinkommen ohne Zinsen		**20 000**
Einkommensteuer		412
Durchschnittssteuersatz	2,06 %	
Grenzsteuersatz (→ Seite 159)	16,68 %	
Zinsen		8 000
minus Sparerpauschbetrag (2 mal 801)		–1 602
steuerpflichtig (8 000 minus 1 602)		6 398
Abgeltungsteuer (25 % von 6 398 plus 5,5 % Soli)		1 687
ausgezahlte Zinsen (8 000 minus 1 687)		6 313
Steuer auf Ruhestandseinkommen und Zinsen (412 plus 1 687)		**2 099**

2. Berechnung mit persönlichem Steuersatz

Ruhestandseinkommen ohne Zinsen	**20 000**
Zinsen	8 000
minus Sparerpauschbetrag (2 mal 801)	–1 602
steuerpflichtige Zinsen (8 000 minus 1 602)	6 398
minus Altersentlastungsbetrag (40 % von 6 398)	–2 559
zu versteuern	23 839
Einkommensteuer	1 126
Steuerentlastung durch Günstigerprüfung (2 099 minus 1 126, alle Angaben in Euro)	**973**

Ehepaar W. würde bei der Wahl des persönlichen Steuersatzes selbst dann noch etwas besser fahren als mit der Abgeltungsteuer, wenn sein zu versteuerndes Einkommen ohne Zinsen 100 000 Euro betragen würde (Grenzsteuersatz 40,4 Prozent). Das liegt daran, dass dank Altersentlastungsbetrag ein Teil der Kapitalerträge völlig steuerfrei bleibt, also auch nicht dem persönlichen Steuersatz unterliegt.

Wer in **Zeile 5** die Ziffer „1" in das Kästchen schreibt, erreicht die Überprüfung seiner im Jahresverlauf bereits an das Finanzamt abgeführten

Steuern auf Kapitaleinkünfte. Das kann beispielsweise sinnvoll sein, wenn Abgeltungsteuer abgeführt wurde, obwohl der Sparerpauschbetrag von 801 Euro (Ehepaare 1 602 Euro) nicht ausgeschöpft wurde, weil etwa die Freistellungsaufträge nicht richtig verteilt waren oder weil beim Bank- oder Depotwechsel etwas schiefgelaufen ist. Auch ausländische Quellensteuer lässt sich so zurückholen.

Zeile 6: Kirchensteuer

In **Zeile 6** markieren kirchensteuerpflichtige Menschen mit der Ziffer „1", dass für ihre laufenden Kapitalerträge von der Bank keine Kirchensteuer abgeführt wurde und dass sie das im Rahmen dieser Steuererklärung nachholen (→ auch Mantelbogen Zeile 2, Seite 172). Das betrifft jetzt noch weniger Menschen als vorher. Denn seit 2015 führen Banken und andere Finanzinstitute die Kirchensteuer, die sie im Rahmen der Abgeltungsteuer einbehalten haben, automatisch an den Fiskus ab. Finanzinstitute, Kapitalgesellschaften und alle anderen, die zum Steuerabzug verpflichtet sind, müssen den Religionsstatus ihrer Kunden oder Zahlungsempfänger zum Stichtag 31. August beim Bundeszentralamt für Steuern (BZSt) abfragen. Die Abfrage erfolgt in der Regel jährlich neu in den Monaten September bis Oktober. Das Ergebnis bildet die Grundlage für den Abzug der Kirchensteuer im Folgejahr. Für 2016 gilt damit das Abfrageergebnis des Jahres 2015.

Wer keiner Religionsgemeinschaft angehört, bleibt ohne Abzug. Kirchensteuerpflichtige, die bis 30. Juni des laufenden Jahres eine „Sperrvermerkserklärung" beim BZSt eingereicht haben, verhindern die Datenübermittlung für das Folgejahr. Der Sperrvermerk löste aber in jedem Fall eine Information des BZSt an das zuständige Finanzamt aus und ist in der Regel ein Grund für die Pflichtabgabe einer Steuererklärung. Die Sperrvermerkserklärung ist nach ihrer Abgabe bis auf Widerruf gültig, muss also nicht jährlich erneuert werden. Das Formular dafür finden Sie unter www.formulare-bfinv.de. Dort klicken Sie nacheinander die Begriffe Formularcenter, Formulare A-Z, Kirchensteuer an.

Zeile 7 bis 11: Abgeltungsteuer abgeführt

In **Zeile 7** gehören zusammengefasst sämtliche Kapitalerträge, für die im Jahresverlauf Abgeltungsteuer abgeführt wurde, inklusive der per Freistellungsauftrag freigestellten Beträge. Hier geht es unter anderem um laufende Kapitalerträge wie etwa Zinsen und Dividenden. Die genauen Beträge ergeben sich aus den Bescheinigungen von Banken, Fondsgesellschaften und anderen Finanzdienstleistern. Diese Bescheinigung will das Finanzamt in der Regel im Original sehen. Hierher gehören auch Erträge aus Lebensversicherungen, die ab 2005 abgeschlossen wurden, sowie Erträge aus vorher abgeschlossenen Versicherungsverträgen, die nicht steuerbegünstigt sind (→ Seite 195). In **Zeile 8** müssen Gewinne aus Aktienverkäufen (aus **Zeile 7**) nochmals separat erscheinen, weil sie steuerlich etwas anders als andere Kapitalerträge behandelt werden.

Kapitalerträge, die dem inländischen Steuerabzug unterlegen haben

			Beträge lt. Steuerbescheinigung(en) EUR		korrigierte Beträge (lt. gesonderter Aufstellung) EUR
7	Kapitalerträge	10	1955,–	20	,–
8	In Zeile 7 enthaltene Gewinne aus Aktienveräußerungen i. S. d. § 20 Abs. 2 Satz 1 Nr. 1 EStG	12	155,–	22	,–

Zeile 9 fragt nach der sogenannten Ersatzbemessungsgrundlage. Das sind 30 Prozent der Einnahmen aus einem Wertpapiergeschäft. Die Bank erhebt die Steuer auf dieser pauschal angenommenen Grundlage, wenn sie die genauen Anschaffungskosten des Wertpapiers nicht kennt. Betroffene können eine zu hoch veranschlagte Ersatzbemessungsgrundlage hier korrigieren, wenn sie entsprechende Nachweise haben. Das funktioniert in der rechten Spalte der **Zeile 9** („korrigierte Beträge"). In **Zeile 10 bis 11** fragt das Formular das ziemlich schwierige Thema der Verluste aus Wertpapiergeschäften ab (unterteilt nach Aktien- und anderen Verlusten). Wer sich zum ersten Mal mit solchen Spezialproblemen herumschlagen muss, sollte einen Steuerprofi konsultieren.

Zeile 12 bis 13: Sparerpauschbetrag

Werbungskosten sind seit 2009 nur noch in Form des Sparerpauschbetrags absetzbar (801/1 602 Euro für Alleinstehende/Ehe- oder Lebenspartner). Auf höheren Ausgaben, etwa für Anlageberatung oder Vermögensverwaltung, bleiben Sparer sitzen. Mehrere Klagen dagegen sind bisher vor dem Bundesfinanzhof gescheitert.

Normalerweise sorgen Sparer und Anleger durch die Erteilung von Freistellungsaufträgen an Banken, Fondsgesellschaften oder andere Auszahler dafür, dass ihre Kapitalerträge bis zur Höhe des Sparerpauschbetrags steuerfrei bleiben.

NEU: Freistellungsaufträge ohne Steueridentifikationsnummer gelten seit dem 1. Januar 2016 nicht mehr! Dabei geht es vor allem um Alt-Aufträge, die bereits vor 2011 erteilt wurden und seither unverändert fortbestehen. Betroffene können sich einbehaltene Abgeltungsteuer in solchen Fällen nur per Steuererklärung zurückholen.

Ob und in welcher Höhe der Sparerpauschbetrag genutzt wurde, ergibt sich im Regelfall aus den vorliegenden Steuerbescheinigungen. **Zeile 12** fragt nach dem Teil des Sparerpauschbetrags, der für die in **Zeile 7 bis 11** aufgeführten Kapitalerträge verwendet worden ist. Normalerweise erscheint hier der gesamte genutzte Sparerpauschbetrag von 801 Euro. In **Zeile 13** kommt eine Ausnahme. Hierher gehört der Teil des Sparerpauschbetrags, der für Kapitalerträge genutzt wurde, die nicht in **Zeile 7 bis 11** auftauchen. Ein solcher Fall kann etwa eintreten, wenn die Bank bereits ordnungsgemäß und unter Berücksichtigung des Freistellungsauftrags Abgeltungsteuer abgeführt hat und der Sparer daran auch nachträglich nichts ändern möchte.

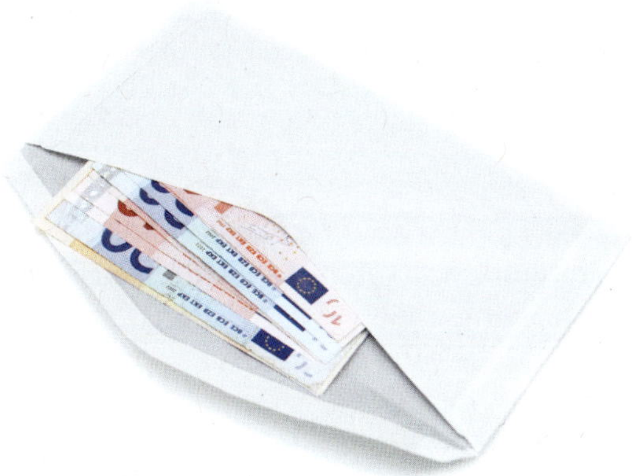

Zeile 14 bis 46: Ohne Abgeltungsteuer

In **Zeile 14 bis 19** werden Kapitalerträge abgefragt, die nicht der Abgeltungsteuer unterlegen haben. Dabei kann es sich zum Beispiel um ausländische Zinsen handeln oder auch um Kreditzinsen aus einem Privatdarlehen. Alle diese Kapitalerträge gehören zusammengefasst in **Zeile 14** (Inland) oder **Zeile 15** (Ausland). In **Zeile 16** will das Finanzamt eine gesonderte Aufstellung der bereits in **Zeile 14 und 15** enthaltenen Gewinne aus Aktiengeschäften nochmals separat sehen. Verluste aus Wertpapiergeschäften gehören in **Zeile 17**, Aktienverluste in **Zeile 18**.

Ausgenommen von der Zusammenfassung in **Zeile 14 und 15** sind Zinsen für Steuererstattungen, die das Finanzamt in **Zeile 19** sehen will und die im letzten Steuerbescheid zu finden sind. Das Bundesverfassungsgericht wird demnächst darüber entscheiden, ob Erstattungszinsen überhaupt steuerpflichtig sind. Betroffene sollten in dieser Sache Einspruch gegen ihren Steuerbescheid einlegen (Az. 2 BvR 482/14, → auch Seite 143).

Bei Kapitalerträgen, die mit dem persönlichen Steuersatz versteuert werden müssen (**Zeile 20 bis 24**), geht es vor allem um Erträge, die im betrieblichen Bereich anfallen. Aber in **Zeile 21** gehören auch Zinsen aus Darlehen an Verwandte. Die unterliegen nach Verwaltungsauffassung dem persönlichen Steuersatz, wenn sie beim Schuldner als Werbungskosten oder als Betriebsausgaben absetzbar sind. Der Bundesfinanzhof sieht das in neueren Urteilen nicht so eng. Wenn die Verträge dem Fremdvergleich standhalten und keine missbräuchliche Gestaltung vorliegt, ist danach auch bei Verwandtendarlehen die Abgeltungsteuer anwendbar (Az. VIII R 9/13).

Bei „Steuerstundungsmodellen" nach § 15b des Einkommensteuergesetzes (**Zeile 25**) sollte ein Steuerprofi helfen. Das gilt auch für Beteiligungen (**Zeile 31 bis 46**). Das Finanzamt stellt dafür besondere Feststellungsbescheide aus, deren Angaben übernommen werden können, wenn sie nachvollziehbar sind.

Zeile 47 bis 60: Steuerabzug, Verluste & Co.

In **Zeile 47 bis 55** will das Amt sehen, wie viel Steuern auf Kapitalerträge bereits abgeführt wurden beziehungsweise welche Steuern anrechenbar sind. Welche Kapitalerträge jeweils gemeint sind, findet sich in den Zeilenangaben der Überschrift. So gehört beispielsweise die insgesamt abgeführte Abgeltungsteuer in **Zeile 47**, und zwar separat nach der in den (beizufügenden!) Steuerbescheinigungen aufgeführten Steuer und der Steuer, die auf Beteiligungen abgeführt wurde (rechte Spalte). In **Zeile 48 bis 52** wiederholt sich die Prozedur für die dort aufgeführten Steuerarten. Die „fiktive Quellensteuer" (**Zeile 52**) gilt für manche Anleihen ausländischer Staaten. Der deutsche Fiskus rechnet sie dem Anleger trotzdem an, als wäre sie einbehalten worden. Das erhöht die Rendite und ist eine Art Entwicklungshilfe.

Mit der neuen **Zeile 56** will die Finanzverwaltung die Erstattung von Kapitalertragsteuer bei bestimmten Wertpapiergeschäften einschränken. Es handelt sich dabei zum Beispiel um „cum/cum-Geschäfte", die vor allem im Zusammenwirken von Banken mit in- und ausländischen Großanlegern betrieben wurden. Für andere Anleger war und ist das in der Regel kein Thema. Weitere Einzelheiten finden Sie in der Anleitung zur Anlage KAP.

In einigen europäischen Staaten, etwa in der Schweiz und in Liechtenstein sowie in bestimmten Steueroasen, wird eine Quellensteuer für Zinszahlungen erhoben. Die kann voll auf die deutsche Einkommensteuer angerechnet werden, wenn sie denn erklärt wird (**Zeile 57**). Österreich und Luxemburg werden voraussichtlich ab 2017 von der Quellensteuer zum automatischen Informationsaustausch mit den deutschen Steuerbehörden übergehen. Wer hier erstmals etwas einzutragen hat, sollte vorher einen Steuerprofi konsultieren. Gleiches gilt für ausländische Familienstiftungen (**Zeile 58 bis 60**).

Anlage N: Für Arbeitnehmer

Die Anlage N steht für „Einkünfte aus nichtselbstständiger Arbeit" und spielt für immer mehr Ruheständler eine Rolle. Sie ist immer dann wichtig, wenn sich Rentner als Arbeitnehmer etwas hinzuverdienen oder wenn der Ehe-/Lebenspartner weiterhin als Arbeitnehmer beschäftigt ist. Auch wer eine vom Arbeitgeber finanzierte Werkspension oder eine Beamtenpension erhält, trägt diese Altersbezüge nicht in die Anlage R, sondern hier ein, denn beides gilt unter steuerlichen Gesichtspunkten als Arbeitslohn und wird auch so ähnlich behandelt (→ Seite 18, 114, 196 und das ausgefüllte Formular auf Seite 186).

Rentner mit einem Nebenjob müssen in der Regel auch schon deshalb eine Steuererklärung abgeben, weil sie neben ihrem steuerpflichtigen Arbeitslohn mehr als 410 Euro andere Einkünfte im Jahr erhalten, nämlich aus ihrer Rente.

Wer nur einen vom Arbeitgeber pauschal versteuerten Minijob hat, füllt die Anlage N nicht aus, denn er muss seinen Lohn selbst nicht versteuern, weil das der Arbeitgeber für ihn erledigt.

Zeile 1 bis 28: Lohn und Pension

Nachdem alle persönlichen Angaben in den **Zeilen 1 bis 3** ausgefüllt sind, kommt ab **Zeile 4** das entscheidende Hilfsmittel für die Anlage N zum Zuge: Es ist die Lohnsteuerbescheinigung des Arbeitgebers. Dort finden sich nicht nur die verlangte „eTIN" (electronic Taxpayer Identification Number), sondern alle abgefragten Antworten

- zum erhaltenen Lohn,
- zu Versorgungsbezügen
- und zu eventuell abgeführten Steuern.

Eintragungen in den **Zeilen 5 bis 10** erfolgen getrennt nach Lohnsteuerklassen. Klasse 1 bis 5 kommt in die erste Spalte und Klasse 6 in die zweite Spalte. In einigen Zeilen werden die Cent-Beträge abgefragt, die ebenfalls eins zu eins aus der Lohnsteuerbescheinigung übernommen werden können.

Zu den Versorgungsbezügen (**Zeile 11 bis 15**) gehören Beamtenpensionen und Werkspensionen, die vom Arbeitgeber finanziert wurden. Sie müssen zwar schon im Bruttoarbeitslohn (**Zeile 6**) enthalten sein, werden aber hier noch einmal getrennt abgefragt, weil sie etwas anderen Steuerregeln unterliegen. Die Höhe ergibt sich aus **Zeile 8** der Lohnsteuerbescheinigung. Wenn Sie in diesem Jahr Arbeitslohn, Abfindungen oder Versorgungsbezüge für mehrere Jahre erhalten haben, gehört das ausschließlich in die **Zeilen 16 bis 19**, weil es für solche Zahlungen besondere Steuervergünstigungen geben kann.

Arbeitslohn, der noch nicht versteuert wurde, etwa weil ein ausländischer Arbeitgeber ihn zahlte, kommt in **Zeile 20**. Die **Zeilen 21 bis 25** über eigene Auslandstätigkeiten betreffen Ruheständler eher selten, und wenn, sollten sie mithilfe eines Steuerprofis ausgefüllt werden. Das gilt sogar verstärkt, denn die Verwaltung hat für ausländische Einkünfte von Arbeitnehmern 2011 eine zusätzliche und ziemlich unübersichtliche „Anlage N-AUS" eingeführt. Auf sie wird in den **Zeilen 21 bis 24** Bezug genommen. Weitere Informationen und eine Ausfüllhilfe zur „Anlage N-AUS" finden Sie im Internet unter www.test.de/Steuerratgeber-Extra.

Zeile 26: Steuerfreie Aufwandsentschädigung

Wer nebenbei als Arbeitnehmer in Vereinen oder in anderen Einrichtungen arbeitet, die gemeinnützigen, mildtätigen oder kirchlichen Zwecken dienen, kann eine steuerfreie Aufwandsentschädigung erhalten. Sie wurde im Jahr 2013 von 2 100 Euro auf 2 400 Euro erhöht. Dieser „Übungsleiter-Freibetrag" wird gewährt, wenn es sich um ausbildende, erzieherische, betreuende, künstlerische oder pflegerische Arbeiten handelt (→ Seite 16).

Seit 2011 gehören auch ehrenamtlich arbeitende Vormünder und rechtliche Betreuer zum begünstigten Personenkreis. Für andere gemeinnützige Tätigkeiten, etwa für den Kassenwart im Verein, bleiben Zahlungen bis 720 Euro pauschal steuerfrei (vor 2013 bis 500 Euro). Sind Werbungskosten höher als 2 400 oder 720 Euro, können sie vom ersten Euro an nicht pauschal, sondern nur per Nachweis geltend gemacht werden.

Zeile 27 bis 28: Lohnersatz

Lohnersatzleistungen, zum Beispiel Arbeitslosengeld, gehören seit 2015 grundsätzlich in **Zeile 91** des Mantelbogens (→ Seite 63). Von dieser Regel gibt es eine wichtige Ausnahme: Arbeitnehmer schreiben alle Lohnersatzleistungen, die der Arbeitgeber auf der Lohnsteuerbescheinigung unter der Ziffer 15 bescheinigt hat, in **Zeile 27** der Anlage N. Dabei kann es sich etwa um Kurzarbeitergeld oder um den Zuschuss zum Mutterschaftsgeld handeln. Die Zeiträume und Gründe des Bezugs gehören in **Zeile 28**. Diese Zeilen betreffen Ruheständler vor allem im Jahr des Ruhestandsbeginns oder Ehegatten oder eingetragene Partner, die weiter berufstätig sind.

Zeile 31 bis 39: Fahrten zur Arbeit

Wer sich sicher ist, dass er weniger als 1 000 Euro Ausgaben für den Job hatte, muss hier und bis zur **Zeile 87** gar nichts ausfüllen. So viel berücksichtigt das Finanzamt nämlich automatisch als sogenannten Arbeitnehmerpauschbetrag, der 2011 von 920 Euro auf 1 000 Euro angehoben wurde. Den bekommt ein Ruheständler auch dann, wenn er nur einen Teil des Jahres auf Lohnsteuerkarte beschäftigt war. Dennoch sollten Sie einen Blick auf die folgenden Abzugsposten werfen. Vielleicht ist doch etwas dabei, womit Sie die Pauschale überschreiten und Ihre Steuerlast senken können.

Kosten für Fahrten zwischen Wohnung und Betrieb sind unabhängig vom Verkehrsmittel mit der Entfernungspauschale von 30 Cent pro Entfernungskilometer absetzbar. Wer öffentliche Verkehrsmittel nutzt, darf nachgewiesene Kosten voll absetzen, wenn sie höher ausfallen als 30 Cent pro Entfernungskilometer, beziehungsweise wenn sie über der generellen Jahresobergrenze von 4500 Euro liegen.

Wie und wo Sie gefahren sind, will das Finanzamt in den **Zeilen 31 bis 39** wissen. Der Begriff „regelmäßige Arbeitsstätte" wird seit 2014 durch „erste Tätigkeitsstätte" ersetzt (→ Seite 92). Die Beamten akzeptieren nur die kürzeste Straßenverbindung einmal pro Tag und runden angefangene Kilometer ab. Das Finanzamt genehmigte Aufwand für Umwege früher nur bei mindestens 20 Minuten Zeitersparnis. Das sieht der Bundesfinanzhof anders: Wer eine „offensichtlich verkehrsgünstigere" längere Straßenverbindung nutzt, muss keine Zeitersparnis nachweisen entschieden die Richter (Az. VI R 19/11).

Behinderte Arbeitnehmer können die tatsächlichen Kosten absetzen, wenn der Behinderungsgrad mindestens 70 beträgt oder 50 plus Merkzeichen „G" im Behindertenausweis steht (**Zeilen 35 bis 38**, rechte Spalte die Ziffer „1" eintragen). Das gilt für Fahrten mit dem eigenen Pkw, wenn 30 Cent für jeden gefahrenen Kilometer oder die tatsächlich entstandenen Kosten einzeln abgerechnet werden. Für Fahrten mit öffentlichen Verkehrsmitteln sind ohnehin die tatsächlichen Kosten absetzbar.

Als Mitfahrer einer Fahrgemeinschaft können Sie ebenfalls Fahrtkosten zur Arbeit abrechnen, auch wenn Sie selbst keine Ausgaben hatten.

Steuerfreie oder pauschal versteuerte Zuschüsse des Arbeitgebers können Sie der Lohnsteuerbescheinigung entnehmen und müssen sie in **Zeile 39** eintragen.

Zeile 40 bis 48: Arbeitsmittel & Co.

Wer einer Gewerkschaft oder einem Berufsverband angehört, trägt Organisation und Beitrag in **Zeile 40** ein. Wenn Rentner ihren Gewerkschaftsbeitrag bereits in die Anlage R geschrieben haben, dürfen sie ihn hier nicht nochmals einsetzen.

Als Arbeitsmittel (**Zeile 41 und 42**) gelten Dinge, die für den Job gebraucht werden, zum Beispiel Fachbücher, Büromöbel, Büromaterial, Arbeitskleidung, Werkzeug oder Computer. Ausgaben für Arbeitsmittel sind nur dann als Werbungskosten absetzbar, wenn sie nicht vom Arbeitgeber gestellt oder bezahlt wurden. Kosten sie ohne Umsatzsteuer bis zu 410 Euro, dürfen Arbeitnehmer sie sofort voll absetzen. Teurere Arbeitsmittel müssen entsprechend ihrer Nutzungsdauer abgeschrieben werden, zum Beispiel ein Computer über drei Jahre. Ein Schreibtisch oder andere Büromöbel werden über 13 Jahre abgeschrieben. Kosten für die Wäsche von Berufskleidung sind Werbungskosten, egal ob sie einer Reinigungsfirma gezahlt wurden oder durch die eigene Waschmaschine entstanden sind. Verbraucherverbände haben für die Wäsche daheim Richtgrößen entwickelt, die auch das Finanzamt akzeptiert, zum Beispiel 87 Cent pro Kilogramm getrocknete und gebügelte Buntwäsche im Zweipersonenhaushalt.

	Beiträge zu Berufsverbänden (Bezeichnung der Verbände)			
40	GEWERKSCHAFTSBEITRAG		310	96,—
	Aufwendungen für Arbeitsmittel – soweit nicht steuerfrei ersetzt – (Art der Arbeitsmittel bitte einzeln angeben.)	EUR		
41	FACHBÜCHER	140,—		
42	ABSCHREIBUNG PC	+ 350,—	320	490,—

Raumkosten für ein häusliches Arbeitszimmer dürfen voll abgesetzt werden, wenn es „Mittelpunkt der gesamten betrieblichen und beruflichen Tätigkeit“ ist (**Zeile 43**). Viele Ruheständler mit Nebenjob haben gute Chancen, alle Ausgaben geltend machen, denn ihr Heimbüro ist „Mittelpunkt“ ihrer Erwerbstätigkeit.

Ist das Heimbüro nicht Mittelpunkt der beruflichen Arbeit, existiert aber für die dort ausgeführten Tätigkeiten kein anderer Arbeitsplatz, können bis zu 1250 Euro im Jahr abgesetzt werden. Das betrifft zum Beispiel Außendienstmitarbeiter, Lehrer und vergleichbare Berufsgruppen, die Teile ihrer Arbeit zu Hause machen müssen, weil sie es an einem anderen Arbeitsplatz nicht können. Wer das Heimbüro beruflich und privat nutzt, kann die Raumkosten nicht aufteilen und auch den beruflichen Kostenanteil nicht als Werbungskosten absetzen. So hat der Bundesfinanzhof mit Urteil des Großen Senats entschieden (Az. GrS 1/14, veröffentlicht am 28. Januar 2016). Die Richter sind der Auffassung, dass eine „sachgerechte“ Kostenaufteilung mangels Kontrollmöglichkeiten durch die Verwaltung nicht gewährleistet sei. Das betrifft auch sogenannte Arbeitsecken. Wie bisher gilt beim Arbeitszimmer das Prinzip „ganz oder gar nicht". Eine private Mitnutzung des Heimbüros von bis zu 10 Prozent wird akzeptiert. Ist es mehr, fallen sämtliche Raumkosten dem Rotstift zum Opfer.

Kosten von Büromöbeln, Bürotechnik und anderen Dingen für den Job lassen sich auch dann absetzen, wenn diese Arbeitsmittel nicht in einem steuerlich anerkannten Arbeitszimmer stehen, sondern in einer Arbeitsecke im Flur oder im Hobbykeller.

Tragen Rentner Fortbildungskosten (**Zeile 44**) ein, müssen sie dem Finanzamt manchmal darlegen, dass die Fortbildung ihrer Arbeit im ausgeübten oder angestrebten Beruf dient (→ Seite 47). Ob es sich um einen Haupt- oder Nebenjob handelt, spielt dabei keine Rolle. Eine Bescheinigung des Arbeitgebers über die Notwendigkeit der Fortbildung kann die Argumentation unterstützen.

Zeile 49 bis 96: Reisekosten & Co.

Für die meisten Ruheständler sind Dienstreisen und doppelte Haushaltsführung ein eher seltenes Thema. Deshalb folgt hier nur ein Überblick. Seit 2014 gilt ein neues Reisekostenrecht. Danach hat jeder Erwerbstätige höchstens eine „erste Tätigkeitsstätte". Welche das ist, kann der Arbeitgeber für seine Arbeitnehmer festlegen.

Fahrt- und Übernachtungskosten gehören in **Zeile 49 bis 51**. Für Pkw-Fahrten gibt es pauschal 0,30 Euro pro gefahrenen Kilometer, für andere motorgetriebene Fahrzeuge einheitlich 0,20 Euro je Fahrtkilometer (etwa Motorrad, Motorroller, Moped, Mofa). Fahrradfahrten sind nicht mehr pauschal, sondern nur noch mit den tatsächlichen Kosten absetzbar. Das ist bei anderen Verkehrsmitteln alternativ zu den Pauschalen ohnehin möglich. Die tatsächlichen Übernachtungskosten dürfen weiter voll abgesetzt werden. Dauert die Auswärtstätigkeit im Inland länger als 48 Monate, sind nur noch 1 000 Euro im Monat absetzbar. Für Auslandsübernachtungen hat sich grundsätzlich nichts geändert.

Bei einer Abwesenheitsdauer von mehr als 8 Stunden gibt es im Inland 12 Euro Verpflegungspauschale (**Zeile 52**). Bei einer mehrtägigen Reise mit

Übernachtung gelten 12 Euro jeweils für den An- und Abreisetag unabhängig von der Abwesenheitsdauer (**Zeile 53**). Für Tage zwischen Anreise- und Abreisetag beträgt die Pauschale 24 Euro (**Zeile 54**). Für Auslandsreisen gelten andere Sätze (**Zeile 56**). Die aktuelle Übersicht finden Sie unter www.bundesfinanzministerium.de (Suchwort „Reisekosten Ausland"). Verpflegungspauschalen gibt es nur für die ersten drei Monate der Auswärtstätigkeit. Bei einer Unterbrechung von mindestens vier Wochen kann die Dreimonatsfrist von vorn beginnen. Für eine Unterbrechung werden nicht mehr nur dienstliche Gründe anerkannt, sondern auch private, etwa Krankheit oder Urlaub.

Erwerbstätige mit doppelter Haushaltsführung (**Zeile 61 bis 87**) müssen sich seit 2014 finanziell nachweislich an der Haushaltsführung am Wohnort beteiligen. Das Finanzamt sieht mehr als zehn Prozent der Haushaltskosten als erforderlich an. Die Entfernung der Zweitwohnung vom Beschäftigungsort darf seit 2014 nicht halb so groß sein wie die Entfernung zwischen Wohnort und Beschäftigungsort. Ist der Beschäftigungsort zum Beispiel 100 km vom Wohnort entfernt, darf die Entfernung Zweitwohnung – Beschäftigungsort bis 49 Kilometer betragen. Als Unterkunftskosten am Beschäftigungsort sind monatlich bis 1 000 Euro absetzbar. Die **Zeilen 91 bis 94** fragen nach besonderen Werbungskosten, die in den **Zeilen 31 bis 87** nicht enthalten sind. Das hat vor allem erfassungstechnische Gründe und kann Pensionäre betreffen (**Zeile 91 bis 92**) oder Arbeitnehmer mit Abfindungen (**Zeile 93**). In **Zeile 94 bis 96** geht es um Auslandsprobleme, die in der Regel Profirat erfordern.

TIPP: Ausführliche Informationen zur Anlage N finden Sie im Finanztest-Ratgeber „Steuererklärung 2016/2017 Arbeitnehmer, Beamte" (Bezugsadresse → Seite 208).

Anlage SO: Für sonstige Einkünfte

In dieser Anlage fragt das Finanzamt ein Sammelsurium von Einkünften ab, die anderswo nicht unterzubringen waren. Auch für Ruheständler kann ein Teil davon interessant sein. In **Zeile 4** sind unter „Wiederkehrende Bezüge" etwa Altenteilsleistungen in der Land- und Forstwirtschaft zu verstehen oder Zahlungen im Rahmen eines gerichtlich angeordneten Versorgungsausgleichs (→ Seite 45). Auch einige Leistungen, die nach Vermögensübertragungen gezahlt werden, gehören hierher: wenn etwa Eltern ihrem Kind ein Grundstück oder Betriebsvermögen übertragen haben und das Kind ihnen dafür eine Rente zahlt. In vielen dieser Fälle ist die Beratung eines Steuerprofis unverzichtbar, vor allem dann, wenn an dieser Stelle zum ersten Mal etwas einzutragen ist. Das ausgefüllte Formular der Anlage SO finden Sie ab Seite 182.

Zeile 5 bis 23: Unterhalt & Co.

In die **Zeile 5** schreibt ein geschiedener Ehegatte oder getrennt lebender Lebenspartner Leistungen, die er zur Vermeidung eines Versorgungsausgleichs von seinem oder seiner Ex erhalten hat. Der Zahler kann seine Zahlungen in Zeile 39 des Mantelbogens eintragen (→ Seite 45).

Unterhaltszahlungen vom Ex-Ehe- oder eingetragenen Partner sind auch als„Realsplitting" bekannt. Der geschiedene oder getrennt lebende Partner, der den Unterhalt zahlt, kann bis zu 13 805 Euro in seiner Steuererklärung als Sonderausgaben geltend machen (→ Seite 45). Voraussetzung ist, dass der Zahlende die Anlage U abgegeben und der Empfänger die Anlage U mit unterschrieben hat. Mit seiner Unterschrift akzeptiert der Empfänger, dass die Zahlung bei ihm voll steuerpflichtig ist. Das setzt etwas Kooperationsbereitschaft auf beiden Seiten voraus. Der Zahlende hat den Vorteil, dass die Unterhaltszahlung bei ihm steuerlich gefördert wird. Der Empfänger trägt die erhaltenen Unterhaltsleistungen in **Zeile 6** ein, wenn der andere sie mit seiner Zustimmung als Sonderausgaben abzieht. Der Empfänger kann seine Zustimmung davon abhängig machen, dass ihm der Zahler eventuell anfallende Mehrsteuern erstattet. Wenn Expartner sich auf eine faire Verteilung des Steuervorteils einigen können, bringt das „Realsplitting" beiden Vorteile. Der Zahler darf seit 2010 zusätzlich zu den maximal 13 805 Euro Unterhalt von ihm übernommene Beiträge zur Kranken- und Pflegeversicherung des Unterstützten als Sonderausgaben absetzen. Die sind als Einnahmen beim Unterstützten steuerpflichtig und auch in **Zeile 6** einzutragen. Der Unterstützte darf diese Beiträge als Sonderausgaben geltend machen (→ Seite 70). Wenn der Leistungsempfänger im Zusammenhang mit den Leistungen aus **Zeile 4 bis 6** Werbungskosten hatte, gehören die zusammengefasst in **Zeile 7**.

	Unterhaltsleistungen		EUR		EUR
6	soweit sie vom Geber als Sonderausgaben abgezogen werden können	146	,–	147	14 500,–

Als „Leistungen" (**Zeile 8 bis 13**) sieht das Finanzamt bestimmte Gelegenheitsgeschäfte, zum Beispiel die private Vermietung eines Autos, eines Wohnmobils oder die Provision für gelegentliche Vermittlungstätigkeiten. Hierher gehört auch, wenn Arbeitskollegen für die Mitnahme zur Arbeit im Rahmen einer Fahrgemeinschaft Geld bezahlen oder ein Nachbar dafür zahlt, dass sein Bauvorhaben von anderen Nachbarn geduldet wird. Das kommt eher selten vor. Außerdem gibt es eine Freigrenze: Einnahmen aus solchen Aktivitäten sind bis zu 255 Euro im Jahr steuerfrei. Wer nur einen Euro mehr einnimmt, muss aber den gesamten Betrag versteuern. Wer in diesem Zusammenhang Verluste hat (**Zeile 13**), sollte einen Steuerprofi konsultieren. Gleiches gilt für Abgeordnete (**Zeile 14 bis 22**) und für Steuersparmodelle aller Art (**Zeile 23**).

Zeile 31 bis 51: Private Verkäufe

Unter den Begriff „Private Veräußerungsgeschäfte" kann der Verkauf aller möglicher Dinge fallen, von Grundstücken über Kunstgegenstände, Schmuck, Edelmetalle, Briefmarken oder Bücher. Früher hieß so etwas

„Spekulationsgeschäft", und der Gewinn ist steuerpflichtig, wenn Kauf und Verkauf innerhalb einer bestimmten Frist liegen: Bei Immobilien sind es zehn Jahre, bei den meisten anderen Gegenständen ist es ein Jahr. Ein Verlust wird steuerlich ebenfalls wirksam, darf allerdings nur mit Spekulationsgewinnen verrechnet werden. Ob das Finanzamt tatsächlich etwas abbekommt, ist aber eine andere Frage, denn Spekulationsgewinne unter 600 Euro im Jahr bleiben steuerfrei. Aber Vorsicht: Wird diese Grenze erreicht, ist der gesamte Gewinn zu versteuern, auch die 599 Euro darunter. Ehepaare/Lebenspartner können ihre steuerfreien Veräußerungsgewinne verdoppeln, wenn verkaufte Vermögensgegenstände beiden gehört haben.

Seit 2009 haben sich die Regeln für die Besteuerung von Wertpapiergeschäften komplett geändert. Die Verkäufe von Aktien, Anleihen, Fondsanteilen und anderen Wertpapieren gelten nicht mehr als private Veräußerungsgeschäfte, sondern unterliegen der Abgeltungsteuer (→ Seite 79, 98 und 130).

Zeile 31 bis 40: Grundstücksverkauf

Wer ein Grundstück verkauft, sollte das immer mit Beratung eines Steuerexperten tun. Das kann auch für den Verkauf eines Eigenheims wichtig sein. Der ist zwar grundsätzlich steuerfrei, wenn eine Wohnung im Jahr des Verkaufs und in den beiden Jahren zuvor selbst bewohnt wurde. Aber auch hier bestätigen Ausnahmen die Regel. Mancher Eigenheimbesitzer erfährt erst aus der Post vom Finanzamt, dass er einen Spekulationsgewinn gemacht hat. Wer zum Beispiel einen Raum seines verkauften Hauses beim Finanzamt als häusliches Arbeitszimmer geltend gemacht oder an

Private Veräußerungsgeschäfte

Grundstücke und grundstücksgleiche Rechte (z. B. Erbbaurecht) In den Zeilen 34 bis 40 bitte nur den steuerpflichtigen Anteil erklären.

31	Bezeichnung des Grundstücks (Lage) / des Rechts: MEISENWEG 7, 12435 STEUERHAUSEN, WOHNUNG EG	
32	Zeitpunkt der Anschaffung (z. B. Datum des Kaufvertrags, Zeitpunkt der Entnahme aus dem Betriebsvermögen): 0 1 0 7 1 0	Zeitpunkt der Veräußerung (z. B. Datum des Kaufvertrags, auch nach vorheriger Einlage ins Betriebsvermögen): 3 0 0 6 1
33	Nutzung des Grundstücks bis zur Veräußerung: zu eigenen Wohnzwecken, vom – bis: , m²	X zu anderen Zwecken (z. B. als Arbeitszimmer, zur Vermietung), vom – bis: 1.7.10–30.6.16, 8 0 m²

die Enkelin vermietet hatte oder andere Teile seines Hauses nicht zu „eigenen Wohnzwecken" benutzte, muss einen Verkaufsgewinn, der auf diese Teile entfällt, versteuern, wenn er das Haus nicht mindestens zehn Jahre besaß.

Denken Sie also daran, dass auch beim Verkauf eines Eigenheims innerhalb der Zehnjahresfrist ein steuerpflichtiger Spekulationsgewinn entstehen kann.

Zeile 41 bis 51: Andere Verkäufe

Neben dem Verkauf von Grundstücken kann auch der Verkauf anderer Gegenstände aus dem Privatvermögen steuerliche Folgen haben. Das betrifft etwa Schmuck, Edelmetalle, Kunstgegenstände oder wertvolle Bücher, wenn sie innerhalb eines Jahres nach ihrem Erwerb wieder verkauft werden. Wer beispielsweise im Sommer 2015 für 5 000 Euro Goldmünzen kaufte, die er im Frühjahr 2016 für 6 000 Euro wieder verkauft hat, erzielte einen steuerpflichtigen privaten Veräußerungsgewinn von 1 000 Euro. Der gehört in die **Zeilen 41 bis 46**, neben die anderen dort relativ nachvollziehbar abgefragten Angaben. Hier lassen sich aber nicht nur steuerpflichtige Gewinne, sondern auch Verluste unterbringen. Der Verkauf alltäglicher Gebrauchsgegenstände, etwa Pkw, ist grundsätzlich nicht mehr steuerpflichtig, wenn sie nach dem 13. Dezember 2010 angeschafft wurden. Damit wirken sich Verluste, die sich aus Kauf und Verkauf von Pkw innerhalb eines Jahres regelmäßig ergeben, nicht mehr steuersenkend aus. Und das war aus Sicht der Verwaltung wohl auch der „Zweck der Übung". Der teure Cabrio-Kauf im Hochgefühl des Frühjahrs und der verlustreiche

Verkauf im traurigen Spätherbst desselben Jahres bleiben steuerlich damit ohne Auswirkung. Gewinne bei Verkäufen von Jahreswagen, die zu einem relativ günstigen Preis bezogen und teurer wieder abgegeben wurden, lassen sich jetzt andererseits steuerfrei kassieren. Oldtimer gelten allerdings nicht als „Gebrauchsgegenstände". Verkaufsgewinne und -verluste wirken sich steuerlich aus, wenn sie innerhalb der einjährigen Spekulationsfrist anfallen.

Wertpapiergeschäfte unterliegen der Abgeltungsteuer von 25 Prozent und gehören auf die Anlage KAP (→ ab Seite 79 und 130). Seit 2009 gilt die einjährige Spekulationsfrist nicht mehr für Wertpapierverkäufe. Wertpapiere, die bis Ende 2008 erworben worden sind, befanden sich bei einem Verkauf in diesem Jahr zwangsläufig länger als ein Jahr im Depot. Damit bleibt ein Verkaufsgewinn oder -verlust steuerlich ohne Auswirkung. Ausnahmen sind „Finanzinnovationen" wie Stufenzinsanleihen. Hier wirken sich Verkaufsgewinne und -verluste auch in diesem Jahr steuerlich aus, wenn der Kauf vor 2009 erfolgte. Sie gehören allerdings auch nicht in die Anlage SO, sondern in die Anlage KAP.

Das Ergebnis von **Zeile 46** wird in **Zeile 47** gegebenenfalls auf beide Ehepartner/eingetragenen Partner aufgeteilt.

In den **Zeilen 41 bis 47** geht es nur um ein einziges privates Veräußerungsgeschäft. Wenn mehrere vorliegen, kommt das Ergebnis zusammengefasst in **Zeile 48**. Die Einzelheiten aller dieser Geschäfte will das Finanzamt möglichst nach dem Muster der **Zeilen 41 bis 46** auf einem Extrablatt sehen.

Die **Zeilen 49 bis 50** drehen sich zum Beispiel um Grundstücksgemeinschaften und Beteiligungen, die professionelle Steuerberatung erforderlich machen. Das gilt auch für die Begrenzung der Verlustverrechnung in **Zeile 51**.

Weitere Anlagen: von Miete bis Unterhalt

Die meisten Ruheständler kommen schon mit den bisher dargestellten Anlagen aus. Doch es gibt Anlagen, die für einige darüber hinaus interessant sein können. Hier geht es um ausgewählte Schwerpunktprobleme dieser Anlagen und um Hinweise zu aktuellen Entwicklungen.

Anlage V: Für Vermieter

Rentner und Pensionäre mit Vermietungseinkünften sollten professionelle steuerliche Hilfe nutzen. Wer die Anlage V allein schaffen will, muss sich richtig gut auskennen und immer am Ball bleiben, denn auf diesem Gebiet sind Gesetzgebung, Verwaltung und Rechtsprechung besonders aktiv, Änderungen an der Tagesordnung. So ist die degressive Abschreibung für alle ab 2006 gebauten (Baubeginn) oder gekauften Mietwohnungen nicht mehr möglich. Vermieter dürfen auch für neue Gebäude nur noch 2 Prozent jährlich abschreiben. Auf längerfristige Vermietungsverluste reagiert das Finanzamt zunehmend kritischer. Wenn eine Vorausschau ergibt, dass über die gesamte Dauer der Vermietung keine Einnahmeüberschüsse erreicht werden können, vermuten die Beamten steuerlich unbeachtliche „Liebhaberei" und streichen die Verluste. Vermieter sollten möglichst alles vermeiden, was den Fiskus misstrauisch machen könnte: zum Beispiel befristete Mietverträge, extrem verbilligte Mieten oder vertraglich vereinbarte kurzfristige Selbstnutzungs- oder Verkaufsabsichten. Bei einer langfristigen Vermietungsabsicht muss das Finanzamt aber weiterhin Verluste anerkennen.

Einkünfte aus dem bebauten Grundstück 25
Lage des Grundstücks / der Eigentumswohnung
Straße, Hausnummer
4 SILBERWEG 99
Angeschafft am 01012011
Postleitzahl 04749 Ort GOLDHAUSEN
5
Fertig gestellt am TTMMJJJJ

TIPP: Wer nur gelegentlich vermietet oder untervermietet, kann mit Zustimmung des Finanzamts bis zu 520 Euro Miete im Jahr steuerfrei kassieren.

Für die verbilligte Vermietung von Wohnraum, beispielsweise an nahe Angehörige, gelten seit 2012 neue Regeln. Sie sind einfacher und sogar etwas steuerzahlerfreundlicher als vorher. Verlangt ein Vermieter von seinem Mieter mindestens zwei Drittel der ortsüblichen Marktmiete (66 Prozent), darf der Vermieter alle Werbungskosten geltend machen. Verlangt der Vermieter weniger Miete, akzeptiert das Finanzamt die Werbungskosten nicht komplett, sondern nur im Verhältnis zur Höhe der verlangten Miete. Wer zum Beispiel nur die Hälfte der ortsüblichen Marktmiete verlangt, darf entsprechend nur die Hälfte seiner Werbungskosten absetzen. Zweiter Vorteil: Lag die verlangte Miete zwischen 56 und 75 Prozent der Marktmiete, war vor 2012 eine aufwendige Überschussprognose fällig. Die ist nunmehr entfallen.

TIPP: Behalten Sie die Entwicklung der ortsüblichen Marktmiete im Auge und passen Sie die verbilligte Miete rechtzeitig an.

Vermieter von Ferienwohnungen müssen stärker auf der Hut sein. Bei hohem Leerstand darf das Finanzamt Vermietungsverluste streichen. Liegt die Vermietungszeit 25 Prozent oder mehr unterhalb der „ortsüblichen Vermietungszeit", wird eine Prognose fällig, und wenn diese langfristig keinen Überschuss der Mieteinnahmen bringt, fallen die Verluste dem Rotstift zum Opfer. Während das Finanzamt früher einen Prognosezeitraum von 100 Jahren ansetzte, sind es jetzt 30 Jahre, in denen ein Überschuss der Mieteinnahmen über die Werbungskosten erreicht werden muss.

Leerstand ist fast immer schlecht für Vermieter. Er kann aber zu weniger Grundsteuer führen. Tritt eine wesentliche Ertragsminderung einer vermieteten Immobilie ein, weil zum Beispiel hohe Arbeitslosigkeit in der Region zu einem Überangebot an Wohnungen führte, kann der Vermieter Grundsteuererlass beantragen. Es gibt 25 Prozent Erlass bei einer Ertragsminderung von mehr als 50 Prozent und 50 Prozent Erlass bei einer Ertragsminderung von 100 Prozent. Die Ertragsminderung darf aber nicht vom Vermieter verschuldet sein und der Antrag für 2016 muss spätestens am 31. März 2017 beim Finanzamt eingehen.

Anlagen G und S: Für Unternehmer

Wenn sich Ruheständler als Gewerbetreibende oder Freiberufler etwas hinzuverdienen, dann tun sie das in der Regel als Kleinunternehmer. Als solche gelten sie, solange ihr Umsatz im vergangenen Kalenderjahr nicht über 17 500 Euro lag und im laufenden Jahr voraussichtlich 50 000 Euro nicht übersteigt. Kleinunternehmer bleiben von Gewerbesteuer und Bilanzierungspflicht verschont.

Bei der Umsatzsteuer haben Kleinunternehmer ein Wahlrecht. Wenn sie sich gegen die Umsatzsteuer entscheiden, müssen sie keine einnehmen, keine abführen und auch keine Umsatzsteuer-Voranmeldung abgeben. Allerdings bekommen sie die von ihnen selbst gezahlte Umsatzsteuer auch nicht vom Finanzamt zurück. Das ist nicht immer günstig, denn wer beispielsweise gerade sein Unternehmen startet, hat in der Regel hohe Ausgaben (Investitionen) und bescheidene Einnahmen. Fällt in dieser Phase die Entscheidung pro Umsatzsteuer, bleibt in der Regel unter dem Strich mehr in der Firmenkasse.

Auch die amtliche Anlage EÜR (Einnahmenüberschussrechnung) können sich Kleinunternehmer sparen. Sie dürfen ihren Gewinn in der Regel weiterhin formlos ermitteln und angeben. Das ist gar nicht so schwer: Sie stellen die Einnahmen (mit dem Datum des Zahlungseingangs) und die Ausgaben (mit dem Datum des Zahlungsausgangs) mithilfe einer einfachen Aufstellung gegenüber und tragen die Differenz als Gewinn oder Verlust in die **Zeile 4** ein.

	Gewinn (ohne die Beträge in den Zeilen 31, 35 und 40; bei ausländischen Einkünften: Anlage AUS beachten)			22
	aus freiberuflicher Tätigkeit (genaue Berufsbezeichnung oder Tätigkeit)		EUR	
4	VORTRÄGE LT. GEWINNERMITTLUNG	100/300	1250,-	
	aus einer weiteren freiberuflichen Tätigkeit (genaue Berufsbezeichnung oder Tätigkeit)			
5		101/301	,-	

Überschreitet der Umsatz den Kleinunternehmerbereich, dann sollten auch „Nebenberufsunternehmer“ regelmäßig einen Steuerberater konsultieren.

Gewerbetreibende füllen die Anlage G aus, Freiberufler die Anlage S. Im Einkommensteuergesetz (Paragraf 18) steht, wen das Finanzamt als Freiberufler akzeptiert. Bei Ärzten, Anwälten oder Journalisten ist das klar, bei anderen Berufsgruppen, etwa Ingenieuren oder Software-Entwicklern, ist es manchmal umstritten. Die steuerlich wichtigste Folge: Freiberufler müssen keine Gewerbesteuer zahlen. Für Ruheständler, die sich als Nebenberufsunternehmer etwas hinzuverdienen, dürfte das aber eher ein Randthema sein, denn Gewerbesteuer wird ohnehin erst oberhalb eines Freibetrags von 24 500 Euro Jahresgewinn fällig.

Auch für Ruheständler mit einem Nebenjob als Kleinunternehmer kann die Hilfe eines Steuerprofis manchmal wichtig sein, zum Beispiel zu Beginn ihrer unternehmerischen Tätigkeit, um die wichtigsten Steuerprobleme zu erkennen und um künftig eine professionelle Steuererklärung fortschreiben zu können. Auch bei Verkauf oder Aufgabe des Unternehmens kann Profirat nützlich sein.

Ruheständler, die sich in kleinerem Rahmen freiberuflich betätigen, können ihre Betriebskosten manchmal pauschal abrechnen. Das ist nicht nur einfacher als die Aufstellung der einzelnen Ausgaben, sondern kann auch vorteilhaft sein, wenn die tatsächlichen Kosten unterhalb der Pauschale bleiben. Wer sich noch hauptberuflich als Schriftsteller oder Journalist betätigt, kann 30 Prozent vom Umsatz, maximal 2 455 Euro im Jahr, ohne Einzelnachweis geltend machen. Bei wissenschaftlicher, künstlerischer, schriftstellerischer oder lehrender Nebentätigkeit sind es 25 Prozent der Einnahmen, maximal 614 Euro.

Hebammen dürfen ebenfalls 25 Prozent ihrer Einnahmen pauschal als Betriebsausgaben abziehen, allerdings nur bis zu einer Höhe von 1 535 Euro. Für Tagesmütter gibt es je nach Aufwand eine Betriebsausgabenpauschale bis zu 3 600 Euro im Jahr pro Kind.

	Einnahmen aus der nebenberuflichen Tätigkeit als		Gesamtbetrag		davon als steuerfrei behandelt	Rest enthalten in Zeile(n)
46	DOZENT VOLKSHOCHSCHULE	191/391	2 800 €	192/392	2 400 €	4
47		193/393	€	194/394	€	

Wer selbstständig in Vereinen oder in anderen Einrichtungen arbeitet, die gemeinnützigen, mildtätigen oder kirchlichen Zwecken dienen, kann seit 2013 eine steuerfreie Aufwandsentschädigung bis zu 2 400 Euro erhalten. Diesen sogenannten Übungsleiterfreibetrag bis 2 400 Euro gibt es für ausbildende, erzieherische, betreuende, künstlerische und pflegerische Tätigkeiten. Für andere gemeinnützige Arbeiten bleiben bis 720 Euro steuerfrei (→ auch ab Seite 88). Die Einnahmen aus solchen Tätigkeiten werden in **Zeile 44 bis 45** der Anlage S eingetragen (neue Zeilennummerierung!). Dort ist die Bezeichnung der Tätigkeit aufzuführen, dann vermerken Sie die Gesamteinnahmen daraus und in die nächste Spalte gehört die steuerfreie Aufwandsentschädigung – mehr als 2 400 Euro im Jahr werden dort nicht berücksichtigt (→ Seite 88 und das ausgefüllte Formular ab Seite 184). Auch Vormünder und rechtliche Betreuer gehören zu den Begünstigten, wenn sie ehrenamtlich arbeiten.

TIPP: Neben dem Freibetrag dürfen weitere Leistungen steuerfrei kassiert werden, beispielsweise vom Auftraggeber spendierte Reisekosten (→ ab Seite 92).

Anlage Kind: Für Eltern und Großeltern

Wenn Ruheständler an ihre Steuererklärung denken, kommt den wenigsten die Anlage Kind in den Sinn. Dennoch kann sie interessant sein. Hat zum Beispiel ein Vater im Rentenalter eine 24-jährige studierende Tochter, stehen ihm Kindergeld, Kinderfreibetrag und alle anderen kindbedingten Steuererleichterungen zu. Gleiches gilt für Großeltern, wenn etwa die Enkeltochter nicht bei ihren Eltern, sondern im Haushalt der Großeltern lebt. Das kann auch gelten, wenn alle Generationen unter einem Dach leben. Voraussetzung ist aber, dass das Enkelkind mit im Haushalt der Großeltern wohnt. Besuchsweise Aufenthalte reichen nicht, es sei denn, Großeltern müssen für den Enkelunterhalt aufkommen. Den Antrag auf Übertragung des Kinderfreibetrags stellen Großeltern in **Zeile 42** der Anlage Kind. Das Finanzamt berücksichtigt ihn, wenn der abgebende Elternteil zustimmt. Der gibt seine Zustimmung in einer gesonderten Anlage K. **Zeile 43** nutzen Großeltern, die ihr Enkelkind in ihren Haushalt aufgenommen haben oder für das Enkelkind unterhaltspflichtig sind, eine Anlage K aber nicht vorliegt.

42	Nur beim Stief- / Großelternteil: Der Kinderfreibetrag und der Freibetrag für den Betreuungs- und Erziehungs- oder Ausbildungsbedarf sind lt. **Anlage K** zu übertragen.	41 1 1 = Ja	
43	Nur beim Stief- / Großelternteil: Ich / wir beantrage(n) die Übertragung des Kinderfreibetrags und des Freibetrags für den Betreuungs- und Erziehungs- oder Ausbildungsbedarf, weil ich / wir das Kind in meinem / unserem Haushalt aufgenommen habe(n) oder ich / wir als Großelternteil gegenüber dem Kind unterhaltspflichtig bin / sind.	76 1 = Ja	Zeitraum der Haushaltszugehörigkeit / Unterhaltsverpflichtung vom 77 T T M M bis T T M M

Für erwachsene Kinder bis 25 kann es weiter Kindergeld und andere Kinderförderungen geben, wenn bestimmte Voraussetzungen erfüllt sind. Hat das Kind den früheren Pflicht-Wehr- oder -Zivildienst geleistet, verlängert sich die Altersgrenze um die Dauer der Dienstzeit. Für behinderte Kinder gibt es keine Altersgrenze.

Arbeitslose Kinder bis 21 werden weiter gefördert, wenn sie bei der Agentur für Arbeit als Arbeitsuchende gemeldet sind. Auch wenn ein Kind seinen Arbeitsplatz verloren und unmittelbar danach eine Ausbildung begonnen hat oder als „ausbildungswillig" gilt, kann es weiter Kinderförderung geben.

Für Kinder in Ausbildung gibt es die Förderung in der Regel bis zum 25. Geburtstag. Das Einkommen des Kindes spielt keine Rolle mehr. Allerdings gilt seit 2012 eine Einschränkung: Wenn das Kind eine Erstausbildung oder ein Erststudium beendet hat und einer weiteren Ausbildung nachgeht, gibt es die Kinderförderung nur, wenn es nicht erwerbstätig ist. Erwerbstätigkeit ist für das Amt eine regelmäßige wöchentliche Arbeitszeit von mehr als 20 Stunden. Alles was zeitlich darunter liegt, gefährdet das Kindergeld nicht. Unschädlich sind auch eine reguläre Lehrstelle, ein Minijob oder Einnahmen, die nicht aus einer Erwerbstätigkeit kommen, zum Beispiel Zinsen oder Mieten, und zwar in unbegrenzter Höhe. Hat beispielsweise ein 22-Jähriger sein Erststudium der Religionswissenschaften geschmissen und studiert nun BWL und Jura, gibt es bis 25 weiter Kindergeld, weil er noch keinen ersten Abschluss hat. Auch ein Nebenjob mit über 20 Wochenstunden würde die Kinderförderung nicht gefährden.

TIPP: Eine Erstausbildung kann weiterhin vorliegen, wenn ein erster Berufsabschluss bereits erfolgt ist, die Ausbildung aber mit Ausbildungsschritten fortgesetzt wird, die sich zeitlich und inhaltlich eng anschließen, zum Beispiel ein Masterstudium an einen Bachelor-Abschluss.

Der Begriff „Erstausbildung" wurde 2015 gesetzlich definiert. Es ist eine mindestens 12-monatige Vollzeitausbildung mit mindestens 20 Wochenstunden. Sie muss mit einem Prüfungsabschluss oder einem anderen für die jeweilige Ausbildung üblichen Abschluss enden (→ Seite 47). Diese Begriffsbestimmung dient der Abgrenzung von Werbungskosten und Sonderausgaben und hat für die Kinderförderung keine Bedeutung.

Wenn ein Kind trotz nachweislicher Bemühungen keinen Ausbildungsplatz findet, gibt es trotzdem weiter Kindergeld. Als Nachweise dienen zum Beispiel schriftliche Bewerbungen, Zwischenbescheide, Zusagen, Ablehnungen oder auch eigene Suchanzeigen. Am sichersten ist die regelmäßige Meldung als Ausbildungssuchender bei der Arbeitsagentur.

Auch in Übergangszeiten zwischen zwei Ausbildungsabschnitten kann es weiter Kindergeld geben. Als Übergangszeit gelten maximal vier Monate. Hat zum Beispiel ein 19-Jähriger im Mai das Abitur gemacht und beginnt im Oktober sein Studium, steht den Eltern zwischen Mai und Oktober weiter Kindergeld zu. In diesem Fall sind es mit Juni, Juli, August, September genau vier Monate Übergangszeit. Dabei ist unerheblich, an welchem Tag im Mai die Schule zu Ende ging und an welchem Tag im Oktober das Studium begann. Zeiten vor und nach dem Wehrdienst können ebenfalls geförderte Übergangszeiten sein.

Leisten Kinder bestimmte freiwillige Dienste, gibt es während der Dienstzeit weiter Kindergeld. Das betrifft beispielsweise ein freiwilliges soziales oder ein freiwilliges ökologisches Jahr, den Freiwilligendienst aller Generationen oder den Bundesfreiwilligendienst.

Wenn sich Kinder zwischen 18 und 25 in Ausbildung befinden und auswärts wohnen, steht den Eltern der sogenannte Bedarfsfreibetrag von 924 Euro zu („Freibetrag zur Abgeltung des Sonderbedarfs").

Auch in Ausbildungsphasen während des Wehrdienstes kann es Kinderförderung geben. Das gilt zum Beispiel für die dreimonatige Grundausbildung, für Dienstpostenausbildungen oder für den Besuch von Bildungseinrichtungen (Schreiben des Bundeszentralamtes für Steuern vom 25. März 2015, St II 2 – S 2282-PB/15/00001 2015/300128).

Den „Entlastungsbetrag für Alleinerziehende“ (**Zeile 44 bis 49**) können alleinstehende Eltern und Großeltern nutzen, wenn zu ihrem Haushalt mindestens ein Kind gehört, für das ihnen Kindergeld oder ein Kinderfreibetrag zusteht. Er beläuft sich seit 2015 auf 1 908 Euro für das erste Kind. Für jedes weitere Kind gibt es 240 Euro mehr. Anspruch hat grundsätzlich derjenige Eltern- oder Großelternteil, bei dem das Kind gemeldet ist und der das Kindergeld erhält.

Wer sein Kind auf eine Privatschule schickt, die zu staatlich anerkannten Abschlüssen führt, kann 30 Prozent des Schulgelds, maximal 5 000 Euro, als Sonderausgaben absetzen. Dieser Betrag gehört aber nicht zu den anderen Sonderausgaben auf den Mantelbogen, sondern muss hier in **Zeile 61** vermerkt sein. Beherbergungs-, Betreuungs- und Verpflegungskosten sind nicht begünstigt.

			Gesamtaufwendungen der Eltern EUR
	Schulgeld für den Besuch einer Privatschule (Bezeichnung der Schule oder deren Träger)		
61	FREIE WALDORFSCHULE (SIEHE ANLAGE)	24	7 200,–
62	**Nur bei nicht zusammen veranlagten Eltern:** Das von mir übernommene Schulgeld beträgt	56	,–

Anlage Unterhalt: Für Helfer

Wer unterhaltsberechtigten Verwandten (Kindern, Enkeln, Eltern) oder dem nichtehelichen Lebenspartner Geld zum Lebensunterhalt zahlt, etwa für Nahrung, Kleidung, Unterkunft oder Ausbildung, kann ab 2016 bis zu 8 652 Euro als außergewöhnliche Belastung geltend machen. Der Abzugsbetrag ist neben der Unterhaltsverpflichtung an bestimmte Voraussetzungen gebunden. Vor allem muss der Empfänger „bedürftig“ sein. Er darf zum Beispiel kein eigenes Vermögen über 15 500 Euro haben. Selbstgenutztes Wohneigentum geht aber nicht in die Rechnung ein, wenn es der Situation angemessen ist. Eigenes Einkommen des Unterstützten mindert den Abzugsbetrag, wenn es 624 Euro übersteigt. Ferner darf niemandem Kindergeld oder ein Kinderfreibetrag für den Unterstützten zustehen.

TIPP: Der Unterstützende darf zusätzlich zum Höchstbetrag von 8 652 Euro die von ihm übernommenen Beiträge zur Kranken- und Pflegeversicherung des Unterstützten absetzen.

→ Zum Beispiel Anna A.

Die 70-jährige ledige Rentnerin müsste nach Berücksichtigung aller Abzüge zunächst 14 000 Euro versteuern. Ihre Enkelin Pia ist gerade 30 Jahre alt geworden. Sie schreibt an ihrer Dissertation und jobbt als Kellnerin (Jahresbruttoverdienst 4 500 Euro). Anna überweist Pia jeden Monat 500 Euro Unterhalt. Damit muntert sie Pia richtig auf und Anna geht es auch besser, weil sie dadurch gar keine Einkommensteuer mehr bezahlen muss. In Annas Abrechnung mit dem Finanzamt gehen von Pias Verdienst nur 2 876 Euro ein, weil Pia der Arbeitnehmerpauschbetrag (1 000 Euro) und der nicht anrechenbare Betrag von 624 Euro zustehen. Das Finanzamt rechnet von den Einkünften des Bedürftigen 624 Euro generell nicht an. Erst ab dem 625sten Euro verringern die eigenen Einkünfte Pias Annas Abzugsvolumen.

steuerpflichtiges Einkommen Anna	**14 000**
darauf müsste Anna Steuern und Soli zahlen	1 044
abzugsfähiger Höchstbetrag für den Unterhalt	8 652
minus Einkünfte Pia (4 500 minus 1 000 minus 624)	–2 876
bleibt abzugsfähiger Unterhalt (8 652 minus 2 876)	5 776
bleibt steuerpflichtiges Einkommen Anna (14 000 minus 5 776)	8 224
Steuer Anna (alle Angaben in Euro)	**0**

Als Unterhalt gelten auch Sachleistungen. Würde Großmutter Anna ihrer Enkelin kostenlos ein Zimmer in ihrer Wohnung überlassen, könnte – wenn alle Voraussetzungen stimmen – die darauf entfallende Miete als Unterhaltszahlung an das Finanzamt weitergegeben werden. Gehört die Enkelin zum Haushalt, gilt ohne Nachweis der Höchstbetrag von 8 652 Euro. Auch Menschen, die nicht unterhaltsberechtigt sind, können steuersparend unterstützt werden, etwa Lebenspartner, denen wegen der Partnerschaft Zuwendungen wie Sozialhilfe gekürzt oder gestrichen wurden.

Zeile 7 bis 16: Unterhaltsleistungen

In **Zeile 7** schreiben Sie, von wann bis wann Sie 2016 Unterhalt gezahlt haben. Wie viel das insgesamt war, kommt in das rechte Feld. **Zeile 8** will den genauen Zeitpunkt der ersten Zahlung wissen. Lag der beispielsweise zu Weihnachten 2015, wird die Zahlung für 2016 nicht anerkannt. Floss die erste Zahlung im März 2016, verringert sich der Höchstbetrag auf maximal zehn Zwölftel von 8 652 Euro. Je früher im Jahr die Zahlung begonnen hat, umso mehr Unterhalt ist absetzbar. Eine Kürzung unterbleibt nur, wenn der im Ausland lebende Ehegatte/Lebenspartner unterstützt wird.

Zeile 9 bis 10 ist nur auszufüllen, wenn die Unterhaltszahlung einmal im Jahr unterbrochen und dann wieder aufgenommen wurde. Häufigere Unterbrechungen müssen auf einem separaten Blatt aufgelistet werden. Für die Zahlungen will das Amt in der Regel Nachweise sehen.

	Aufwendungen für den Unterhalt	vom	bis	Gesamtaufwendungen EUR
7	Erster Unterstützungszeitraum, für den Unterhalt geleistet wurde, und Höhe der Aufwendungen (einschließlich Beträge lt. den Zeilen 11 bis 25) – Bitte Nachweise einreichen. –	0101	3112	6000,–
8	Zeitpunkt der ersten Unterhaltsleistung für den ersten Unterstützungszeitraum im Kalenderjahr	01012016		
		vom	bis	Gesamtaufwendungen EUR
9	Zweiter Unterstützungszeitraum, für den Unterhalt geleistet wurde, und Höhe der Aufwendungen (einschließlich Beträge lt. den Zeilen 11 bis 25) – Bitte Nachweise einreichen. –	TTMM	TTMM	,–
10	Zeitpunkt der ersten Unterhaltsleistung für den zweiten Unterstützungszeitraum im Kalenderjahr	TTMMJJJJ		

Seit 2010 dürfen zusätzlich zum Höchstbetrag von in diesem Jahr 8 652 Euro für den Unterstützten gezahlte Beiträge zur Kranken- und Pflegeversicherung als Unterhalt geltend gemacht werden. Das passiert in **Zeile 11** bis 16, und zwar in der Weise und mit den Beschränkungen, die generell gelten und in den Erläuterungen zur Anlage Vorsorgeaufwand ab Seite 71 beschrieben sind.

Zeile 17 bis 26: Zahlungen ins Ausland

In diesen Zeilen geht es ausschließlich um Unterhaltszahlungen an Personen im Ausland. Es wird etwas komplizierter, denn es gelten teilweise andere Bestimmungen und erhöhte Nachweispflichten. Wie viel Unterhalt abzugsfähig ist, hängt davon ab, in welchem Land die Unterstützten wohnen. Danach kann der volle Höchstbetrag in Ländern wie Frankreich oder Italien gewährt werden. Wohnt die unterstützte Person in Portugal oder Slowenien, gibt es drei Viertel, in Bulgarien oder Polen die Hälfte. Ein Wohnsitz in den meisten Entwicklungsländern bedeutet ein Viertel des Höchstbetrags.

TIPP: Wie viel Unterhalt für Personen, die im Ausland leben, in Deutschland als außergewöhnliche Belastung abzugsfähig ist, lässt sich mit der sogenannten Ländergruppeneinteilung des Bundesfinanzministeriums ermitteln (BMF-Schreiben vom 18.11.2013, IV C 4 – S 2285/07/0005 :013). Sie finden die Angaben auch unter www.test.de/ Steuerratgeber-Extra.

In **Zeile 17 bis 20** müssen Unterstützer genau angeben (und mit beigefügten Nachweisen belegen), wie, wann und wie viel sie gezahlt haben. In **Zeile 21 bis 25** geht es ausschließlich um Zahlungen an den Ehe-/Lebenspartner, die im Rahmen von Besuchsreisen erfolgt sind. Das Amt will Nachweise dafür sehen, dass die Reise tatsächlich stattfand. In **Zeile 26** schreibt der Unterstützer seinen Nettolohn. Damit soll überprüft werden, ob die Unterhaltszahlung nicht den eigenen Lebensunterhalt des Unterstützers gefährdet.

Zeile 31 bis 44: Angaben zum Unterstützten

Die Fragen in **Zeile 31 bis 35** beziehen sich auf die unterstützte Person. Wer Menschen im Ausland unterstützt, muss eine „Bedürftigkeitserklärung" der dortigen Behörden vorlegen und die entsprechende Ziffer in **Zeile 34** eintragen. Vordrucke gibt es unter www.formulare-bfinv.de. Betroffene sollten sich rechtzeitig beim Finanzamt oder einem Steuerprofi erkundigen, welche Unterlagen erforderlich sind und wie man sie beschaffen kann.

Zeile 45 bis 54: Einkünfte des Unterstützten

Hierher gehört ziemlich alles, was dem Unterstützten an Einkünften und Bezügen zufließt. Jeder Euro oberhalb von 624 Euro verringert das Abzugsvolumen von Unterhaltsaufwendungen. Wenn Unterstützte im Ausland leben, kann sich auch der Betrag von 624 Euro entsprechend der Ländergruppeneinteilung verringern. Für die meisten westeuropäischen Staaten und für andere Länder mit vergleichbarem Lebensstandard, etwa die USA oder Japan, liegt die Grenze ebenfalls bei 624 Euro. Für andere Länder liegt sie bei Werten zwischen drei Vierteln, der Hälfte und einem Viertel von 624 Euro. In China, Rumänien und Russland oder Ungarn sind das 50 Prozent oder 312 Euro. In Ägypten und vielen andern Entwicklungsländern verringern bereits Einkünfte oberhalb von 156 Euro den abzugsfähigen Unterhalt.

Auf den Seiten 3 und 4 der Anlage Unterhalt wiederholen sich die Angaben von Seite 2. Sie werden für die Unterstützung von zwei oder drei Unterhaltsempfängern desselben Haushalts gebraucht.

Einkünfte und Bezüge der unterstützten Person

	Diese Person hatte vom	bis	Bruttoarbeitslohn EUR	darauf entfallende Werbungskosten (ohne Werbungskosten zu Versorgungsbezügen) EUR	Versorgungsbezüge – im Arbeitslohn enthalten – EUR	Bemessungsgrundlage für den Versorgungsfreibetrag EUR	Werbungskosten zu Versorgungsbezügen EUR
45	0101	3112	4000				
46	TTMM	TTMM					

Zusatztipps

Über das unmittelbare Ausfüllen der Formulare hinaus gibt es eine Reihe Tipps und Informationen, die für Sie wichtig sein können. Dabei geht es beispielsweise um die Besteuerung der betrieblichen Altersvorsorge, neue Kontrollmöglichkeiten der Finanzverwaltung, um die Unterstützung durch Steuerprofis oder um den Steuerbescheid.

Ende gut, alles gut?. Haben sich Rentner und Pensionäre Schritt für Schritt durch ihre Steuererklärung gearbeitet, möchten sie in der Regel erstmal nichts mehr von den Themen Steuern, Steuererklärung und Finanzamt hören. Das ist ein sehr verständlicher Wunsch.

Aber es gilt auch: „Nach der Steuererklärung ist vor der Steuererklärung", und viele Ruheständler wissen jetzt schon, dass ihnen die nächste Erklärung garantiert ins Haus stehen wird. Dann schadet es jedenfalls nicht, sich mit ein paar der folgenden Themen nach und nach vertraut zu machen. So kann es helfen, wenn man über das Vorgehen des Finanzamts im Zusammenhang mit der Rentenbesteuerung besser Bescheid weiß, Einzelheiten der Pensionsbesteuerung kennt, oder weiß, wo und wie man Hilfe in Steuersachen erhalten kann. Es ist auch einfacher, die Weichen für die nächste Steuererklärung richtig zu stellen, wenn man bereits im Jahresverlauf steuerlich wichtige Sachverhalte im Blick behält und rechtzeitig handelt, um die künftige Steuerlast zu senken.

Pensionen und betriebliche Altersversorgung

Beamtenpensionen und vom Arbeitgeber finanzierte Werkspensionen werden steuerlich wie Arbeitslohn behandelt. Der ehemalige Arbeitgeber führt die Lohnsteuer ab, der Pensionär bekommt eine Lohnsteuerbescheinigung.

Im Unterschied zu aktiven Arbeitnehmern erhalten Pensionäre aber den Versorgungsfreibetrag. Voraussetzung für Werkspensionäre ist, dass sie mindestens 63 Jahre alt sind. Der Versorgungsfreibetrag beläuft sich auf maximal 40 Prozent der Jahrespension, höchstens 3000 Euro. Auch Sonderzahlungen wie Weihnachtsgeld fließen in seine Berechnung ein. In dieser Höhe gibt es den Freibetrag aber nur für Menschen, die 2005 oder früher Pensionär wurden. Sie behalten diesen Freibetrag, solange sie die Pension beziehen, im Normalfall also lebenslang. Eine Veränderung erfolgt nur, wenn die Pension völlig neu berechnet werden muss. Regelmäßige Anpassungen der Pension führen nicht zu einer Neuberechnung des Versorgungsfreibetrags.

Abschmelzender Freibetrag

Für jeden neuen Pensionärsjahrgang sinkt der Freibetrag ein Stück weiter. Wer 2016 erstmals eine Pension bezogen hat, bekommt statt der 40 Prozent nur noch 22,4 Prozent, maximal 1680 Euro steuerfrei, der Pensionärsjahrgang 2040 geht dann ganz leer aus (→ Seite 153).

Zusätzlich zum Versorgungsfreibetrag erhalten Staats- und Betriebspensionäre noch einen Zuschlag zum Versorgungsfreibetrag von maximal 900 Euro. Den gibt es als Ausgleich dafür, dass Pensionären im Jahr 2005 der Arbeitnehmerpauschbetrag von damals 920 Euro gestrichen wurde. Seitdem dürfen sie nur noch dieselbe Werbungskostenpauschale wie Rentner – also 102 Euro – geltend machen, wenn sie keine höheren Werbungskosten nachweisen können.

Anders als der Versorgungsfreibetrag ist der Zuschlag kein Prozentsatz, sondern ein fester Betrag, der sich nach dem Jahr des Pensionsbeginns richtet. Aber auch dieser Zuschlag zum Freibetrag ist ein vergänglicher Vorteil. Er ist genauso „schwindsüchtig" wie der Freibetrag selbst. Für alle, die 2005 oder früher Pensionär wurden, beträgt er 900 Euro. Wer 2016 erstmals eine Pension bezog, erhält 504 Euro, und wer 2040 Pensionär werden wird, bekommt gar nichts mehr (→ Seite 153). Der Versorgungsfreibetrag und sein Zuschlag sind keine Jahresbeträge. Das Finanzamt kürzt sie, wenn nicht im gesamten Jahr Pension gezahlt wurde.

→ Zum Beispiel Gerlinde G.

Die ledige Exbeamtin erhält seit September 2016 monatlich 1 000 Euro Pension. Ihr steht der Versorgungsfreibetrag für das Jahr 2016 nur für vier Monate zu, also vier Zwölftel von 1 680 Euro (→ Seite 153). Gleiches gilt für den Zuschlag zum Versorgungsfreibetrag. Unter dem Strich zählen von der 4 000-Euro-Pension 3 170 Euro als steuerpflichtige Einkünfte.

Pension (4 × 1 000)	**4 000**
minus Werbungskostenpauschale	–102
minus Versorgungsfreibetrag (12 × 1 000 × 22,4 % = 2 688 davon 4/12, aber maximal 4/12 von 1 680)	–560
minus Zuschlag zum Versorgungsfreibetrag (504, davon 4/12)	–168
Einkünfte (alle Angaben in Euro)	**3 170**

Die Werbungskostenpauschale von 102 Euro wird nicht zeitanteilig gekürzt. Das gilt auch für den Arbeitnehmerpauschbetrag. Der steht Gerlinde G. zwar nicht als Pensionärin zu, wohl aber als Arbeitnehmerin – und zwar in voller Höhe, weil sie bis zum Pensionsbeginn noch angestellt war.

Pensionären, die zudem noch als Arbeitnehmer angestellt sind, stehen sowohl der Arbeitnehmerpauschbetrag von 1 000 Euro (für den Lohn) als auch die Werbungskostenpauschale von 102 Euro (für die Versorgungsbezüge) ungekürzt zu.

Versorgung über den Betrieb

Hat eine Rente etwas mit früherer Erwerbstätigkeit zu tun, wird sie oft als Betriebsrente bezeichnet. Wir verwenden diesen Begriff eher zurückhaltend, weil es in diesem Ratgeber vor allem um die Besteuerung geht, und die fällt bei all den Arten und Formen von Betriebsrente so unterschiedlich aus, dass diese Bezeichnung wenig weiterhilft. Deshalb halten wir uns hier an den Begriff der betrieblichen Altersversorgung und ihre Formen, oder wie es offiziell heißt, ihre insgesamt fünf „Durchführungswege" (→ Begriffsübersicht ab Seite 190).

- Die **Direktzusage** des Arbeitgebers ist die wohl häufigste Form der betrieblichen Altersversorgung. Im klassischen Fall werden die Versorgungsleistungen des Arbeitgebers an den Exarbeitnehmer wie Arbeitslohn besteuert, und sie gehören in der Steuererklärung auf die Anlage N und nicht auf die Anlage R (→ Seite 193).
- Gleiches gilt für Versorgungsleistungen aus **Unterstützungskassen**, einer weiteren Form betrieblicher Altersvorsorge. Grundlage für die Eintragung in die Steuererklärung ist in beiden Fällen die Lohnsteuerbescheinigung des Arbeitgebers. Bei Leistungen aus einer Direktzusage und einer Unterstützungskasse berücksichtigt das Finanzamt den Versorgungsfreibetrag und den Zuschlag zum Versorgungsfreibetrag (→ Seite 200).
- Die **Direktversicherung** (nicht zu verwechseln mit der Direktzusage) lässt sich als dritter Durchführungsweg steuerlich nicht eindeutig zuordnen. Je nach neuem oder altem Recht und in Abhängigkeit davon, wie ein- und ausgezahlt und wie gefördert wurde, können Auszahlungen aus einer Direktversicherung voll oder teilweise steuerpflichtig oder sogar ganz steuerfrei sein (→ Seite 193).
- Versorgungsleistungen aus den noch verbleibenden Formen der betrieblichen Altersversorgung (**Pensionskassen, Pensionsfonds**) werden entweder voll oder teilweise besteuert (→ ab Seite 197).

Ruheständler haben in dieser Besteuerungsvielfalt wenigstens eine gute Orientierungshilfe, die „Leistungsmitteilung", offiziell läuft sie unter dem gewöhnungsbedürftigen Titel „Mitteilung über steuerpflichtige Leistungen aus einem Altersvorsorgevertrag oder aus einer betrieblichen Altersversorgung (§ 22 Nr. 5 Satz 7 EStG)". Wer sich davon nicht abschrecken lässt, findet in dem Formular insgesamt bis zu 13 Zeilen. Dort hat der Leistungserbringer seine Leistungen eingetragen, beispielsweise aus Direktversicherungen, Unterstützungskassen, Pensionskassen oder Pensionsfonds. Die auszahlende Stelle ist zu dieser Mitteilung verpflichtet. Die Zeilennummern der Leistungsmitteilung bieten die entscheidende Orientierung, denn auf den entsprechenden Zeilen der Anlage R steht, aus welcher Zeile der Leistungsmitteilung eine Eintragung zu übernehmen ist.

→ **TIPP:** Wenn aus der Leistungsmitteilung nicht klar wird, wo die dort aufgeführten Beträge in die Steuererklärung einzutragen sind, kann eine Nachfrage bei der auszahlenden Stelle oder beim Finanzamt weiterhelfen.

→ Zum Beispiel Bernhard B.

Der 68-Jährige hat ein paar Jahre als Angestellter in einer Landesbehörde gearbeitet. Die Versorgungsanstalt des Bundes und der Länder (VBL → Seite 200) überweist ihm 200 Euro im Monat. 80 Prozent davon stammen aus Einzahlungen, die versteuert worden sind, 20 Prozent basieren auf steuerfreien, geförderten Einzahlungen seines früheren Arbeitgebers. Was der Arbeitgeber und was er selbst eingezahlt hat, was versteuert und was steuerfrei eingezahlt wurde, weiß Bernhard B. gar nicht mehr so genau, und das muss er auch nicht, denn er erhält die Leistungsmitteilung der VBL. In dieser steht, dass er 1 920 Euro in Anlage R, Zeile 38, eintragen muss (80 Prozent von 200 Euro mal 12). Der Rest (480 Euro) steht in Zeile 1 der Leistungsmitteilung und gehört in Zeile 31 der Anlage R, denn dort wird nach dem Inhalt von Ziffer 1 der Leistungsmitteilung gefragt.

Was das Finanzamt weiß

Parallel zur steigenden Steuer auf Altersbezüge baut die Finanzverwaltung ihr Kontrollsystem aus. Rentner sind davon besonders betroffen. Inzwischen kennen die Finanzämter in den meisten Fällen sämtliche seit dem 1. Januar 2005 ausgezahlte Renten. Meldepflichtig sind alle Versicherer, also die gesetzliche Rentenversicherung, berufsständische Versorgungswerke und private Versicherungsunternehmen.

Rentenkontrolle

Viele Rentner wussten früher nicht, dass sie seit 2005 verpflichtet waren, eine Steuererklärung abzugeben und Steuern zu zahlen. Das hat sich aber geändert, seit die Finanzämter die volle Übersicht über die Alterseinkünfte aus gesetzlichen und privaten Versicherungen haben. Wenn der Datenabgleich zwischen Finanzbehörden und Versicherungsunternehmen ergibt, dass Steuern gefordert werden könnten, erhalten die betroffenen Ruheständler eine schriftliche Aufforderung ihres Finanzamts, für vergangene Jahre Steuererklärungen abzugeben. Ob am Ende tatsächlich Steuern fällig werden, steht damit aber noch nicht fest (→ Seite 25).

→ **TIPP:** Bewahren Sie Ruhe, lassen Sie sich nicht vom Medienrummel um hohe Steuernachzahlungen oder angebliche Steuerhinterziehungen anstecken!

Verschaffen Sie sich mithilfe des ersten Teils dieses Ratgebers (→ Seite 9 bis 37) zunächst einen Überblick über die eigene steuerliche Situation. Wer danach unsicher bleibt, ob eine Steuererklärung fällig wird oder nicht, sollte professionelle Hilfe von Lohnsteuerhilfevereinen oder Steuerberatern nutzen (→ ab Seite 125).

Wer möglichst schnell Klarheit möchte, weil die Ungewissheit nervt, gibt einfach „auf Verdacht“ eine Steuererklärung ab und weiß anschließend Bescheid. Wenn klar ist, dass auf jeden Fall Steuern fällig gewesen wären, sollten Sie zügig handeln und möglichst vor Eingang der amtlichen Aufforderung Steuererklärungen für die betreffenden Jahre abgeben. Nachzahlungen, einschließlich Verzugszinsen von 0,5 Prozent pro Monat, dürften in der Regel überschaubar bleiben (→Seite 121 bis 125).

TIPP: Die Ratgeber „Steuererklärung Rentner, Pensionäre“ für Jahre bis 2016 sind teilweise noch im Buchhandel oder bei der Stiftung Warentest erhältlich (Bezugsadresse → Seite 208).

Kontenkontrolle

Auch Bankkunden können vor dem Finanzamt kaum noch etwas verbergen. Die Finanzverwaltung kann sich von den Banken die Kontostammdaten von Kontoinhabern besorgen. Automatisch und ohne Kenntnis der Bank erfährt das Finanzamt auf diese Weise folgende Basisdaten von Bankkunden: Name, Geburtsdatum, Anschrift des Kontoinhabers, Kontonummer, Tag der Eröffnung und Auflösung des Kontos oder Depots, Kontenanzahl, Angaben über weitere Kontoverfügungsberechtigte. In der Regel muss das Amt die betroffenen Kontoinhaber aber vorher ansprechen und Auskünfte verlangen. Das betrifft alle Konten, die es am 1. April 2003 schon gab oder die ab diesem Datum eröffnet wurden und deren Auflösung nicht länger als drei Jahre zurückliegt. Damit kennt das Amt zwar noch nicht den Kontostand oder einzelne Kontobewegungen, aber es kann den Kontobesitzer mit diesem Kenntnisstand gezielt danach fragen. Bei Verdacht auf eine Steuerstraftat kann das Finanzamt vom Kontoinhaber verlangen, alle Konten inklusive sämtlicher Kontobewegungen offenzulegen. Solch ein Verdacht ist relativ leicht zu begründen. Schweigt der Betroffene, verweigert er Auskünfte oder antwortet er nicht so, wie sich die Beamten das vorstellen, kann sich das Finanzamt die Auskünfte bei der

Bank selbst holen. Die Bank ist in solchen Fällen verpflichtet, dem Finanzamt die gewünschten Auskünfte zu erteilen. Das funktioniert für bestehende Konten sogar bis zu zehn Jahre rückwirkend: So lange müssen die Banken die Kontodaten nämlich aufheben.

Das Schweizer Bankgeheimnis ist auch nicht mehr das, was es einmal war. Der „Datenklau" geht um, wie mehrere Fälle aus der Schweiz und Liechtenstein gezeigt haben. Niemand sollte mehr zu sicher sein, dass seine Bankdaten dort wie hier tatsächlich auch sicher verwahrt sind. Werden sie auf dem Markt gehandelt, ist das schlimm genug. Wenn sie dazu noch Informationen enthalten, die den Staatsanwalt interessieren, kann es richtig teuer werden.

Zinskontrolle

Die Finanzverwaltung kann auch die Kapitalerträge kontrollieren, die Sparer und Anleger bei ihren Banken per Freistellungsauftrag steuerfrei kassiert haben. Sind die freigestellten Zinsen höher als der Sparerpauschbetrag von 801 Euro für Alleinstehende oder 1602 Euro für Ehe-/Lebenspartner, fragen die Beamten nach.

Zinsen und andere Kapitalerträge, die Deutsche in anderen EU-Staaten erzielen, werden seit dem 1. Juli 2005 schriftlich an die deutschen Finanzbehörden gemeldet. Die erfahren so Namen, Anschrift und Kontonummern des Zahlungsempfängers sowie den Gesamtbetrag der kassierten Kapitalerträge. Österreich, die Schweiz und Luxemburg gehen zunehmend von der Quellensteuer zum automatischen Informationsaustausch auch mit den deutschen Steuerbehörden über. Die Quellensteuer beläuft sich seit 2011 auf 35 Prozent der Kapitalerträge. Die Quellensteuer wird ohne Nennung der Zahler anonym an den heimatlichen Fiskus überwiesen. Einige Nicht-EU-Staaten wie Liechtenstein, San Marino, Monaco, Andorra, die Kanalinseln sowie Überseegebiete von EU-Staaten halten noch an der Quellensteuer fest. Es gibt aber generell eine starke Bewegung weg von der Quellensteuer in Richtung mehr Informationsaustausch.

Nach einem 2014 unterzeichneten Abkommen über den automatischen Informationsaustausch (AIA) wollen rund 100 Staaten und Überseegebiete ab 2017/2018 Konten von Ausländern an die Steuerbehörden der jeweiligen Heimatländer melden. Unterzeichnet haben auch die oben genannten Staaten und Gebiete, die derzeit noch an der Quellensteuer festhalten.

Noch ein wirksamer Kontrollmechanismus

Neben dem Kontrollnetz der Finanzverwaltung gibt es hochwirksame private Überwachungsmechanismen. Nach einer Scheidung oder Trennung vom Ehe- oder Lebenspartner erhält das Finanzamt nicht selten Tipps vom Expartner. Das passiert manchmal auch bei Unstimmigkeiten zwischen jetzigem Partner und Kindern aus früheren Partnerschaften. Manchmal helfen auch Nachbarn, Exmitarbeiter oder Exkollegen dem Finanzamt auf die Sprünge. Auch das sollte bedenken, wer es mit seiner Steuerpflicht bisher nicht besonders genau genommen hat. Fest steht jedenfalls: Das Kontrollnetz wird engmaschiger, das Entdeckungsrisiko größer, und ehrlich währt eben am längsten.

Steuern nicht bezahlt, was nun?

Ganz wichtig ist jetzt: Bloß nicht in Panik geraten! Und dafür gibt es gleich mehrere gute Gründe:

Der erste Teil dieses Ratgebers hat gezeigt, dass es für Ruheständler selten offensichtlich ist, ob sie Steuern zahlen müssen oder verschont bleiben. Dafür sind aber nicht sie selbst verantwortlich, sondern das unübersichtliche, verzwickte deutsche Steuerrecht.

Außerdem kann niemand von Steuerlaien verlangen, die Auswirkungen der seit 2005 geltenden Rentenbesteuerung auf ihre eigene steuerliche Lage sofort und zutreffend einschätzen zu können. Steuerlaien sind damit überfordert, die Auswirkungen des Alterseinkünftegesetzes auf sich selbst richtig einschätzen zu können.

Das Statistische Bundesamt hat berechnet, dass zwischen den Jahren 2003 und 2005 die Zahl der „Steuerpflichtigen mit sonstigen Einkünften" um rund eine Million angewachsen ist. Das sind zu 92 Prozent Ruheständler. Und dieser Trend hält an. Während 2004 Menschen, die ausschließlich Renteneinkünfte hatten, 1,7 Millionen Euro Einkommensteuer zahlten, waren es 2009 rund 40 Millionen.

→ Zum Beispiel das Ehepaar K.

Karin und Konrad K. sind beide 75 Jahre alt. Sie sind 2004 in Rente gegangen und haben zusammen 24 000 Euro Renteneinkünfte im Jahr. Außerdem hat jeder von ihnen nach Abzug aller Kosten 7 000 Euro steuerpflichtige Mieteinkünfte. Karin und Konrad K. blieben 2004 von der Steuer verschont. Für die Jahre danach kann das Finanzamt auch bei ihnen zugreifen und sich mehrere Hundert Euro holen. Das zeigt der folgende Vergleich. Der Einfachheit halber haben wir jedoch in unserem Rechenbeispiel die sogenannten Rentenanpassungen nicht berücksichtigt. Diese würden die aktuelle Steuerbelastung noch etwas erhöhen.

	2004	**2016**
steuerpflichtiger Rentenanteil (27 % bzw. 50 % von 24 000)	6 480	12 000
minus Werbungskostenpauschalen	−204	−204
plus Mieteinkünfte	+ 14 000	+ 14 000
minus Altersentlastungsbetrag (2 × 1 908 Euro bzw. 2 × 1 900 Euro)	−3 816	−3 800
minus Sonderausgaben-Pauschbetrag	−72	−72
minus Kranken- und Pflegeversicherung (10 % von 24 000)	−2 400	−2 400
zu versteuern	13 988	19 524
Steuer (alle Angaben in Euro)	**0**	**334**

Wer Steuern nicht bezahlt, kann Schwierigkeiten bekommen. Dabei kommt es zunächst nicht darauf an, ob es aus Unkenntnis oder mit Vorsatz passiert ist. Was heißt das aber für Ruheständler? Den Sachbearbeitern in der Finanzverwaltung ist klar: Die allermeisten Rentner, die jetzt als steuerpflichtig entdeckt werden, haben aus Unkenntnis keine Steuern bezahlt. Das Finanzamt macht sie auf ihr Versäumnis aufmerksam, sie geben die Steuererklärungen ab, bezahlen ihre Steuerschuld (plus 6 Prozent Nachzahlungszinsen pro Jahr) und die Sache ist erledigt. Handelt es sich um kleinere Beträge, wird das Amt in der Regel auf Nachforschungen für die Zeit vor 2005 verzichten.

Selbstanzeige schafft Straffreiheit

Handelt es sich um höhere Beträge, entsteht eine neue Situation. Das Finanzamt geht dann davon aus, dass ein Steuersünder hätte wissen müssen, dass er eine Steuererklärung abgeben und Steuern zahlen musste. Es verlangt neben der Nachzahlung Bußgelder und spricht von leichtfertiger Steuerverkürzung. Die verjährt erst nach fünf Jahren. Weil die Verjährungsfrist aber nicht gleich im Jahr der Steuerverkürzung anläuft, kann das Finanzamt bis zu acht Jahre rückwirkend Steuern nachfordern. Dann sollte unbedingt ein Steuerprofi helfen, denn es geht um komplizierte Einzelheiten und wichtige Fristen (→ Seite 125).

Das gilt in noch stärkerem Maße, wenn das Finanzamt von Steuerhinterziehung spricht. Die Beamten unterstellen dann vorsätzliches Handeln. Steuerhinterziehung verjährt erst nach zehn Jahren. Um dem Vorwurf der leichtfertigen Steuerverkürzung oder der Steuerhinterziehung zu entgehen, gibt es ein wirksames Instrument: die Selbstanzeige. Damit decken säumige Steuerzahler ihre Steuerschuld von sich aus auf. Teilen

Sie dem Finanzamt einfach formlos oder gleich per Steuererklärungsformular alle verschwiegenen Einkünfte mit. Den Begriff Selbstanzeige sollten Sie dabei nicht verwenden.

Damit das Geständnis strafbefreiend wirkt, sind alle Einnahmen lückenlos aufzuführen. Die Berichtigungspflicht erstreckt sich nunmehr auf die letzten zehn Kalenderjahre. Außerdem müssen die Steuerschuld und die Nachzahlungszinsen – 6 Prozent pro Nachzahlungsjahr – pünktlich zum festgesetzten Termin bezahlt werden. Nach einer Selbstanzeige müssen Sie auf verschwiegene Einkünfte zwar Steuern und Nachzahlungszinsen zahlen, aber kein Bußgeld.

TIPP: Die meisten Rentner haben in gutem Glauben keine Steuern bezahlt. Lassen Sie sich nicht unterstellen, dass Sie vorsätzlich oder fahrlässig gehandelt hätten.

Offensiv vorgehen

Eine Selbstanzeige funktioniert aber nicht immer. Wenn der Prüfer vom Finanzamt an der Haustür klingelt, ist es definitiv zu spät. Straffrei geht der Steuersünder nur aus, wenn die Finanzbehörde noch kein Ermittlungsverfahren eingeleitet hat. Auch wenn das Finanzamt schon von der Schummelei weiß und der Steuerbürger wissen konnte, dass das Amt etwas weiß, geht bei Steuerhinterziehung nichts mehr. Es ist besser, möglichst schnell Klarheit zu schaffen. Wer aufgrund eigener Überprüfungen oder auf Hinweis eines Steuerprofis mit erheblichen Nachzahlungen rechnen muss, gibt für die betreffenden Jahre Steuererklärungen ab, stellt sich auf eine Nachzahlung ein und harrt der Dinge, die da kommen werden. Den Kopf wird es nicht kosten, und aktives Handeln ist allemal besser als verzagtes Warten auf das Vorhersehbare.

Es empfiehlt sich, vor jeder Selbstoffenbarung einen Steuerberater oder Lohnsteuerhilfeverein zu konsultieren. Handeln Sie überlegt, mit aller gebotenen Sorgfalt und den richtigen Ratgebern. Der Fall des

Bayern-München-Präsidenten Hoeneß ist auch ein warnendes Beispiel dafür, wie man den „Befreiungsschlag Selbstanzeige“ gefährden oder gar verstolpern kann.

Seit 2015 gelten verschärfte Selbstanzeigeregeln. Straffreiheit gibt es jetzt nur noch, wenn nicht mehr als 25 000 Euro Steuern hinterzogen wurden. Bisher lag diese Schwelle bei 50 000 Euro. Wer unter 25 000 Euro bleibt, muss die hinterzogenen Steuern samt 6 Prozent Nachzahlungszinsen pro Jahr zahlen. Aber es werden keine weiteren Bußgeld oder Strafzahlungen fällig. Wer mehr als 25 000 Euro hinterzogen hat, kann nur noch unter bestimmten Voraussetzungen eine Strafverfolgung vermeiden. Er muss aber, je nach Höhe der hinterzogenen Steuern zusätzlich zwischen 10 und 20 Prozent der hinterzogenen Steuer berappen. Vorher waren das einheitlich 5 Prozent.

Und noch etwas sollte bedacht werden: Wer seine Erben mit hinterzogenen Steuern und Schwarzgeld „beglückt“, erntet nicht unbedingt Jubel. Er kann sein Andenken bei der Nachkommenschaft sogar erheblich beschädigen. Kommt das Finanzamt dahinter, wird es für die Erben teuer und aufwendig. Sie müssen Nachweise für die vergangenen zehn Jahre beschaffen, und die liefern die Banken in der Regel nicht kostenlos. Das Finanzamt verlangt in jedem Fall die Steuern – auch über den Tod hinaus. Es kassiert nach – und zwar mindestens für die letzten zehn Jahre mit Zinsen.

Hilfe von Steuerprofis

Die große Mehrheit der Ruheständler kommt ohne Steuerberatung aus. Wer außer seiner Rente oder Pension keine oder nur geringe andere Einkünfte hat, kann seine Probleme mit dem Finanzamt ganz gut eigenständig regeln. Das spricht natürlich nicht dagegen, eine (erste) Steuererklärung vom Profi machen zu lassen. Dann weiß man noch besser, wie es geht, und kann auf dieser Grundlage den Dialog mit dem Finanzamt später allein weiterführen.

Es gibt aber Fälle, bei denen geht ohne den Fachmann nichts oder alles schief. Dann kann aus der Einsparung des Beraterhonorars ein Verlustgeschäft werden: zum Beispiel bei Selbstanzeigen, Vermögensübertragungen innerhalb der Familie, bei Grundstücksverkäufen oder einer Übersiedlung in den sonnigen Süden. Expertenrat geben Steuerberater und Lohnsteuerhilfevereine.

TIPP: Senioren, die als Freiberufler, Gewerbetreibende, Landwirte oder Vermieter höhere Einkünfte beziehen, sollten sich regelmäßige Steuerberatung leisten.

Rundum-Service

Die rund 95 000 Steuerberater in Deutschland dürfen in allen Steuerangelegenheiten helfen. Welcher Berater zum Ratsuchenden und zu dessen Problem passt, ist nur individuell zu klären, ein paar Tipps und Überlegungen können aber weiterhelfen. Die große Mehrheit der Suchenden vertraut den Empfehlungen von Verwandten, Bekannten und Kollegen. Dieser Weg führt zum Ziel, wenn sich der Berater mit den anstehenden Problemen auskennt und „die Chemie" zwischen ihm und dem Ratsuchenden stimmt. Auch mithilfe des Telefonbuchs lassen sich erste Kontakte mit einem Berater in der näheren Umgebung herstellen. Die meisten Steuerberater sind mit ihrem Profil im Internet vertreten, zum Beispiel im Suchdienst der Bundessteuerberaterkammer unter www.bstbk.de und über den Deutschen Steuerberaterverband unter www.dstv.de. Dort gibt es auch Hinweise auf Fachgebiete und Spezialkenntnisse der Berater. Die von Beraterorganisationen aufgeführten Qualifikationen beruhen allerdings ausschließlich auf der Selbsteinschätzung der Berater. Sie sagen nichts darüber aus, wie gut die Steuerberater wirklich sind.

Telefon-Hotlines zur Steuerberatung sind zwar bequem und billig, unabhängige Überprüfungen, auch von Finanztest, haben aber gezeigt, dass Anrufer oft nicht optimal beraten wurden, und dann war es am Ende doch kein Schnäppchen. Eine Beratung per Telefon ist auch deshalb nicht zu empfehlen, weil schon akustisch einiges verloren geht, wenn man nicht mehr hören kann wie ein Luchs. Zudem ermöglicht nur ein persönlicher Kontakt eine umfassende Kommunikation, und die ist unverzichtbar, um wichtige Fragen zu beantworten.

Ob Sie eine passende Beratung gefunden haben, wissen Sie, wenn Sie die folgenden Fragen ganz klar mit einem Ja beantworten können:

- Können Sie zum Berater ein uneingeschränktes Vertrauensverhältnis aufbauen?
- Versetzt sich der Berater in Ihre steuerliche Situation und sind seine Vorschläge für Sie akzeptabel?
- Kann er Steuerprobleme verständlich erklären und will er das auch, wenn Sie nachfragen?
- Ist der Berater für Sie leicht erreichbar und nimmt er sich genügend Zeit für das Gespräch?
- Sind die Kosten angemessen und nachvollziehbar?

Apropos Kosten: Einige Berater nehmen für den Erstkontakt gar kein Honorar. Das sollte aber vorab telefonisch geklärt werden. Ansonsten richten sich die Kosten nach der Höhe der Einkünfte und nach dem Aufwand des Beraters. Der hat im Rahmen seiner Gebührenordnung aber einen erheblichen Entscheidungsspielraum. Wer seine Unterlagen und Belege nicht im Schuhkarton, sondern gut geordnet übergibt, spart dem Steuerberater Aufwand und zahlt weniger Honorar.

TIPP: Bereiten Sie sich auf das erste Gespräch mit dem Steuerberater gut vor. Notieren Sie vorher Fragen und Probleme in Stichpunkten.

Guten Rat gibt es nicht kostenlos, und seit 2006 dürfen „private Steuerberatungskosten" auch nicht mehr als Sonderausgaben abgesetzt werden. „Privat" bezieht sich auf alles, was im Mantelbogen steht, zum Beispiel Sonderausgaben, außergewöhnliche Belastungen, haushaltsnahe Dienstleistungen (→ ab Seite 45) oder auf die Anlage Kind (→ Seite 104). Dagegen sind Beratungskosten, die mit Altersbezügen von Rentnern (Anlage R) oder Pensionären (Anlage N) zusammenhängen oder mit anderen Einkünften (zum Beispiel Anlage KAP, V, SO), weiterhin voll absetzbar. Achten Sie darauf, dass der Steuerberater sein Honorar entsprechend aufschlüsselt. Das gilt umso mehr, weil Steuerbescheide in Sachen privater Steuerberatungskosten nicht mehr vorläufig offenbleiben.

Gemischte Beratungskosten, die sowohl die Einkünfte als auch den Privatbereich betreffen, etwa Ausgaben für diesen Ratgeber, für Steuerprogramme oder Mitgliedsbeiträge für Lohnsteuerhilfevereine (siehe unten), können Ruheständler bis 100 Euro voll als Werbungskosten geltend machen. Bei Mischkosten zwischen 100 und 200 Euro sind 100 Euro absetzbar. Liegen die Mischkosten über 200 Euro, sind sie zur Hälfte als Werbungskosten absetzbar. Hat ein Rentner beispielsweise 300 Euro Mischkosten, sind 150 Euro davon absetzbare Werbungskosten. Die restlichen 150 Euro gelten weder als Sonderausgaben noch als Werbungskosten.

Beratung im Verein

Rentner und Pensionäre können sich auch von einem Lohnsteuerhilfeverein beraten lassen. Die Vereine kümmern sich aber nur um ihre Mitglieder. Der jährliche Mitgliedsbeitrag ist in der Regel nach der Einkommenshöhe gestaffelt. Im Schnitt sind das zwischen 50 und 300 Euro im Jahr.

Das ist dann gewissermaßen der jährliche Gesamtpreis der Beratung. Die Vereine sind auf die Beratung von Arbeitnehmern (also auch von Pensionären) und Rentnern spezialisiert und erledigen bei der Einkommensteuer für ihre Mitglieder alles, was auch ein Steuerberater macht.

Allerdings haben Lohnsteuerhilfevereine nur eine begrenzte Beratungsbefugnis. Freiberufler, Gewerbetreibende und Landwirte dürfen sie nicht beraten. Wenn Rentner und Pensionäre zusätzlich solche Einkünfte beziehen, müssen sie bei Beratungsbedarf immer zu einem Steuerberater gehen. Ausnahmen: Wer freiberuflich in einem Ehrenamt nur steuerfreie Einnahmen erhält, kann trotzdem vom Verein beraten werden (→ Seite 16). Auch wenn ein Ruheständler eine Haushaltshilfe beschäftigt (→ Seite 57), darf er sich trotz seiner Funktion als „Arbeitgeber" vom Lohnsteuerhilfeverein beraten lassen.

Auf einigen Gebieten funktioniert die Begrenzung der Beratungsbefugnis der Vereine über die Höhe der Einnahmen. Wer Mieteinnahmen und private Veräußerungsgewinne bis insgesamt 13 000/ 26 000 Euro (Alleinstehende/Ehepaare und Lebenspartner) hatte, darf vom Lohnsteuerhilfeverein beraten werden. Wer mehr hatte, muss bei einem Steuerberater Hilfe suchen. Bei Zinsen und anderen Kapitalerträgen dürfen Vereine auch oberhalb der genannten Höchstbeträge beraten, wenn sie der Abgeltungsteuer unterlagen und nicht in der Anlage KAP angegeben werden müssen.

TIPP: Beratungsstellen in der Nähe finden Sie im Telefonbuch unter dem Stichwort „Lohnsteuerhilfe" und im Internet zum Beispiel unter www.beratungsstellensuche.de.

Regeln für Zins & Co.

Die Besteuerung von Zinsen und anderen Kapitalerträgen wurde 2009 völlig umgekrempelt. Seither gilt die sogenannte Abgeltungsteuer. Im Prinzip bedeutet das, die Bank behält von steuerpflichtigen Kapitalerträgen 25 Prozent Steuer ein (plus 5,5 Prozent Solidaritätszuschlag und gegebenenfalls Kirchensteuer), und überweist das alles direkt an das Finanzamt. Die Besteuerung gilt damit als abgeschlossen, oder eben als „abgegolten". Dieser Behandlung unterliegen aber nur Erträge, die nicht von der Besteuerung freigestellt sind. Sparer können per Freistellungsauftrag an die Bank 801 Euro freistellen lassen. Dieser „Sparerpauschbetrag" verdoppelt sich für Ehepaare und eingetragene Lebenspartner auf 1602 Euro (→ ab Seite 79, → ausgefülltes Formular Seite 180).

Einfacher und komplizierter

So einfach der Grundgedanke ist, heraus kamen wieder komplizierte und unübersichtliche Bestimmungen. Das hat mehrere Ursachen, eine davon ist die Neubestimmung des Begriffs „Kapitalerträge". Kapitalerträge sind nicht mehr nur Zinsen, Dividenden und andere laufende Erträge von Kapital, sondern auch Kursgewinne von Aktien und anderen Wertpapieren. Im Zusammenhang damit wurde die einjährige Spekulationsfrist bei Wertpapierverkäufen abgeschafft, Wertpapiergewinne sind unabhängig von der Haltedauer steuerpflichtig. Der Werbungskostenabzug oberhalb des Sparerpauschbetrags entfällt ebenso wie das Halbeinkünfteverfahren, nach dem bis 2008 Dividenden und Kursgewinne von Aktien nur zur Hälfte steuerpflichtig waren. Eine weitere Ursache für zunehmende Komplexität ist der gut gemeinte Versuch, Nachteile der neuen Steuer im betrieblichen und privaten Bereich zu vermeiden. So würde ein Sparer mit einem persönlichen Grenzsteuersatz unter 25 Prozent durch die Abgeltungsteuer höher belastet als früher. Deshalb hat er die Möglichkeit, seine Kapitalerträge wie bisher im Rahmen seiner Steuererklärung mit dem Finanzamt abzurechnen. Das ist in der Regel dann günstiger, wenn das zu versteuernde Einkommen (ohne Kapitalerträge) bei Ledigen 15 900 und bei Ehepaaren 31 900 Euro nicht übersteigt (→ Tabelle Seite 160).

Viele Ruheständler fahren mit ihrem persönlichen Steuersatz besser, selbst wenn er über 25 Prozent liegt (→ Seite 80). Ursache ist vor allem der Altersentlastungsbetrag (→ Seite 13 und 159).

TIPP: Wenn Ruheständler den Altersentlastungsbetrag für Zinsen und andere Kapitalerträge oberhalb des Sparerpauschbetrags nutzen können, sollten sie immer die Günstigerprüfung beantragen (Anlage KAP, Ziffer „1“ in Zeile 4 eintragen).

Auch wenn Übergangsregelungen und die große Vielfalt der Kapitalerträge noch mehr Unübersichtlichkeit produziert haben, dürften die meisten Ruheständler mit der Neuregelung klarkommen. Art und Umfang ihrer Kapitalerträge sind in der Regel überschaubar und Hilfe ist nicht aus der Welt (→ Seite 125). Nicht unter die Abgeltungsteuer fallen übrigens Lebensversicherungen, die nach altem Recht steuerfrei bleiben (→ Seite 195).

Lassen Sie sich nicht abschrecken, zu viel abgezogene Abgeltungsteuer mithilfe einer Steuererklärung zurückzuholen, weil die Formulare bürokratischer und unübersichtlicher geworden sind. Böse Zungen behaupten, genau das sei der Zweck der ganzen Übung.

Amtlicher Freibrief

Mit einer sogenannten Nichtveranlagungsbescheinigung (NV-Bescheinigung) können viele Ruheständler steuerfreie Kapitalerträge oberhalb des Sparerpauschbetrags kassieren. Das Finanzamt erteilt sie, wenn sich auch bei Abgabe einer Steuererklärung keine Steuer ergeben würde. Aussicht darauf haben zum Beispiel Menschen mit hohen Zinseinnahmen und geringen anderen Einkünften. Wer seiner Bank eine NV-Bescheinigung vorlegt, bekommt alle Zinsen ohne Steuerabzug ausgezahlt. Sie gilt meist drei Jahre und wird auf einem besonderen Formular beantragt, in das alle Einkünfte gehören. Es ist so etwas wie eine kleine Steuererklärung. Zusatzanreiz: Die richtige Steuererklärung entfällt.

→ Zum Beispiel Hertha H.

Die 75-Jährige bezieht 400 Euro Monatsrente, davon bleiben nach allen Abzügen 1 815 Euro pro Jahr steuerpflichtiges Einkommen. Außerdem kassiert Hertha 8 000 Euro Zinsen im Jahr. Normalerweise müsste die Bank davon rund 1 900 Euro Steuern einbehalten. Hertha bekommt aber alles ausgezahlt. Das Finanzamt stellte eine Nichtveranlagungsbescheinigung aus, weil das zu versteuernde Einkommen unterhalb des Grundfreibetrags von 8 652 Euro bleibt.

steuerpflichtiges Renteneinkommen	**1 815**
plus Zinsen	8 000
minus Sparer-Pauschbetrag	−801
minus Altersentlastungsbetrag (→ Seite 150)	−1 900
zu versteuern	7 114
Steuer (alle Angaben in Euro)	**0**

Menschen ohne NV-Bescheinigung sollten einmal jährlich ihre Freistellungsaufträge prüfen und gegebenenfalls neu verteilen.

→ **NEU:** Freistellungsaufträge ohne Steueridentifikationsnummer gelten seit dem Januar 2016 nicht mehr. Es handelt sich dabei vor allem um Alt-Aufträge, die bereits vor 2011 erteilt wurden und seither unverändert fortbestehen. Einbehaltene Abgeltungsteuer kann in solchen Fällen nur per Steuererklärung zurückgeholt werden.

Elektronische Erklärung

Ruheständler können Papier sparen, wenn sie ihre Steuererklärung per Internet abgeben. Das schaffen sie mithilfe des „Elster-Programms". Ausgerechnet die angeblich diebische Elster setzt die Finanzverwaltung als Namenspatin für die elektronische Steuererklärung ein. Mag der Vogel manchem auch wie das „Wappentier" des Fiskus vorkommen: Es ist bequem, sich von Elster durch das Internet tragen zu lassen. Die Finanzverwaltung bietet dazu ein kostenloses Programm mit dem Namen „ElsterFormular".

Es sind vor allem zwei Pluspunkte, die aus Sicht der Nutzer für die elektronische Steuererklärung sprechen. Zum einen geben die Programme Hilfestellung beim Ausfüllen der Formulare. Sie prüfen eingegebene Daten und weisen auf offensichtliche Eintragungsfehler hin. Zum anderen rechnen sie die voraussichtliche Steuerzahlung beziehungsweise die Steuererstattung aus.

Damit wissen Sie im Voraus, woran Sie sind. Wenn Sie zahlen müssen, können Sie die Abgabe der Steuererklärung per Elster etwas verzögern und Ihr Geld noch eine Weile behalten. Wenn Sie vom Finanzamt eine Erstattung zu erwarten haben, geben Sie gleich ab. Verwaltung und Bürger profitieren außerdem davon, dass Elster Fehler vermeidet, die bei der manuellen Übertragung von Daten aus dem Steuerformular in das Bearbeitungssystem des Finanzamts entstehen können.

TIPP: Das Elster-Programm gibt es nicht nur beim Finanzamt, es ist auch in die kommerziellen Computerprogramme zum Ausfüllen einer Steuererklärung integriert.

Die Anforderungen, die das Programm „ElsterFormular" an technische Voraussetzungen und Computerkenntnisse stellt, sind überschaubar. Das Computerprogramm läuft unter allen gängigen Betriebssystemen von

Microsoft. Mac-Nutzer müssen über das „Elster-Onlineportal" gehen und brauchen dafür eine vorherige Registrierung. Auch Menschen, die im Umgang mit Computer und Internet wenig geübt sind, schaffen es in der Regel, ihre Steuererklärung auf elektronischem Weg anzufertigen und abzugeben. In vielen Fällen stehen auch die Kinder oder Enkel mit Rat und Tat zur Seite.

Unter www.elsterformular.de gibt es viele verständliche Erläuterungen. Von dort kann das Programm auch heruntergeladen werden. Mit einem DSL-Anschluss dauert es ein paar Minuten, mit ISDN-Anschluss oder über ein herkömmliches Modem wesentlich länger. Zweckmäßiger ist es, sich eine kostenlose CD vom Finanzamt zu besorgen. Die gibt es für die Steuererklärung 2016 voraussichtlich ab Ende Januar 2017. Die Aktualisierung per Internet funktioniert in der Regel zügig.

Mit persönlicher Unterschrift

Bei der elektronischen Steuererklärung werden die Formulare am eigenen Computer ausgefüllt und anschließend mit einem Tastendruck übers Internet verschlüsselt an das Finanzamt geschickt. Danach wird nur noch eine Kurzversion der Steuererklärung ausgedruckt. Die muss mit der Hand unterschrieben und per „Schneckenpost" oder persönlich beim Finanzamt abgegeben werden. Ihr sollten auch gleich die gesetzlich vorgeschriebenen Bescheinigungen beigelegt werden, wie das Finanzamt sie zum Beispiel für Spenden, Kapitalerträge, Gewinnermittlungen oder den Behinderungsnachweis fordert. Braucht das Finanzamt weitere Nachweise, wird es sich mit Sicherheit melden. Bewahren Sie alle Belege auf, um sie auf Verlangen nachträglich vorlegen zu können. Diese Variante der elektronischen Steuererklärung mit der persönlichen Unterschrift funktioniert mit den oben genannten relativ simplen technischen Voraussetzungen.

Mit elektronischer Unterschrift

Seit 2006 dürfen sich Computernutzer auch noch die eigenhändig unterschriebene Kurzerklärung fürs Finanzamt sparen. Sie können die Unterschrift durch ein digitales Zertifikat ersetzen. Dafür müssen sie sich im In-

ternet über www.elsteronline.de (dann weiter zum ElsterOnline-Portal) mit ihren persönlichen Daten und der Steuernummer registrieren lassen. Über Zwischenschritte erhalten Sie ein persönliches Zertifikat. Die Registrierung stellt aber höhere Anforderungen an die Leistungsfähigkeit des Computers (ab Windows 7) und des Internetzugangs (DSL- oder ISDN-Anschluss). Gewerbliche oder freiberufliche Einkünfte erfordern in der Regel eine elektronische Unterschrift.

→ **TIPP:** Elektronische Steuererklärungen bearbeitet das Finanzamt in vielen Fällen besonders zügig. Wer eine Steuererstattung erwartet, bekommt sein Geld schneller zurück.

Es gibt drei verschiedene Arten der Registrierung, die sich vor allem in ihrem Sicherheitsgrad unterscheiden. Bei „Elster-Basis" erhält der Nutzer nach der Registrierung kostenlos ein Zertifikat in Form einer Datei. Die kann er auf Festplatte, CD-ROM, Memory-Stick oder Diskette speichern. „Elster-Spezial" und „Elster-Plus" machen zusätzliche Anschaffungskosten erforderlich (rund 45 Euro für einen speziellen USB-Elster-Stick – beziehungsweise 50 bis 150 Euro für eine Signaturkarte bei Elster-Plus). Für die meisten Ruheständler reicht die Software „Elster-Basis" völlig aus. Sie sollten Ihr persönliches Zertifikat auf eine CD brennen oder anderweitig extern ablegen, damit Sie bei einem Computerproblem (etwa Festplattendefekt) nicht die ganze Prozedur wiederholen müssen.

Obwohl jetzt auch die Unterschrift elektronisch funktioniert, will das Finanzamt bestimmte Belege weiterhin in Papierform sehen, zum Beispiel Steuerbescheinigungen oder Spendennachweise. Werden gesetzlich vorgeschriebene Belege nur eingescannt und als Datei an das Finanzamt übermittelt, akzeptieren das die Beamten in der Regel (noch) nicht.

Ihr Zugang zum Steuerportal ist elektronisch verschlüsselt, um Zugriff durch Fremde zu verhindern. Achten Sie darauf, dass auf Ihrem PC ein Virenscanner und eine Firewall installiert sind.

Seit 2014 ist die „vorausgefüllte Steuererklärung" überall verfügbar. „Vorausgefüllt" ist dabei aber zunächst gar nichts. Es geht vor allem um die Möglichkeit, bei der Finanzverwaltung vorhandene Daten für die Steuererklärung einzusehen und elektronisch abzurufen. Es handelt sich dabei zum Beispiel um Daten von Banken, Versicherungen und Arbeitgebern sowie um Rentenbezugsmitteilungen. Damit das funktioniert, muss eine Anmeldung über „ElsterOnlinePortal" erfolgen und ein Antrag auf Belegabruf gestellt werden. Das ist allerdings noch ein ziemlich aufwendiges Verfahren, das über mehrere Schritte erfolgen muss und beim ersten Mal ein paar Tage dauert.

→ **TIPP:** Überprüfen Sie die Daten immer genau auf ihre Richtigkeit und Vollständigkeit. Die Daten können, auch wenn sie gewissermaßen „amtlich" sind, Fehler enthalten.

Tod des Partners

Ist ein Ehepartner oder eingetragener Lebenspartner 2016 verstorben, sind die steuerlichen Folgen wahrscheinlich der geringste Kummer. Der überlebende Partner sollte dennoch auf ein paar Dinge achten. Im Jahr 2016 und im Jahr 2017 steht ihm weiterhin der für Ehepaare geltende Steuertarif zur Verfügung (→ ab Seite 164). Voraussetzung ist, dass beide

Partner zum Zeitpunkt des Todes zusammengelebt haben. Ob sie im Vorjahr eine gemeinsame oder zwei getrennte Steuererklärungen abgegeben hatten, spielt keine Rolle.

Die Zeilen 1 bis 24 des Mantelbogens werden vom überlebenden Partner genau so ausgefüllt, als würde der verstorbene Partner noch leben. Da zum Jahresbeginn 2016 noch beide Partner lebten, kreuzt der verwitwete Partner in Zeile 24 „Zusammenveranlagung" an (linkes Kästchen). Auf Seite 4 des Mantelbogens sollte der Betroffene neben seiner Unterschrift im Feld für den Verstorbenen vermerken: „Ehegatte beziehungsweise eingetragener Lebenspartner verstorben am ...", und das Sterbedatum einfügen. So gibt es keine Nachfragen wegen der fehlenden Unterschrift.

Bestimmte Freibeträge und andere Steuervergünstigungen, die als Jahresbeträge gewährt werden, können im Todesjahr vom überlebenden Partner noch doppelt genutzt werden. Das betrifft etwa den Sparerpauschbetrag von 1602 Euro (für Ehepaare beziehungsweise eingetragene Lebenspartner) oder den Altersentlastungsbetrag, wenn die entsprechenden Einkünfte und das Alter vorliegen (→ Seite 13). Für das Folgejahr stehen solche Vergünstigungen in der Regel nicht mehr zur Verfügung.

→ **TIPP:** Reichen Sie auch alle steuerlich erforderlichen Unterlagen für den verstorbenen Ehe- oder eingetragenen Lebenspartner ein.

Im Folgejahr 2017 füllt der Partner die Zeilen 7 bis 14 mit den eigenen Daten aus und fügt in Zeile 15 ein, seit wann er verwitwet ist. Zeile 24 bleibt leer. Die Daten des verstorbenen Partners sind nicht mehr erforderlich.

Für die Besteuerung von Hinterbliebenenbezügen, beispielsweise Witwenrenten oder Werkspensionen, gelten die steuerlichen Bedingungen, die für den verstorbenen Partner galten. Wurde etwa der verstorbene Ehemann vor 2006 Rentner, ist eine erstmals 2016 gezahlte Witwenrente zu 50 Prozent steuerpflichtig, nicht zu 72 Prozent, wie das ein Rentenbeginn

2016 eigentlich vorschreiben würde (→ Seite 74 und 145). Gleiches gilt für den Versorgungsfreibetrag und den Zuschlag zum Versorgungsfreibetrag für Pensionäre, die sich jeweils nach dem Jahr des Pensionsbeginns des verstorbenen Partners richten. Erhielt der verstorbene Partner beispielsweise 2010 erstmals Pension, steht dem Hinterbliebenen 2016 ein Versorgungsfreibetrag von 32 Prozent zu, maximal 2 400 Euro, plus ein Zuschlag von 720 Euro (→ Seite 153).

TIPP: Mit dem Tod des Ehe- beziehungsweise eingetragenen Lebenspartners können größere Steuerprobleme auftauchen, die die Einkommensteuer und darüber hinaus die Erbschaftsteuer betreffen. Wer damit nicht klarkommt, sollte sich (eventuell nur einmalige) Hilfe bei einem Steuerprofi holen (→ ab Seite 125).

Der Steuerbescheid

Ruheständler haben einen Monat Zeit, um sich gegen falsche oder ungerechte Steuerbescheide zu wehren. Die Chancen dafür stehen nicht schlecht: In rund zwei Dritteln der Fälle entscheiden die Ämter pro Steuerzahler. Entspricht der Bescheid nicht den eigenen Vorausberechnungen, ist das Amt in der Regel von den Angaben in der Steuererklärung abgewichen. Wenn sich daraus eine Mehrbelastung ergibt, lohnt ein Kontrollblick vor allem auf die steuerpflichtigen Einnahmen, die abzugsfähigen Ausgaben, die (Nicht-)Berücksichtigung zustehender Freibeträge oder anderer Vergünstigungen. Das Finanzamt muss Abweichungen von der Steuererklärung darlegen und das geschieht im Bescheid unter der Überschrift „Erläuterungen". Findet sich dort nichts oder nichts Nachvollziehbares, ist das allein schon ein Grund, gegen den Steuerbescheid vorzugehen.

Einspruch einlegen

Mit einem Einspruch kann sich jeder gegen einen falschen Steuerbescheid wehren. Er kostet nichts und muss schriftlich beim Finanzamt per Brief oder Postkarte eingereicht werden, auch Fax und E-Mail sind erlaubt. Sie dürfen ihn auch mündlich im Finanzamt vortragen. Die Beamten nehmen ihn dann zu Protokoll. Wenn die Zeit fehlt, den Einspruch zu begründen, kann zunächst auf eine Begründung verzichtet werden. Sie sollte aber zügig folgen.

Die Einspruchsfrist kann grundsätzlich nicht verlängert werden. Nur in Ausnahmefällen gelingt das mit einem „Antrag auf Wiedereinsetzung in den vorigen Stand". Das Finanzamt macht aber nur mit, wenn die Frist ohne eigene Schuld verpasst wurde.

Im Einspruchsverfahren rollt das Finanzamt den gesamten Fall neu auf. Jetzt können Sie selbst noch neue Einwände vorbringen. Das Finanzamt kann aber auch Änderungen zu Ihrem Nachteil vornehmen. Eine solche „Verböserung" ist nur zulässig, wenn Ihnen das Finanzamt vorher diese Absicht mitgeteilt hat. Nehmen Sie dann den Einspruch zurück, bleibt es beim Erstbescheid.

Ein Einspruch ändert nichts an einer Zahlungsverpflichtung. Deshalb kann es sich empfehlen, mit dem Einspruch auch einen „Antrag auf Aussetzung der Vollziehung" zu stellen. Er kann aber auch getrennt formlos nachgereicht werden.

Einspruch unnötig

Das Finanzamt hält den Steuerbescheid in einigen Punkten von sich aus offen und setzt ihn vorläufig fest. Sie sollten im Steuerbescheid unter „Erläuterungen" genau prüfen, welche Punkte das Finanzamt aufgeführt hat. Das Bundesfinanzministerium informiert in unregelmäßigen Abständen über die aktuelle Vorläufigkeitsliste (→ Infokasten Seite 142).

Einspruch einfach

Viele Einsprüche funktionieren mit besonders geringem Aufwand. Läuft ein vergleichbares Verfahren beim Europäischen Gerichtshof (EuGH),

beim Bundesverfassungsgericht (BVerfG), beim Bundesfinanzhof (BFH) oder bei einem anderen Bundesgericht, muss das Finanzamt den Einspruch bis zu einer Gerichtsentscheidung akzeptieren und das Verfahren ruhen lassen (→ ab Seite 142). Geht es dagegen um Verfahren bei Landesfinanzgerichten (FG), ist die Verwaltung nicht verpflichtet, den Steuerbescheid nach einem Einspruch offenzuhalten. Die Finanzämter reagieren aber unterschiedlich, manchmal reicht ein Hinweis auf ein bekanntes FG-Verfahren und der Bescheid bleibt in diesem Punkt offen.

Vorbehalt beachten

Im Gegensatz zur Vorläufigkeit bleibt ein Steuerbescheid, der unter dem „Vorbehalt der Nachprüfung" nach Paragraf 164 Abgabenordnung (AO) steht, im vollen Umfang offen. Sie können, solange der Bescheid unter Vorbehalt steht, vergessene Ausgaben ohne Begründung nachträglich geltend machen. Das ändert sich erst, wenn der Vorbehalt aufgehoben wird oder die Festsetzungsfrist abgelaufen ist. Bis dahin kann aber auch das Finanzamt einen Bescheid jederzeit ändern.

Fristen einhalten

Die Festsetzungsfrist, auch Verjährungsfrist genannt, beträgt vier Jahre. Sie beginnt in der Regel zum Ende des Jahres, in dem die Steuererklärung abgegeben wurde. Wurde zum Beispiel 2016 die Steuererklärung für das Jahr 2015 abgegeben, beginnt die Frist am 1. Januar 2017 und endet im Normalfall am 31. Dezember 2020.

Änderungsanträge

Neben dem Einspruch gibt es weitere Instrumente, um sich gegen einen Steuerbescheid zu wehren. Ein „Antrag auf schlichte Änderung" richtet sich ausschließlich gegen einen oder gegen mehrere Punkte des Steuerbescheids. Er muss auch innerhalb der Frist von einem Monat gestellt werden. Das Finanzamt darf nur in den genannten Punkten Änderungen vornehmen. Eine „Verböserung" ist weitgehend ausgeschlossen. Allerdings gibt es keine Aussetzung der Vollziehung, und nach einem Monat lässt sich auch nichts anderes mehr zum eigenen Vorteil ändern.

Fehlerkorrektur

Ein „Änderungsantrag wegen offenbarer Unrichtigkeiten" dient dazu, Schreib-, Rechen- und Übertragungsfehler, Zahlendreher und ähnliche Fehler zu tilgen, die dem Amt unterlaufen sind. Dieser Antrag kann auch nach der Einspruchsfrist von einem Monat berücksichtigt werden, und zwar so lange, bis die Verjährungsfrist endet.

Finanzgericht

Hat das Finanzamt Einsprüche und Änderungsanträge schriftlich abgelehnt, bleibt nur noch der Gang zum Finanzgericht. Die Klage muss innerhalb eines Monats nach Zugang der Einspruchsentscheidung schriftlich beim zuständigen Finanzgericht eingehen. Eine Klage löst zunächst eine Vorauszahlung von 284 Euro auf die Gerichtskosten aus. Doch das ist nicht alles. Die Kosten für einen professionellen Rechtsbeistand sollten Sie ebenfalls einplanen. Grundsätzlich kann zwar jeder ohne Anwalt oder Steuerberater vor ein Finanzgericht ziehen. Doch wer sich mit Feinheiten des Steuerrechts nicht auseinandersetzen will und kann, sollte sich vorher von einem Steuerberater oder einem Fachanwalt für Steuerrecht über die Erfolgsaussichten der Klage beraten lassen und gleichzeitig die Kostenfrage für die Vertretung vor Gericht klären.

Was vorläufig offen ist – auch ohne Einspruch

In einigen Punkten bleiben Steuerbescheide auch ohne Einspruch vorläufig offen. Die aktuelle Liste finden Sie unter www.bundesfinanzministerium.de. Auf der Startseite in das Suchfeld rechts oben „Vorläufige Steuerfestsetzung" eingeben. Die Vorläufigkeitsliste umfasste zu Redaktionsschluss unter anderem folgende Streitpunkte*:

- Die Abziehbarkeit von Erstausbildungskosten als Werbungskosten/Betriebsausgaben ab 2004.
- Die beschränkte Abziehbarkeit von Beiträgen zur Renten- und Krankenversicherung sowie anderer Vorsorgeaufwendungen 2005 bis 2009.
- Die Nichtabziehbarkeit von Beiträgen zu Rentenversicherungen als vorweggenommene Werbungskosten ab 2005.
- Kürzung der Krankenversicherungsbeiträge um Boni oder Prämien für gesundheitsbewusstes Verhalten (→ auch Seite 69).
- Die Höhe des Kinder- und Betreuungsfreibetrags.
- Die Höhe des Grundfreibetrags.
- Die Nichtabziehbarkeit der Gewerbesteuer als Betriebsausgabe.
- Die beschränkte Abziehbarkeit von Beiträgen zu sonstigen Versicherungen, etwa gegen Arbeitslosigkeit, Berufs- und Erwerbsunfähigkeit, zu Unfall-, Haftpflicht- und bestimmten Lebensversicherungen ab 2010 (→ab Seite 71).
- Die Berücksichtigung der „zumutbaren Belastung" bei den Ausgaben für Krankheit oder Pflege (→ Seite 54).

* BMF-Schreiben vom 11. April 2016, Az. IV A 3 – S 0338/07/10010

Gibt es „Mitfahrgelegenheiten"?

Der Bundesfinanzhof bietet unter www.bundesfinanzhof.de eine Übersicht über zahlreiche anhängige Verfahren. Dazu klicken Sie in der linken Spalte „Anhängige Verfahren" an, danach „Anhängige Revisionsverfahren online". Hier können sie unter „Text" ein passendes Stichwort, zum Beispiel „Rente", eingeben. Ein Klick auf „suchen" öffnet die gewünschte Liste. Hier finden Sie auch die beim Europäischen Gerichtshof und beim

Bundesverfassungsgericht anhängigen Verfahren, auf die Sie sich ebenfalls berufen können.

- **Alleinerziehende.** Ist es verfassungsgemäß, dass Alleinerziehende wie Alleinstehende besteuert werden und nicht wie Ehepaare/eingetragene Lebenspartner? (Az. III R 62/13)
- **Arbeitszimmer.** Können Ehe-/Lebenspartner bei gemeinsamer Nutzung desselben häuslichen Arbeitszimmers 1 250 Euro pro Person geltend machen? (→ auch Seite 103, Az. VI R 53/12)
- **Behinderung.** Dürfen hohe Aufwendungen für den behindertengerechten Umbau eines Hauses als außergewöhnliche Belastung auf mehrere Jahre verteilt werden, oder sind sie nur im Jahr ihrer Entstehung abziehbar? (Az. VI R 36/15)
- **Ehrenamt.** Ist eine Vergütung aus der Tätigkeit als ehrenamtlicher Richter eine steuerpflichtige Einnahme? (Az. IX R 10/16)
- **Elterngeld.** Gehört das gesamte Elterngeld zu den Einkünften eines Unterhaltsempfängers oder gehört nur der Teil dazu, der den Sockelbetrag von 300 Euro übersteigt? (Az. VI R 57/15)
- **Entfernungspauschale.** Ist die Höhe der Entfernungspauschale verfassungswidrig? (Az. VI R 48/15)
- **Erstattungszinsen.** Sind Erstattungszinsen, die das Finanzamt auf Steuerrückzahlungen zahlt, steuerpflichtig? (2 BvR 482/14)
- **Heimunterbringung.** Sind Aufwendungen für eine Heimunterbringung eine außergewöhnliche Belastung, wenn die Unterbringung nicht krankheitsbedingt, sondern lediglich aus Altersgründen erfolgte? (Az. VI R 3/16)
- **Kirchensteuer.** Sind Nachzahlungen eines Erben für Kirchensteuer des Erblassers beim Erben als Sonderausgaben abziehbar? (Az. X R 43/13)
- **Scheidungskosten.** Sind sämtliche Kosten eines Ehescheidungsverfahrens als außergewöhnliche Belastung abzugsfähig? (Az. VI R 9/16)
- **Unterhalt.** Müssen bei der Berechnung der Einkünfte und Bezüge einer unterstützten Person auch deren Beiträge zur Renten- und Arbeitslosenversicherung berücksichtigt werden? (Az. 2 BvR 1853/15)

Hilfe

Übersicht

Steuerpflichtiger Anteil gesetzlicher Renten

Der steuerpflichtige Rentenanteil von gesetzlichen Altersrenten und gleichgestellten Renten erhöht sich schrittweise. Für Rentner, die 2005 oder vorher in Rente gingen, ist die Hälfte der Rente steuerpflichtig. Wer 2016 Rentner wurde, muss 72 Prozent seiner Rente mit dem Fiskus teilen, bei Neurentnern im Jahr 2040 trifft es die gesamte Rente. Der einmal ermittelte steuerfreie Eurobetrag bleibt als Freibetrag lebenslang erhalten (→ Seite 10, 30 und 72).

Jahr des Rentenbeginns	steuerpflichtiger Anteil in Prozent
vor 2006	50
2006	52
2007	54
2008	56
2009	58
2010	60
2011	62
2012	64
2013	66
2014	68
2015	70
2016	72
2017	74
2018	76
2019	78
2020	80
2021	81
2022	82
2023	83
2024	84
2025	85
2026	86
2027	87
2028	88
2029	89
2030	90
2031	91
2032	92
2033	93
2034	94
2035	95
2036	96
2037	97
2038	98
2039	99
2040	100

Steuerpflichtiger Anteil privat finanzierter Renten (Tabellenauszug)

Privatrenten sind teilweise steuerpflichtig. Dieser Teil, Ertragsanteil genannt, richtet sich nach dem Lebensjahr bei Rentenbeginn. Wer mit 60 Jahren erstmals Leistungen aus einer privaten Rentenversicherung erhielt, muss 22 Prozent versteuern, bei Rentenbeginn mit 65 sind es 18 Prozent. Die folgende Übersicht ist ein Tabellenauszug und er betrifft weder die voll steuerpflichtigen Riester-Renten noch die Rürup-Renten, die wie gesetzliche Renten besteuert werden (→ Seite 21 und 75).

Lebensalter bei Rentenbeginn	steuerpflichtiger Anteil in Prozent	Lebensalter bei Rentenbeginn	steuerpflichtiger Anteil in Prozent
51	29	**66**	18
52	29	**67**	17
53	28	**68**	16
54	27	**69**	15
55	26	**70**	15
56	26	**71**	14
57	25	**72**	13
58	24	**73**	13
59	23	**74**	12
60	**22**	**75**	11
61	22	**76**	10
62	21	**77**	10
63	20	**78**	9
64	19	**79**	9
65	**18**	**80**	8

Steuerpflichtiger Anteil privater, zeitlich begrenzter Renten (Tabellenauszug)

Sind private Renten auf eine bestimmte Laufzeit begrenzt, handelt es sich um „abgekürzte Leibrenten". Ihr steuerpflichtiger Anteil wird unter Berücksichtigung von Laufzeit und allgemeiner Lebenserwartung ermittelt. So sind zum Beispiel von einer privaten Berufsunfähigkeitsrente mit einer Laufzeit von 10 Jahren (siehe linke Spalte) 12 Prozent steuerpflichtig (siehe mittlere Spalte). Für den eher seltenen Fall, dass ein Rentner bei Antritt dieser Rente bereits 75 Jahre alt ist (siehe rechte Spalte), beträgt der steuerpflichtige Rentenanteil nicht nach dieser Tabelle 12 Prozent, sondern – nach Tabelle auf Seite 146 – 11 Prozent.

Laufzeit der Rente in Jahren	steuerpflichtiger Anteil in Prozent	War bei Rentenbeginn folgendes Lebensjahr vollendet, wird der steuerpflichtige Anteil entsprechend der Tabelle auf Seite 146 festgelegt
1	0	entfällt
2	1	entfällt
3	2	97
4	4	92
5	5	88
6	7	83
7	8	81
8	9	80
9	10	78
10	**12**	**75**
11	13	74
12	14	72
13	15	71

Laufzeit der Rente in Jahren	steuerpflichtiger Anteil in Prozent	War bei Rentenbeginn folgendes Lebensjahr vollendet, wird der steuerpflichtige Anteil entsprechend der Tabelle auf Seite 146 festgelegt
14–15	16	69
16–17	18	67
18	19	65
19	20	64
20	21	63
21	22	62
22	23	60
23	24	59
24	25	58
25	26	57
26	27	55
27	28	54
28	29	53
29–30	30	51
31	31	50
32	32	49
33	33	48
34	34	46
35–36	35	45
37	36	43
38	37	42
39	38	41
40–41	39	39
42	40	38

Günstigerprüfung bei Versicherungsbeiträgen

Nach der bis 2005 geltenden Altregelung sind Versicherungsbeiträge maximal wie hier dargestellt absetzbar. Jahr für Jahr werden es rund 300 Euro weniger. Ab 2020 entfällt die Günstigerprüfung zwischen Alt- und Neuregelung. Für Paare mit gemeinsamer Steuererklärung verdoppeln sich die Beträge (→ Seite 68).

Bei den Tabellenwerten handelt es sich um die erreichbaren Höchstbeträge. Um sie voll auszuschöpfen, sind jeweils 667 Euro weitere Beiträge erforderlich.

Jahr	2010	2011	2012	2013	2014	**2015**	2016	2017	2018	2019
bis Euro	5 069	4 701	4 401	4 101	3 801	3 501	**3 201**	2 901	2 601	2 301

Zum Beispiel Ulrike U. Die alleinstehende Rentnerin bezieht aus ihrer eigenen Rente und aus einer Witwenrente monatlich 1 453 Euro. Darauf werden im Jahr 1 875 Euro Kranken- und Pflegeversicherungsbeiträge fällig (1 453 mal 12 mal 10,75 Prozent). Nach der Neuregelung darf sie maximal 1 900 Euro abzugsfähige Versicherungsbeiträge geltend machen. Neben den Kranken- und Pflegeversicherungsbeiträgen blieben nur 25 Euro „Luft“ für ihre anderen Versicherungen (1 900 minus 1 875). Mehr würde das Finanzamt von ihrer Personenhaftpflicht, Hunde- und Kfz-Haftpflicht nicht anerkennen. Nach der Altregelung steht ihr durch die (automatische) Günstigerprüfung ein Abzugsvolumen von 3 201 Euro zu, 1 301 Euro mehr als bei der Neuregelung (3 201 minus 1 900). Damit kann sie alle ihre Haftpflichtversicherungen absetzen und, wenn sie will, ihrem ewig „klammen“ Sohn auch noch eine (bei ihr absetzbare) Unfallversicherung spendieren.

Altersentlastungsbetrag

Der Altersentlastungsbetrag steht allen zu, die im betreffenden Steuerjahr mindestens 65 Jahre alt sind. Für die 65-Jährigen, die jedes Jahr neu hinzukommen, wird er geringer. Wer vor dem 2. Januar 2006 seinen 65. Geburtstag feierte, erhält und behält lebenslang 40 Prozent, maximal 1900 Euro. Wer im Jahr 2016 (linke Spalte) nach dem 1. Januar 65 Jahre alt wurde, bekommt 22,4 Prozent (mittlere Spalte), maximal 1064 Euro (rechte Spalte). Wer 2040 das Alter von 65 erreicht, bekommt keinen Altersentlastungsbetrag mehr.

Jahr	Prozent	bis Euro
2005	40,0	1 900
2006	38,4	1 824
2007	36,8	1 748
2008	35,2	1 672
2009	33,6	1 596
2010	32,0	1 520
2011	30,4	1 444
2012	28,8	1 368
2013	27,2	1 292
2014	25,6	1 216
2015	24,0	1 140
2016	**22,4**	**1 064**
2017	20,8	988
2018	19,2	912
2019	17,6	836
2020	16,0	760
2021	15,2	722
2022	14,4	684

Jahr	Prozent	bis Euro
2023	13,6	646
2024	12,8	608
2025	12,0	570
2026	11,2	532
2027	10,4	494
2028	9,6	456
2029	8,8	418
2030	8,0	380
2031	7,2	342
2032	6,4	304
2033	5,6	266
2034	4,8	228
2035	4,0	190
2036	3,2	152
2037	2,4	114
2038	1,6	76
2039	0,8	38
2040	0	0

Zumutbare Belastung

Hier können Sie ablesen, welchen Teil einer außergewöhnlichen Belastung Sie selbst tragen müssen, bevor das Finanzamt hilft.

Beispiel: Hat ein kinderloses Ehepaar 15 000 Euro Einkünfte (linke Spalte, oberster Wert), muss es 600 Euro für Krankheitskosten oder für andere „außergewöhnliche Belastungen allgemeiner Art" selbst tragen (4 Prozent von 15 000, 3. Spalte von links).

Berechnungsgrundlage ist der „Gesamtbetrag der Einkünfte". Einkünfte sind die Differenz zwischen Einnahmen und Werbungskosten beziehungsweise Betriebsausgaben. Von Kapitaleinnahmen geht der Sparerpauschbetrag ab. Sie werden seit 2012 in die Berechnung der zumutbaren Belastung nicht mehr einbezogen, wenn sie der Abgeltungsteuer unterliegen. Was unter Einkünften zu verstehen ist, finden Sie auf Seite 11. Wenn Sie die Berechnungen auf der Seite 163 gemacht haben, können Sie das Ergebnis von Seite 162, Zeile 15, als „Gesamtbetrag der Einkünfte" verwenden (→ auch Beispiel Seite 55). Tragen Sie in die Steuererklärung immer die vollen Kosten ohne Abzug der zumutbaren Belastung ein, sonst wird sie doppelt abgezogen. Auch Krankheitskosten unterhalb der zumutbaren Belastung gehören in die Steuererklärung. Ob die „Zumutung" im Fall von Krankheitskosten überhaupt gilt, ist nämlich umstritten (→ Seite 142).

Einkünfte in Euro	ohne Kinder		mit Kindern*	
	ledig	verheiratet/ verpartnert	1 bis 2 Kinder	3 und mehr
bis 15 340	5 %	4 %	2 %	1 %
15 341 bis 51 130	6 %	5 %	3 %	1 %
mehr als 51 130	7 %	6 %	4 %	2 %

* Gilt für Ledige und Ehepaare sowie eingetragene Lebenspartnerschaften. Es zählen Kinder mit, für die es mindestens einen Monat Kindergeld im Jahr gab oder Kinderfreibeträge (ganz oder zur Hälfte).

Behindertenpauschbetrag

Mit einem Behinderungsgrad von mindestens 50 haben Sie Anspruch auf den Pauschbetrag. Es gibt ihn aber auch für einen geringeren Grad:

- wenn die Behinderung Folge einer Berufskrankheit ist,
- bei dauernder Einbuße der körperlichen Beweglichkeit oder
- wenn wegen Behinderung ein gesetzlicher Anspruch auf Rente besteht.

Blinde und hilflose Menschen, die ständig fremde Hilfe brauchen, erhalten unabhängig vom Grad der Behinderung einen Pauschbetrag von 3700 Euro jährlich.

Grad der Behinderung	Pauschbetrag jährlich in Euro
von 25 und 30	310
von 35 und 40	430
von 45 und 50	570
von 55 und 60	720
von 65 und 70	890
von 75 und 80	1 060
von 85 und 90	1 230
von 95 und 100	1 420

Versorgungsfreibetrag mit Zuschlag

Beamten- und Werkspensionen werden neben der Werbungskostenpauschale von 102 Euro mit dem Versorgungsfreibetrag und einem Zuschlag zum Versorgungsfreibetrag begünstigt. Beide Steuervorteile sinken schrittweise. Wer solche Versorgungsbezüge erstmals 2005 oder vorher bekam, erhält einen Versorgungsfreibetrag von 40 Prozent, maximal 3 000 Euro, und einen Zuschlag von 900 Euro. Beide Abzugsbeträge bleiben unverändert, solange der Pensionär seine Pension erhält. Wer 2016 (linke Spalte) erstmals Pension bezogen hat, erhält 22,4 Prozent (maximal 1 680 Euro) Versorgungsfreibetrag und 504 Euro Zuschlag (rechte Spalte). Jeder spätere Jahrgang muss höhere Abschläge hinnehmen.

	Versorgungsfreibetrag		Zuschlag
Jahr	in Prozent	bis Euro	in Euro
2005	40,0	3 000	900
2006	38,4	2 880	864
2007	36,8	2 760	828
2008	35,2	2 640	792
2009	33,6	2 520	756
2010	32,0	2 400	720
2011	30,4	2 280	684
2012	28,8	2 160	648
2013	27,2	2 040	612
2014	25,6	1 920	576
2015	24,0	1 800	**540**
2016	**22,4**	**1 680**	504
2017	20,8	1 560	468
2018	19,2	1 440	432

Jahr	Versorgungsfreibetrag in Prozent	Versorgungsfreibetrag bis Euro	Zuschlag in Euro
2019	17,6	1 320	396
2020	16,0	1 200	360
2021	15,2	1 140	342
2022	14,4	1 080	324
2023	13,6	1 020	306
2024	12,8	960	288
2025	12,0	900	270
2026	11,2	840	252
2027	10,4	780	234
2028	9,6	720	216
2029	8,8	660	198
2030	8,0	600	180
2031	7,2	540	162
2032	6,4	480	144
2033	5,6	420	126
2034	4,8	360	108
2035	4,0	300	90
2036	3,2	240	72
2037	2,4	180	54
2038	1,6	120	36
2039	0,8	60	18
2040	0,0	0	0

Steuerfreie Nebeneinkünfte für Rentner

Viele Ruheständler fragen sich, wie viel sie Zinsen, Miete, Lohn oder anderes neben der Rente steuerfrei kassieren können. Die Antwort hängt von mehreren Faktoren ab, zum Beispiel davon, ob und welche Freibeträge zur Verfügung stehen oder wie viel Prozent der Rente steuerpflichtig sind. Folgendes Beispiel zeigt, wie man es herausbekommen kann.

Beispiel: Der ledige Rentner Andreas A. aus Wuppertal ging 2005 mit 65 in Rente, 2016 erhält er 10 000 Euro gesetzliche Bruttorente (Spalte 1, ganz links). Er kann 6 145 Euro Nebeneinkünfte, für die ihm der Altersentlastungsbetrag zusteht, steuerfrei kassieren (Spalte 3). Ohne Altersentlastungsbetrag wären es 4 245 Euro (Spalte 2). Wäre Andreas 2016 in Rente gegangen, dürfte er mit Altersentlastungsbetrag 3 434 Euro steuerfrei verdienen (Spalte 5), also 2 711 Euro weniger als bei einem Rentenbeginn 2005 (6 145 minus 3 434). Ohne Altersentlastungsbetrag blieben bei Rentenbeginn in diesem Jahr 2 665 Euro steuerfrei (Spalte 4). Für alle, die zwischen 2005 und 2016 in Rente gingen, bewegen sich die steuerfreien Nebeneinkünfte zwischen den jeweiligen Tabellenwerten. Je später dabei der Rentenbeginn, umso geringer die steuerfreien Nebeneinkünfte.

In der folgenden Tabelle handelt es sich um Näherungswerte, die individuell abweichen können. Bei der Berechnung wurden Beiträge zur Kranken- und Pflegeversicherung mit 10,75 Prozent der Bruttorente berücksichtigt, dazu die Werbungskostenpauschale (102 Euro) und die Sonderausgabenpauschale (36 Euro). Höhere Abzugsbeträge führen zu höheren steuerfreien Nebeneinkünften. Die gingen immer nach Abzug von Werbungskosten, Betriebsausgaben und Freibeträgen in die Berechnung ein (zum Begriff Einkünfte → Seite 11). Annahme bei Ehepaaren: Beide Ehepartner sind Rentner aus den alten Bundesländern, nur einem steht ein Altersentlastungsbetrag zu.

Maximale steuerfreie Nebeneinkünfte für Rentner

Bruttorente im Jahr 2016	steuerfreie Nebeneinkünfte ohne Altersentlastungsbetrag	steuerfreie Nebeneinkünfte mit Altersentlastungsbetrag	steuerfreie Nebeneinkünfte ohne Altersentlastungsbetrag	steuerfreie Nebeneinkünfte mit Altersentlastungsbetrag
	Rentenbeginn 2005 oder früher		Rentenbeginn 2016	
alleinstehend				
5 000	6 517	8 417	5 728	6 792
5 500	6 290	8 190	5 421	6 485
6 000	6 063	7 963	5 115	6 179
6 500	5 836	7 736	4 809	5 873
7 000	5 608	7 508	4 503	5 567
7 500	5 381	7 281	4 196	5 260
8 000	5 154	7 054	3 890	4 954
8 500	4 927	6 827	3 584	4 618
9 000	4 699	6 599	3 278	4 224
9 500	4 472	6 372	2 971	3 829
10 000	**4 245**	**6 145**	**2 665**	**3 434**
11 000	3 790	5 690	2 053	2 645
12 000	3 336	5 236	1 440	1 856
13 000	2 881	4 781	828	1 066
14 000	2 427	4 045	215	277
15 000	1 972	3 287	0	0
16 000	1 518	2 530	0	0
17 000	1 063	1 772	0	0
18 000	609	1 015	0	0
19 000	154	257	0	0
20 000	0	0	0	0

Bruttorente im Jahr 2016	steuerfreie Nebeneinkünfte ohne Altersentlastungsbetrag	steuerfreie Nebeneinkünfte mit Altersentlastungsbetrag	steuerfreie Nebeneinkünfte ohne Altersentlastungsbetrag	steuerfreie Nebeneinkünfte mit Altersentlastungsbetrag
	Rentenbeginn 2005 oder früher		Rentenbeginn 2016	
verheiratet/verpartnert				
8 000	13 944	15 844	12 680	13 744
8 500	13 717	15 617	12 374	13 438
9 000	13 489	15 389	12 068	13 132
9 500	13 262	15 162	11 761	12 825
10 000	13 035	14 935	11 455	12 519
11 000	12 580	14 480	10 843	11 907
12 000	12 126	14 026	10 230	11 294
13 000	11 671	13 571	9 618	10 682
14 000	11 217	13 117	9 005	10 069
15 000	10 762	12 662	8 393	9 457
16 000	10 308	12 208	7 780	8 844
17 000	9 853	11 753	7 168	8 232
18 000	9 399	11 299	6 555	7 619
19 000	8 944	10 844	5 943	7 007
20 000	8 490	10 390	5 330	6 394
21 000	8 035	9 935	4 718	5 782
22 000	7 581	9 481	4 105	5 169
23 000	7 126	9 026	3 493	4 501
24 000	6 672	8 572	2 880	3 711
25 000	6 217	8 117	2 268	2 922

Bruttorente im Jahr 2016	steuerfreie Nebeneinkünfte ohne Altersentlastungsbetrag	steuerfreie Nebeneinkünfte mit Altersentlastungsbetrag	steuerfreie Nebeneinkünfte ohne Altersentlastungsbetrag	steuerfreie Nebeneinkünfte mit Altersentlastungsbetrag
	Rentenbeginn 2005 oder früher		Rentenbeginn 2016	
26 000	5 763	7 663	1 655	2 133
27 000	5 308	7 208	1 043	1 343
28 000	4 854	6 754	430	554
29 000	4 399	6 299	0	0
30 000	3 945	5 845	0	0
31 000	3 490	5 390	0	0
32 000	3 036	4 936	0	0
33 000	2 581	4 302	0	0
34 000	2 127	3 544	0	0
35 000	1 672	2 787	0	0
36 000	1 217	2 029	0	0
37 000	763	1 272	0	0
38 000	308	514	0	0
39 000	0	0	0	0
40 000	0	0	0	0

Steuersätze

Der Durchschnittssteuersatz gibt an, wie viel Prozent der Fiskus im Durchschnitt vom ersten bis zum letzten Euro des zu versteuernden Einkommens nimmt. Er ist deutlich niedriger als der sogenannte Grenzsteuersatz, denn der beziffert die Steuerbelastung des letzten zu versteuernden Euros (→ auch www.test.de/Steuersparrechner und www.bmf-steuerrechner.de).

Beispiel: Ein Alleinstehender, zu versteuerndes Einkommen 18 000 Euro (1. Spalte), hat 25,9 Prozent Grenzsteuersatz (2. Spalte) und 11,3 Prozent Durchschnittssteuersatz (3. Spalte).

zu versteuernden Einkommen	Grenzsteuersatz	Durchschnittssteuersatz	Grenzsteuersatz	Durchschnittssteuersatz
	alleinstehend		verheiratet/verpartnert	
8 652	0,0 %	0,0 %	0,0 %	0,0 %
9 000	14,7 %	0,5 %	0,0 %	0,0 %
10 000	16,7 %	2,1 %	0,0 %	0,0 %
12 000	20,7 %	4,8 %	0,0 %	0,0 %
14 000	24,1 %	7,4 %	0,0 %	0,0 %
16 000	25,0 %	9,5 %	0,0 %	0,0 %
18 000	**25,9 %**	**11,3 %**	14,7 %	0,5 %
20 000	26,8 %	12,8 %	16,7 %	2,1 %
30 000	31,3 %	18,2 %	24,6 %	8,58 %
40 000	35,8 %	22,1 %	26,8 %	12,8 %
50 000	40,3 %	25,3 %	29,1 %	15,8 %
60 000	42,0 %	28,0 %	31,3 %	18,2 %
70 000	42,0 %	30,2 %	33,6 %	20,3 %
80 000	42,0 %	31,5 %	35,8 %	22,1 %

Sozialversicherungsbeiträge pflichtversicherter Rentner

Hat ein alleinstehender, kinderloser und pflichtversicherter Rentner in diesem Jahr zum Beispiel 15 000 Euro Bruttorente, 1 000 Euro betriebliche Altersversorgung aus einem Pensionsfonds und 2 000 Euro Zinseinkünfte oberhalb des Sparerpauschbetrags, zahlt er auf seine Bruttorente 1260 Euro Krankenversicherung (KV 7,3 Prozent Versichertenanteil plus 1,1 Prozent durchschnittlicher Zusatzbeitrag) und 390 Euro Pflegeversicherung (PV 2,6 Prozent)

Zusätzlich zahlt die Rentenversicherung für ihn 7,3 Prozent KV-Beitrag (1 095 Euro). Sie zahlt aber keinen Teilbeitrag zur Pflegeversicherung. Diese 2,35 Prozent muss der Rentner komplett aus eigener Tasche berappen und ebenso den Aufschlag von 0,25 Prozent bei Kinderlosigkeit.

Auf seine Firmenrente von 1 000 Euro zahlt er ebenfalls den vollen KV- und PV-Beitrag von zusammen 18,3 Prozent aus eigener Tasche (15,7 Prozent KV plus 2,6 Prozent PV ergibt 183 Euro).

Auf seine Zinsen muss ein Rentner als Pflichtversicherter keine Beiträge zahlen. Wäre er freiwillig sozialversichert, wären auch darauf 18,3 Prozent fällig.

	Beitragsanteil pflichtversicherter Rentner	Zuschuss der Rentenversicherung (RV)	Gesamter Beitrag
Krankenversicherung (KV) auf die gesetzliche Rente	8,4 %*	7,3 %	15,7 %
Krankenversicherung (KV) auf die betriebliche Altersversorgung	15,7 %*	0 %	15,7 %
Pflegeversicherung** (PV)	2,35 %	0 %	2,35 %

* einschließlich eines durchschnittlichen Zusatzbeitrags von 1,1 Prozent

** Erhöhung des PV-Beitrags für Kinderlose um 0,25 Prozent auf 2,6 Prozent. Von Beiträgen zur Rentenversicherung (insgesamt 18,7 Prozent) und zur Arbeitslosenversicherung (insgesamt 3 Prozent) bleiben Ruheständler in der Regel verschont.

Steuererklärung: Pflicht oder nicht?

Mithilfe des Berechnungsschemas können Sie überschlagen, ob Sie eine Steuererklärung abgeben müssen oder nicht. Nutzen Sie dazu auch die Beispiele ab Seite 10 und die Ausführungen zu den einzelnen Einkünften, insbesondere zu Beamten- und Werkspensionen, Kapitalerträgen, Arbeitslohn und Vermietung. Der Zeitraum, um den es hier geht, ist immer das Kalenderjahr. Alleinstehende müssen keine Steuererklärung abgeben, wenn das Ergebnis in Zeile 15 nicht über 8 652 Euro liegt, bei Ehepaaren und Lebenspartnerschaften darf es 17 304 Euro nicht überschreiten. Ausnahmen: Wer neben der Rente Arbeitslohn oder eine Pension bezogen hat, muss grundsätzlich eine Steuererklärung abgeben, gleichfalls, wenn die Lohnsteuerklasse V oder VI genutzt wurde oder wenn das Finanzamt zur Abgabe auffordert.

Bitte tragen Sie in die Zeilen 7 bis 12 nur die Werte ein, die schon um Werbungskosten, Betriebsausgaben beziehungsweise andere Abzugsbeträge verringert sind: zum Beispiel Lohn minus Arbeitnehmerpauschbetrag (1 000 Euro) beziehungsweise minus höherer tatsächlicher Werbungskosten. Land- und Forstwirte können seit 2015 gegebenenfalls einen Freibetrag von 900/1 800 Euro geltend machen. Sehen Sie sich vor dem Ausfüllen bitte die Abschnitte an, in denen die in dieser Tabelle genannten Einkünfte und Abzugsbeträge erläutert werden. Mithilfe des Berechnungsschemas auf Seite 163 können Sie das zu versteuernde Einkommen ermitteln.

Unter www.test.de (Suche: Steuerberechnung für Rentner) sowie unter www.bmf-steuerrechner.de (Suche: Berechnung der Einkommensteuer) können Sie Ihre individuelle Steuerbelastung ebenfalls berechnen lassen. In der Tabelle ab Seite 164 können Sie die Höhe der Einkommensteuer überschlägig feststellen.

Zeile	Renten und Pensionen	**Betrag** in Euro
1	Steuerpflichtiger Teil gesetzlicher Renten (einschließlich Rentenerhöhungen seit 2005, → Seite 145)	
2	plus steuerpflichtiger Teil privater Renten (→ Seite 146 bzw. 147)	+
3	minus Werbungskosten (tatsächliche oder pauschal 102/204 Euro)	–
4	**Renteneinkünfte** (Ergebnis aus Zeilen 1 bis 3)	=
5	Beamten- und Werkspensionen (Bruttobeträge) minus Versorgungsfreibetrag (→ Seite 153) minus Zuschlag zum Versorgungsfreibetrag (→ Seite 153) minus Werbungskosten (tatsächliche oder pauschal 102/204 Euro)	 – – –
6	**Pensionseinkünfte**	=
	Weitere Einkünfte	
7	aus Kapitalvermögen*	
8	plus aus sonstigen Einkünften (→ Seite 95)**	+
9	plus aus Arbeitslohn	+
10	plus aus gewerblicher und freiberuflicher Tätigkeit	+
11	plus aus Vermietung und Verpachtung	+
12	plus aus Land- und Forstwirtschaft	+
13	minus Altersentlastungsbetrag (→ Seite 150)	–
14	**Weitere Einkünfte insgesamt** (Ergebnis aus Zeilen 7 bis 13)	=
15	**Steuerpflichtig insgesamt** (Ergebnisse der Zeilen 4 + 6 + 14)	=

* Einkünfte aus Kapitalvermögen, für die Abgeltungsteuer einbehalten wurde, gehören in der Regel nicht hierher. Es gibt aber Ausnahmen, die hier aufgeführt werden müssen, so unterliegen etwa Zinsen aus bestimmten Privatdarlehen nicht der Abgeltungsteuer (→ ab Seite 84). Außerdem: Wenn der persönliche Steuersatz günstiger ist als die Abgeltungsteuer (→ ab Seite 80) sollten sämtliche Kapitaleinkünfte hierher, egal ob und wie viel Abgeltungsteuer bereits abgezogen wurde.
** Dazu gehören zum Beispiel Riester-Renten und Zahlungen von Pensionskassen.

Zu versteuerndes Einkommen

Bevor Sie ablesen können, wie viel Steuern Sie zu zahlen haben, müssen Sie Ihr zu versteuerndes Einkommen ermitteln. Dabei geben Ihnen das Berechnungsschema auf Seite 162, die Beispiele im ersten Teil und die folgende vereinfachte Übersicht eine Orientierung.

Bitte beachten Sie: Ihre steuerliche Gesamtbelastung ist mit der Einkommensteuer noch nicht ermittelt. Sie müssen den Solidaritätszuschlag (5,5 Prozent der Einkommensteuer) und eventuell Kirchensteuer (8 oder 9 Prozent der Einkommensteuer) hinzurechnen. Bis zu 972 Euro Einkommensteuer bei Ledigen und 1944 Euro bei Ehepaaren fällt kein Solizuschlag an, danach steigt er stufenweise bis auf 5,5 Prozent. Außerdem: Wer haushaltsnahe Dienstleistungen, Handwerkerleistungen (Mantelbogen Zeilen 71 bis 78) oder Parteispenden (Zeile 50 bis 51) geltend macht, kann die zu zahlende Einkommensteuer durch Steuererstattungen weiter verringern.

	Betrag in Euro
Einkünfte aus der Tabelle auf Seite 162, Zeile 15	
minus Versicherungsbeiträge (siehe Anlage Vorsorgeaufwand Zeile 4 bis 52)*	–
minus weitere Sonderausgaben (siehe Mantelbogen Zeile 37 bis 56), mindestens 36 Euro pro Person	–
minus außergewöhnliche Belastungen (siehe Mantelbogen Zeile 61 bis 70)**	–
Zu versteuerndes Einkommen* **	

* Ruheständler erhalten hier in der Regel einen Abzugsbetrag bis 3 201 Euro, siehe Seite 68 und 149.
** unter Berücksichtigung der zumutbaren Belastung (siehe Seite 151)
*** Abzugsbeträge wie der Kinderfreibetrag, der Freibetrag für Alleinerziehende, Schulgeld und ein eventueller Verlustabzug sind hier nicht berücksichtigt. Sie würden das zu versteuernde Einkommen weiter drücken.

Einkommensteuertabelle

Wie viel Einkommensteuer Sie zahlen müssen, hängt vom zu versteuernden Einkommen ab, das Sie auf der Seite 163 ermittelt haben. Außerdem wird Ihre Steuerlast davon bestimmt, ob Sie als Alleinstehender besteuert werden oder als Ehepaar/Lebenspartner.

zu versteuerndes Einkommen in Euro	Einkommensteuer* in Euro	
	alleinstehend	verheiratet/verpartnert
8 652	0	0
8 700	6	0
8 800	20	0
8 900	35	0
9 000	49	0
9 100	64	0
9 200	79	0
9 300	94	0
9 400	110	0
9 500	125	0
9 600	141	0
9 700	157	0
9 800	173	0
9 900	190	0
10 000	206	0
10 100	223	0
10 200	240	0
10 300	257	0
10 400	275	0
10 500	292	0

zu versteuerndes Einkommen in Euro	Einkommensteuer* in Euro	
	alleinstehend	verheiratet/verpartnert
10 600	310	0
10 700	328	0
10 800	346	0
10 900	364	0
11 000	383	0
11 100	402	0
11 200	421	0
11 300	440	0
11 400	459	0
11 500	479	0
11 600	499	0
11 700	519	0
11 800	539	0
11 900	559	0
12 000	580	0
12 100	600	0
12 200	621	0
12 300	642	0
12 400	664	0
12 500	685	0

zu versteuerndes Einkommen in Euro	Einkommensteuer* in Euro	
	alleinstehend	verheiratet/verpartnert
12 600	707	0
12 700	729	0
12 800	751	0
12 900	774	0
13 000	796	0
13 100	819	0
13 200	842	0
13 300	865	0
13 400	888	0
13 500	912	0
13 600	935	0
13 700	959	0
13 800	983	0
13 900	1 007	0
14 000	1 032	0
14 100	1 056	0
14 200	1 080	0
14 300	1 104	0
14 400	1 128	0
14 500	1 153	0
14 600	1 177	0
14 700	1 202	0
14 800	1 226	0
14 900	1 250	0
15 000	1 275	0

zu versteuerndes Einkommen in Euro	Einkommensteuer* in Euro	
	alleinstehend	verheiratet/verpartnert
15 100	1 300	0
15 200	1 324	0
15 300	1 349	0
15 400	1 374	0
15 500	1 398	0
15 600	1 423	0
15 700	1 448	0
15 800	1 473	0
15 900	1 498	0
16 000	1 523	0
16 100	1 548	0
16 200	1 573	0
16 300	1 598	0
16 400	1 623	0
16 500	1 649	0
16 600	1 674	0
16 700	1 699	0
16 800	1 725	0
16 900	1 750	0
17 000	1 775	0
17 100	1 801	0
17 200	1 826	0
17 300	1 852	0
17 400	1 878	12
17 500	1 903	26

zu versteuerndes Einkommen in Euro	Einkommensteuer* in Euro	
	alleinstehend	verheiratet/verpartnert
17 600	1 929	40
17 700	1 955	56
17 800	1 981	70
17 900	2 007	84
18 000	2 032	98
18 100	2 058	114
18 200	2 084	128
18 300	2 110	144
18 400	2 136	158
18 500	2 163	174
18 600	2 189	188
18 700	2 215	204
18 800	2 241	220
18 900	2 268	236
19 000	2 294	250
19 100	2 320	266
19 200	2 347	282
19 300	2 373	298
19 400	2 400	314
19 500	2 426	330
19 600	2 453	346
19 700	2 480	362
19 800	2 506	380
19 900	2 533	396
20 000	2 560	412
20 100	2 587	430
20 200	2 614	446
20 300	2 641	464
20 400	2 668	480
20 500	2 695	498
20 600	2 722	514
20 700	2 749	532
20 800	2 776	550
20 900	2 803	566
21 000	2 830	584
21 100	2 858	602
21 200	2 885	620
21 300	2 912	638
21 400	2 940	656
21 500	2 967	674
21 600	2 995	692
21 700	3 022	710
21 800	3 050	728
21 900	3 078	748
22 000	3 105	766
22 100	3 133	784
22 200	3 161	804
22 300	3 189	822
22 400	3 217	842
22 500	3 245	860

zu versteuerndes Einkommen in Euro	Einkommensteuer* in Euro		zu versteuerndes Einkommen in Euro	Einkommensteuer* in Euro	
	alleinstehend	verheiratet/ verpartnert		alleinstehend	verheiratet/ verpartnert
22 600	3 273	880	**29 500**	5 312	2 428
22 700	3 301	900	**30 000**	5 468	2 550
22 800	3 329	918	**30 500**	5 625	2 674
22 900	3 357	938	**31 000**	5 783	2 796
23 000	3 385	958	**31 500**	5 943	2 922
23 100	3 413	978	**32 000**	6 103	3 046
23 200	3 441	998	**32 500**	6 265	3 172
23 300	3 470	1 018	**33 000**	6 428	3 298
23 400	3 498	1 038	**33 500**	6 592	3 424
23 500	3 526	1 058	**34 000**	6 757	3 550
23 600	3 555	1 078	**34 500**	6 923	3 678
23 700	3 583	1 098	**35 000**	7 091	3 806
23 800	3 612	1 118	**35 500**	7 259	3 936
23 900	3 640	1 138	**36 000**	7 429	4 064
24 000	3 669	1 160	**36 500**	7 599	4 194
24 500	3 813	1 264	**37 000**	7 771	4 326
25 000	3 957	1 370	**37 500**	7 944	4 456
25 500	4 103	1 480	**38 000**	8 118	4 588
26 000	4 250	1 592	**38 500**	8 294	4 720
26 500	4 399	1 706	**39 000**	8 470	4 852
27 000	4 548	1 824	**39 500**	8 648	4 986
27 500	4 698	1 942	**40 000**	8 826	5 120
28 000	4 850	2 064	**41 000**	9 187	5 390
28 500	5 003	2 184	**42 000**	9 552	5 660
29 000	5 157	2 306	**43 000**	9 922	5 934

zu versteuerndes Einkommen in Euro	Einkommensteuer* in Euro alleinstehend	verheiratet/ verpartnert
44 000	10 296	6 210
45 000	10 675	6 490
46 000	11 058	6 770
47 000	11 446	7 052
48 000	11 838	7 338
49 000	12 234	7 626
50 000	12 636	7 914
51 000	13 041	8 206
52 000	13 452	8 500
53 000	13 866	8 798
54 000	14 285	9 096
55 000	14 705	9 396
56 000	15 125	9 700
57 000	15 545	10 006
58 000	15 965	10 314
59 000	16 385	10 624
60 000	16 805	10 936
61 000	17 225	11 250
62 000	17 645	11 566
63 000	18 065	11 886
64 000	18 485	12 206
65 000	18 905	12 530
66 000	19 325	12 856
67 000	19 745	13 184
68 000	20 165	13 514

zu versteuerndes Einkommen in Euro	Einkommensteuer* in Euro alleinstehend	verheiratet/ verpartnert
69 000	20 585	13 846
70 000	21 005	14 182
71 000	21 425	14 518
72 000	21 845	14 858
73 000	22 265	15 198
74 000	22 685	15 542
75 000	23 105	15 888
76 000	23 525	16 236
77 000	23 945	16 588
78 000	24 365	16 940
79 000	24 785	17 296
80 000	25 205	17 652
81 000	25 625	18 012
82 000	26 045	18 374
83 000	26 465	18 738
84 000	26 885	19 104
85 000	27 305	19 472
86 000	27 725	19 844
87 000	28 145	20 216
88 000	28 565	20 592
89 000	28 985	20 970
90 000	29 405	21 350

* Tabellenauszug, ohne Solidaritätszuschlag, ohne Kirchensteuer

Musterformulare

Schön sind sie wirklich nicht, aber die hier folgenden Originalformulare 2016 können beim Ausfüllen der Einkommensteuererklärung helfen. Mantelbogen, Anlage R und die Anlage Vorsorgeaufwand verlangt das Finanzamt von allen Rentnern, die eine Steuererklärung abgeben müssen. Viele Ruheständler benötigen weitere Anlagen, zum Beispiel die Anlage KAP für Zinsen und andere Kapitalerträge oder die Anlage SO für sonstige Einkünfte. Alle Pensionäre und diejenigen Rentner, die sich nebenbei als Arbeitnehmer etwas hinzuverdienen, brauchen in der Regel die Anlage N. Ein selbstständiger Nebenjob macht die Anlage S erforderlich, die Anlage G gilt für Gewerbetreibende.

Bei unserem Musterehepaar Steuermann sind beide Rentner. Ihr erwachsener Sohn ist längst aus dem Haus. Die Ehefrau ist nebenbei noch als Arbeitnehmerin erwerbstätig und erhält eine Werkspension. Der Ehemann hat außerdem Einkünfte aus einer Privatrente, Kapitalerträgen, privaten Veräußerungsgeschäften und einer selbstständigen Nebentätigkeit. Diese Konstellation kommt im richtigen Leben vermutlich nicht zu oft vor, soll an dieser Stelle aber für mehr Anschaulichkeit beim Ausfüllen der Formulare sorgen. Das Ehepaar muss einen Mantelbogen ausfüllen, zwei Anlagen R, wegen der Günstigerprüfung zwei Anlagen KAP (obwohl Frau Steuermann gar keine Kapitaleinkünfte hat), eine Anlage SO, eine Anlage N, eine Anlage S und eine Anlage Vorsorgeaufwand. Bis auf die Anlagen R und KAP von Frau Steuermann sind ab Seite 172 alle auszufüllenden Formulare dargestellt. Die folgende Übersicht fasst die wichtigsten Formularänderungen 2016 zusammen.

Wichtige Formularänderungen 2016 im Überblick

Seite		Zeile
Hauptbogen		
54	Zeile 65 fragt erstmals, wer der Pflegende ist und bietet mit den Ziffern „1", „2" oder „3" drei Varianten an. In Zeile 66 gehört die Anzahl von „Mitpflegern"	65/66
57	Zeile 68 und die neuen Zeilen 69 bis 70 fragen Pflegeaufwendungen detaillierter als bisher ab.	68-70
58-60	In Zeile 72 gehören 2016 alle haushaltsnahen Dienstleistungen, inkl. einer sozialversicherungspflichtig angestellten Haushaltshilfe.	71
64	Die umgestaltete Zeile 99 führt zum Wegfall der Zeile 100 und zu veränderten Zeilenzahlen bis Zeile 108.	99
65	Zeile 107 fragt nach einem „weiteren Wohnsitz im Ausland". Bisher wurde hier nur nach Belgien gefragt.	108
65	In das Kästchen der neuen Zeile 109 gehört die Ziffer „1" bei Hilfe durch professionelle Steuerberatung.	109
Anlage Vorsorgeaufwand		
66	Erhält jemand Erstattungen oder steuerfreie Zuschüsse zu den in den Zeilen 4 bis 6 genannten Altersvorsorgebeiträgen, trägt er diese laut der erhaltenen Mitteilung oder Bescheinigung in die neue Zeile 7 ein.	7
Anlage R		
76	In die neu eingefügte Zeile 21 gehören die Angaben zu „Steuersparmodelle", die in der nunmehr gestrichenen Zeile 59 abgefragt wurden.	21
Anlage KAP		
86	Mit der neuen Zeile 56 will die Finanzverwaltung die Erstattung von Kapitalertragsteuer bei bestimmten Wertpapiergeschäften einschränken.	56

Seite		Zeile
77	Die bisherigen Zeilen 36-37 wurden um die Zeilen 38 bis 39 erweitert, um Beginn und Ende einer eventuell voran gegangenen Leistung abzufragen. Es kann sich dabei beispielsweise um Leistungen aus einer betrieblichen Altersversorgung handeln, die Hinterbliebene erhalten.	36-39
	Anlage N	
93	In die neu gestaltete Zeile 64 zur doppelten Haushaltsführung gehören Postleitzahl und Ort des Zweitwohnsitzes. Liegt der im Ausland, ist Zeile 65 mit der Ziffer „1" und der Staatsbezeichnung auszufüllen.	64
	Anlagen G und S	
101	Ab Zeile 5 gibt es auf beiden Anlagen erhebliche Umstrukturierungen und Erweiterungen. Dabei geht es vor allem um komplexe Regeln bei Übertragung und Veräußerung von Unternehmen. Hier ist professionelle Steuerberatung geboten.	5
103	Steuerfreie Aufwandsentschädigungen aus Nebentätigkeiten, wie zum Beispiel der „Übungsleiter-Freibetrag" gehören in die neuen Zeilen 44/45.	44/45
	Anlage Kind	
104	Wer in Zeile 6 den Kindergeldanspruch einträgt, sollte die Kindergelderhöhung 2016 berücksichtigen: von 188 auf 190 Euro monatlich für das 1. und 2. Kind, für das 3. Kind von 194 auf 196 Euro und für jedes weitere Kind von 219 auf 221 Euro.	6
	Anlage Unterhalt	
108	Wer in Zeile 7 und 9 Unterhaltszahlungen einträgt, sollte berücksichtigen, dass der Unterhaltshöchstbetrag so wie der Grundfreibetrag 2016 auf 8 652 Euro im Jahr angestiegen ist (2015 waren es 8 472 Euro).	7

Zeile		
1	☒ **Einkommensteuererklärung**	☒ **Antrag auf Festsetzung der Arbeitnehmer-Sparzulage**
2	☐ **Erklärung zur Festsetzung der Kirchensteuer auf Kapitalerträge**	☐ **Erklärung zur Feststellung des verbleibenden Verlustvortrags**
3	**Steuernummer**	12/345/678910

Eingangsstempel

An das Finanzamt

4 BERLIN-STEGLITZ

Bei **Wohnsitzwechsel: bisheriges Finanzamt**

5

Allgemeine Angaben

6 Telefonische Rückfragen tagsüber unter Nr. 030/11223344

Steuerpflichtige Person (stpfl. Person), nur bei Zusammenveranlagung: **Ehemann / Lebenspartner(in) A** nach dem LPartG *)

*) Bitte Anleitung beachten.

Zeile	Feld	Eintrag
7	Identifikationsnummer (IdNr.)	13 579 111 315
8	Name	STEUERMANN
8	Geburtsdatum	04011947
9	Vorname	SIEGFRIED
10	Titel, akademischer Grad	
11	Straße (derzeitige Adresse)	STEUERWALDSTR.
11	Religion	EV
12	Hausnummer	99
12	Hausnummerzusatz	
12	Adressergänzung	
13	Postleitzahl	12167
13	Wohnort	BERLIN
14	Ausgeübter Beruf	RENTNER
15	Verheiratet / Lebenspartnerschaft begründet seit dem	30051967
15	Verwitwet seit dem	T T M M J J J J
15	Geschieden / Lebenspartnerschaft aufgehoben seit dem	T T M M J J J J
15	Dauernd getrennt lebend seit dem	T T M M J J J J

Religionsschlüssel:
Evangelisch = EV
Römisch-Katholisch = RK
nicht kirchensteuerpflichtig = VD
Weitere siehe Anleitung

Nur bei Zusammenveranlagung: **Ehefrau / Lebenspartner(in) B** nach dem LPartG

Zeile	Feld	Eintrag
16	IdNr.	24 681 012 141
17	Name	STEUERMANN
17	Geburtsdatum	10111948
18	Vorname	SIEGLINDE
19	Titel, akademischer Grad	
20	Straße (falls von Zeile 11 abweichend)	
20	Religion	VD
21	Hausnummer	
21	Hausnummerzusatz	
21	Adressergänzung	
22	Postleitzahl	
22	Wohnort (falls von Zeile 13 abweichend)	
23	Ausgeübter Beruf	ANGESTELLTE

Religionsschlüssel:
Evangelisch = EV
Römisch-Katholisch = RK
nicht kirchensteuerpflichtig = VD
Weitere siehe Anleitung

Nur von Ehegatten / Lebenspartnern auszufüllen

24 ☒ Zusammenveranlagung ☐ Einzelveranlagung von Ehegatten / Lebenspartnern ☐ Wir haben Gütergemeinschaft vereinbart

Bankverbindung – Bitte stets angeben –

Zeile	Feld	Eintrag
25	IBAN	DE20 1007 0800 0815 0815 08
26	BIC	STEUDEBB
27	Geldinstitut und Ort	STEUERBANK BERLIN

28 **Kontoinhaber** ☒ lt. Zeile 8 und 9 ☐ lt. Zeile 17 und 18 oder: **Name** (im Fall der Abtretung bitte amtlichen Abtretungsvordruck einreichen)

Der Steuerbescheid soll nicht mir / uns zugesandt werden, sondern:

Zeile		
31	Name	
32	Vorname	
33	Straße	
34	Hausnummer	Hausnummerzusatz	Postfach
35	Postleitzahl	Wohnort

Sonderausgaben

52

Gezahlte Versorgungsleistungen

Zeile				abziehbar		tatsächlich gezahlt EUR
36	Renten	Rechtsgrund, Datum des Vertrags	102	%	101	,–
37	Dauernde Lasten	Rechtsgrund, Datum des Vertrags			100	,–
38	**Ausgleichszahlungen** im Rahmen des schuldrechtlichen Versorgungsausgleichs	Rechtsgrund, Datum der erstmaligen Zahlung			121	,–
39	**Ausgleichsleistungen** zur Vermeidung des Versorgungsausgleichs lt. **Anlage U**				131	,–

Unterhaltsleistungen lt. **Anlage U** an den
– geschiedenen Ehegatten, Lebenspartner einer aufgehobenen Lebenspartnerschaft
40 – dauernd getrennt lebenden Ehegatten / Lebenspartner — 117 IdNr. der unterstützten Person — 116 ,–

41 In Zeile 40 enthaltene Beiträge (abzgl. Erstattungen und Zuschüsse) zur Basis-Kranken- und gesetzlichen Pflegeversicherung — 118 EUR ,– — Davon entfallen auf Krankenversicherungsbeiträge mit Anspruch auf Krankengeld — 119 ,–

Zeile			2016 gezahlt EUR		2016 erstattet EUR
42	**Kirchensteuer** (soweit diese nicht als Zuschlag zur Abgeltungsteuer einbehalten oder gezahlt wurde)	103	50,–	104	12,–

Aufwendungen für die eigene **Berufsausbildung: stpfl. Person / Ehemann / Lebenspartner(in) A**

43 Bezeichnung der Ausbildung, Art und Höhe der Aufwendungen — 200 EUR ,–

Aufwendungen für die eigene **Berufsausbildung: Ehefrau / Lebenspartner(in) B**

44 Bezeichnung der Ausbildung, Art und Höhe der Aufwendungen — 201 ,–

Spenden und Mitgliedsbeiträge (ohne Beträge in den Zeilen 49 bis 56)

Zeile			lt. Bestätigungen EUR		lt. Nachweis Betriebsfinanzamt EUR
45	– zur Förderung steuerbegünstigter Zwecke	123	300,–	124	,–
46	in Zeile 45 enthaltene Zuwendungen an Empfänger im EU- / EWR-Ausland	125	,–	126	,–
47	– an politische Parteien (§§ 34g, 10b EStG)	127	,–	128	,–
48	– an unabhängige Wählervereinigungen (§ 34g EStG)	129	,–	130	,–

Spenden und Mitgliedsbeiträge, bei denen die Daten elektronisch an die Finanzverwaltung übermittelt wurden (ohne Beträge in den Zeilen 45 bis 48 und 52 bis 56)

Zeile			stpfl. Person / Ehemann / Lebenspartner(in) A EUR		Ehefrau / Lebenspartner(in) B EUR
49	– zur Förderung steuerbegünstigter Zwecke	202	,–	203	,–
50	– an politische Parteien (§§ 34g, 10b EStG)	204	,–	205	,–
51	– an unabhängige Wählervereinigungen (§ 34g EStG)	206	,–	207	,–

Spenden in das zu erhaltende Vermögen (Vermögensstock) einer Stiftung

Zeile					
52	2016 geleistete Spenden (lt. Bestätigungen / lt. Nachweis Betriebsfinanzamt)	208	,–	209	,–
53	2016 geleistete Spenden, bei denen die Daten elektronisch an die Finanzverwaltung übermittelt wurden (ohne Beträge in Zeile 52)	210	,–	211	,–
54	in Zeile 52 enthaltene Spenden an Empfänger im EU- / EWR-Ausland	218	,–	219	,–
55	Von den Spenden in Zeile 52 und 53 sollen 2016 berücksichtigt werden	212	,–	213	,–
56	2016 zu berücksichtigende Spenden aus Vorjahren in das zu erhaltende Vermögen (Vermögensstock) einer Stiftung, die bisher noch nicht berücksichtigt wurden	214	,–	215	,–

Außergewöhnliche Belastungen

53

Behinderte Menschen und Hinterbliebene

61 stpfl. Person / Ehemann / Lebenspartner(in) A — Ausweis / Rentenbescheid / Bescheinigung ausgestellt am: T T M M J J J J — 100 gültig von: M M J J — 101 bis: M M J J — 102 unbefristet gültig: 1 = Ja — 105 Grad der Behinderung — Erstmalige Beantragung / Änderung (Nachweis ist einzureichen): X

62 hinterblieben 380 1 = Ja — blind / ständig hilflos 103 1 = Ja — geh- und stehbehindert 104 1 = Ja

63 Ehefrau / Lebenspartner(in) B — Ausweis / Rentenbescheid / Bescheinigung ausgestellt am: T T M M J J J J — 150 gültig von: M M J J — 151 bis: M M J J — 152 unbefristet gültig: 1 = Ja — 155 Grad der Behinderung — Erstmalige Beantragung / Änderung (Nachweis ist einzureichen): X

64 hinterblieben 381 1 = Ja — blind / ständig hilflos 153 1 = Ja — geh- und stehbehindert 154 1 = Ja

Pflege-Pauschbetrag – bei erstmaliger Beantragung / Änderung bitte Nachweis einreichen –

65 Die **unentgeltliche** persönliche Pflege einer ständig hilflosen Person in ihrer oder in meiner Wohnung erfolgte durch — 200 — 1 = stpfl. Person / Ehemann / Lebenspartner(in) A; 2 = Ehefrau / Lebenspartner(in) B; 3 = beide Ehegatten / Lebenspartner

Name, Anschrift und Verwandtschaftsverhältnis der hilflosen Person(en)

66 Anzahl weiterer Pflegepersonen 201

Andere außergewöhnliche Belastungen
(z. B. Fahrtkosten behinderter Menschen, Krankheitskosten, Kurkosten, Pflegekosten)

Art der Belastungen — Summe der Aufwendungen EUR — Erhaltene / Anspruch auf zu erwartende Versicherungsleistungen, Beihilfen, Unterstützungen; Wert des Nachlasses usw. EUR

67 KRANKHEITSKOSTEN S. AUFSTELLUNG — 300 1319,– — 301 0,–

Für die – wegen Abzugs der zumutbaren Belastung – nicht als außergewöhnliche Belastung abziehbaren Aufwendungen wird die Steuerermäßigung für haushaltsnahe Beschäftigungsverhältnisse / Dienstleistungen / Handwerkerleistungen beantragt (die Beträge sind nicht zusätzlich in den Zeilen 71 bis 73 einzutragen): — Aufwendungen (abzüglich Erstattungen) EUR

68 Die in Zeile 67 enthaltenen Pflegeleistungen im Rahmen eines geringfügigen Beschäftigungsverhältnisses im Privathaushalt – sog. Minijob – betragen — 370 ,–

69 Die in Zeile 67 enthaltenen übrigen haushaltsnahen Pflegeleistungen (ohne Minijob) betragen — 371 ,–

70 Die in Zeile 67 enthaltenen Arbeitskosten für Handwerkerleistungen betragen — 372 ,–

Haushaltsnahe Beschäftigungsverhältnisse, Dienstleistungen und Handwerkerleistungen

18

Steuerermäßigung bei Aufwendungen für

– geringfügige Beschäftigungen im Privathaushalt – sog. Minijobs –

Art der Tätigkeit — Aufwendungen (abzüglich Erstattungen) EUR

71 — 202 ,–

– sozialversicherungspflichtige Beschäftigungen im Privathaushalt
– haushaltsnahe Dienstleistungen, Hilfe im eigenen Haushalt
– Pflege- und Betreuungsleistungen im Haushalt, in Heimunterbringungskosten enthaltene Aufwendungen für Dienstleistungen, die denen einer Haushaltshilfe vergleichbar sind; das in Zeile 67 als Erstattung für häusliche Pflege- und Betreuungskosten berücksichtigte Pflegegeld (§ 37 SGB XI) / Pflegetagegeld

Art der Tätigkeit / Aufwendungen

72 TREPPENREINIGUNG, HAUSWART — 212 153,–

– Handwerkerleistungen für Renovierungs-, Erhaltungs- und Modernisierungsmaßnahmen im eigenen Haushalt (ohne öffentlich geförderte Maßnahmen, für die zinsverbilligte Darlehen oder steuerfreie Zuschüsse in Anspruch genommen werden, z. B. KfW-Bank, landeseigener Förderbanken oder Gemeinden)

Art der Aufwendungen

73 MALERARBEITEN — 214 850,–

Nur bei Alleinstehenden und Eintragungen in den Zeilen 68 bis 73:

74 Es bestand ganzjährig ein gemeinsamer Haushalt mit einer oder mehreren anderen alleinstehenden Person(en) — Anzahl der weiteren Personen 223

Name, Vorname, Geburtsdatum

75

Nur bei Alleinstehenden oder Einzelveranlagung von Ehegatten / Lebenspartnern und Eintragungen in den Zeilen 68 bis 73:

76 Laut einzureichendem gemeinsamen Antrag sind die Höchstbeträge für die Aufwendungen lt. den Zeilen 68 bis 73 in einem anderen Verhältnis als je zur Hälfte aufzuteilen. Der bei mir zu berücksichtigende Anteil beträgt — 221 %

Nur in Fällen der Zusammenveranlagung oder Einzelveranlagung von Ehegatten / Lebenspartnern und Eintragungen in den Zeilen 68 bis 73:

77 Es wurde 2016 ein gemeinsamer Haushalt begründet oder aufgelöst und für einen Teil des Kalenderjahres ein Einzelhaushalt geführt — stpfl. Person / Ehemann / Lebenspartner(in) A: 219 1 = Ja — Ehefrau / Lebenspartner(in) B: 220 1 = Ja

Steuerermäßigung bei Belastung mit Erbschaftsteuer

78 Ich beantrage eine Steuerermäßigung, weil in dieser Steuererklärung Einkünfte erklärt worden sind, die als Erwerb von Todes wegen ab 2012 der Erbschaftsteuer unterlegen haben (lt. gesonderter Aufstellung). — 185 1 = Ja

Steuerbegünstigung für schutzwürdige Kulturgüter

79 Steuerbegünstigung nach § 10g EStG für schutzwürdige Kulturgüter, die weder zur Einkunftserzielung noch zu eigenen Wohnzwecken genutzt werden — Abzugsbetrag EUR 151 ,–

Verlustabzug / Spendenvortrag

80 Es wurde ein verbleibender Verlustvortrag nach § 10d EStG / Spendenvortrag nach § 10b EStG zum 31.12.2015 festgestellt für — X stpfl. Person / Ehemann / Lebenspartner(in) A — X Ehefrau / Lebenspartner(in) B

Antrag auf Beschränkung des Verlustrücktrags nach 2015

81 Von den nicht ausgeglichenen negativen Einkünften 2016 soll folgender Gesamtbetrag nach 2015 zurückgetragen werden — EUR ,– — EUR ,–

Sonstige Angaben und Anträge

Zeile			stpfl. Person / Ehemann / Lebenspartner(in) A EUR		Ehefrau / Lebenspartner(in) B EUR
91	**Einkommensersatzleistungen,** die dem Progressionsvorbehalt unterliegen, z. B. Arbeitslosengeld, Elterngeld, Insolvenzgeld, Krankengeld, Mutterschaftsgeld und vergleichbare Leistungen aus einem EU- / EWR-Staat oder der Schweiz (ohne Beträge lt. Zeile 27 der Anlage N)	120	,—	121	,—

Nur bei Einzelveranlagung von Ehegatten / Lebenspartnern:

92 Laut übereinstimmendem Antrag sind die Sonderausgaben, außergewöhnlichen Belastungen sowie die Steuerermäßigung für haushaltsnahe Beschäftigungsverhältnisse, Dienstleistungen und Handwerkerleistungen je zur Hälfte aufzuteilen (Der Antrag auf Aufteilung des Freibetrages zur Abgeltung eines Sonderbedarfs bei Berufsausbildung eines volljährigen Kindes ist in Zeile 52 der Anlage Kind, der Antrag auf Aufteilung bei Übertragung des Behinderten- oder Hinterbliebenen-Pauschbetrags in Zeile 66 der Anlage Kind zu stellen.). 222 ☐ 1 = Ja

Nur bei zeitweiser unbeschränkter Steuerpflicht im Kalenderjahr 2016:

Zeile			vom	bis
93	Wohnsitz oder gewöhnlicher Aufenthalt im Inland	stpfl. Person / Ehemann / Lebenspartner(in) A	T T M M	T T M M
94		Ehefrau / Lebenspartner(in) B	T T M M	T T M M

Zeile			EUR
95	Ausländische Einkünfte, die außerhalb der in den Zeilen 93 und / oder 94 genannten Zeiträume bezogen wurden und nicht der deutschen Einkommensteuer unterlegen haben (Bitte Nachweise über die Art und Höhe dieser Einkünfte einreichen.)	122	,—
96	In Zeile 95 enthaltene außerordentliche Einkünfte i. S. d. §§ 34, 34b EStG	177	,—

Bei Beendigung der unbeschränkten Steuerpflicht:

Zeile			stpfl. Person / Ehemann / Lebenspartner(in) A		Ehefrau / Lebenspartner(in) B
97	Mir gehörte im Zeitpunkt der Beendigung der unbeschränkten Steuerpflicht (Wegzug) eine Beteiligung i. S. d. § 17 EStG an einer in- oder ausländischen Kapitalgesellschaft / Genossenschaft	171	1 = Ja	172	1 = Ja
98	Im Zeitraum zwischen Beendigung der unbeschränkten Steuerpflicht bis zur Abgabe der Einkommensteuererklärung 2016 lag mein Wohnsitz zumindest zeitweise in einem niedrig besteuernden Gebiet i. S. d. § 2 Abs. 2 AStG	169	1 = Ja	170	1 = Ja

Nur bei Personen ohne Wohnsitz oder gewöhnlichen Aufenthalt im Inland, die beantragen, als unbeschränkt steuerpflichtig behandelt zu werden:

99 X Ich beantrage für die Anwendung personen- und familienbezogener Steuervergünstigungen als unbeschränkt steuerpflichtig behandelt zu werden („Bescheinigung EU / EWR" oder „Bescheinigung außerhalb EU / EWR" bitte einreichen).

Zeile			stpfl. Person / Ehemann / Lebenspartner(in) A EUR		Ehefrau / Lebenspartner(in) B EUR
100	Summe der nicht der deutschen Einkommensteuer unterliegenden Einkünfte (ggf. „0")	124	,—	129	,—
101	In Zeile 100 enthaltene Kapitalerträge, die der Abgeltungsteuer unterliegen oder – im Fall von ausländischen Kapitalerträgen – unterliegen würden	131	,—	133	,—

Zeile			stpfl. Person / Ehegatten / Lebenspartner EUR
102	In Zeile 100 enthaltene außerordentliche Einkünfte i. S. d. §§ 34, 34b EStG	177	,—

Zeile	**Anzurechnende Steuern:**		stpfl. Person / Ehemann / Lebenspartner(in) A EUR, Ct		Ehefrau / Lebenspartner(in) B EUR, Ct
103	Steuerabzugsbeträge nach § 50a EStG	149	,	146	,
104	Solidaritätszuschlag zu Zeile 103	148	,	145	,

Nur bei im EU- / EWR-Ausland oder in der Schweiz lebenden Ehegatten / Lebenspartnern:

105 X Ich beantrage als Staatsangehöriger eines EU- / EWR-Staates die Anwendung familienbezogener Steuervergünstigungen. Nachweis ist einzureichen (z. B. „Bescheinigung EU / EWR").
Die nicht der deutschen Besteuerung unterliegenden Einkünfte beider Ehegatten / Lebenspartner sind in Zeile 100 enthalten.

Nur bei Angehörigen des deutschen öffentlichen Dienstes ohne Wohnsitz oder gewöhnlichen Aufenthalt im Inland, die im dienstlichen Auftrag außerhalb der EU oder des EWR tätig sind:

106 X Ich beantrage die Anwendung familienbezogener Steuervergünstigungen („Bescheinigung EU / EWR" bitte einreichen).

Weiterer Wohnsitz im Ausland im Kalenderjahr 2016 (abweichend von den Zeilen 11 bis 13):

Zeile	Anschrift	Staat		vom		bis
107			181	T T M M J J J J	182	T T M M J J J J

Zeile			stpfl. Person / Ehemann / Lebenspartner(in) A			Ehefrau / Lebenspartner(in) B	
108	Unterhalten Sie auf Dauer angelegte Geschäftsbeziehungen zu Finanzinstituten im Ausland?	116	2	1 = Ja 2 = Nein	117	2	1 = Ja 2 = Nein

Unterschrift

Die mit der Steuererklärung / dem Antrag angeforderten Daten werden aufgrund der §§ 149, 150 und 181 Abs. 2 der Abgabenordnung, der §§ 25, 46 und 51a Abs. 2d des Einkommensteuergesetzes sowie des § 14 Abs. 4 des Fünften Vermögensbildungsgesetzes erhoben.

109 Die Steuererklärung wurde unter Mitwirkung eines Angehörigen der steuerberatenden Berufe i. S. d. §§ 3 und 4 des Steuerberatungsgesetzes erstellt: ☐ 1 = Ja

Bei der Anfertigung dieser Steuererklärung hat mitgewirkt:

20.1.2017

110 Siegfried Steuermann Sieglinde Steuermann

Datum, Unterschrift(en) Steuererklärungen sind eigenhändig – bei Ehegatten / Lebenspartnern von beiden – zu unterschreiben.

Zeile		
1	Name	STEUERMANN
2	Vorname	SIEGFRIED
3	Steuernummer	12/345/678910

Anlage Vorsorgeaufwand

Angaben zu Vorsorgeaufwendungen

52

Beiträge zur Altersvorsorge

Zeile	Beiträge		stpfl. Person / Ehemann / Lebenspartner(in) A EUR		Ehefrau / Lebenspartner(in) B EUR
4	– lt. Nr. 23 a/b der Lohnsteuerbescheinigung (Arbeitnehmeranteil)	300	,–	400	,–
5	– zu landwirtschaftlichen Alterskassen; zu berufsständischen Versorgungseinrichtungen, die den gesetzlichen Rentenversicherungen vergleichbare Leistungen erbringen (abzüglich steuerfreier Zuschüsse lt. Nr. 22b der Lohnsteuerbescheinigung) – ohne Beiträge, die in Zeile 4 geltend gemacht werden –	301	,–	401	,–
6	– zu gesetzlichen Rentenversicherungen – ohne Beiträge, die in Zeile 4 geltend gemacht werden –	302	,–	402	,–
7	Erstattete Beiträge und / oder steuerfreie Zuschüsse zu den Zeilen 4 bis 6 (ohne Zuschüsse, die von den Beiträgen lt. Zeile 8 abzuziehen sind und ohne Zuschüsse lt. Zeile 9 und 10)	309	,–	409	,–
8	Beiträge zu zertifizierten Basisrentenverträgen (sog. Rürup-Verträge) mit Laufzeitbeginn nach dem 31.12.2004 (abzgl. steuerfreier Zuschüsse) – ohne Altersvorsorgebeiträge, die in der Anlage AV geltend gemacht werden –	303	,–	403	,–
9	Arbeitgeberanteil / -zuschuss lt. Nr. 22 a/b der Lohnsteuerbescheinigung	304	,–	404	,–
10	Arbeitgeberanteil zu gesetzlichen Rentenversicherungen im Rahmen einer pauschal besteuerten geringfügigen Beschäftigung (bitte Anleitung beachten)	306	,–	406	,–

Eine Eintragung ist stets vorzunehmen; bei Zusammenveranlagung von jedem Ehegatten / Lebenspartner:
Haben Sie zu Ihrer Krankenversicherung oder Ihren Krankheitskosten Anspruch auf
– steuerfreie Zuschüsse (z. B. Rentner aus der gesetzlichen Rentenversicherung) oder
– steuerfreie Arbeitgeberbeiträge (z. B. sozialversicherungspfl. Arbeitnehmer und deren mitversicherter Ehegatte / Lebenspartner) oder
11 – steuerfreie Beihilfen (z. B. Beamte oder Versorgungsempfänger und deren Ehegatten / Lebenspartner)? 307 1 (1 = Ja, 2 = Nein) 407 1 (1 = Ja, 2 = Nein)

Beiträge zur inländischen gesetzlichen Kranken- und Pflegeversicherung

Zeile			A		B
12	Arbeitnehmerbeiträge zu Krankenversicherungen lt. Nr. 25 der Lohnsteuerbescheinigung	320	,–	420	1271,–
13	In Zeile 12 enthaltene Beiträge, aus denen sich kein Anspruch auf Krankengeld ergibt	322	,–	422	1271,–
14	Arbeitnehmerbeiträge zu sozialen Pflegeversicherungen lt. Nr. 26 der Lohnsteuerbescheinigung	323	,–	423	184,–
	Zu den Zeilen 12 bis 14:				
15	Von der Kranken- und / oder sozialen Pflegeversicherung erstattete Beiträge	324	,–	424	,–
16	In Zeile 15 enthaltene Beiträge zur Krankenversicherung, aus denen sich kein Anspruch auf Krankengeld ergibt, und zur sozialen Pflegeversicherung	325	,–	425	,–
17	Beiträge zu Krankenversicherungen – ohne Beiträge, die in Zeile 12 geltend gemacht werden – (z. B. bei Rentnern; bei freiwillig gesetzlich versicherten Selbstzahlern, wenn in die Datenübermittlung eingewilligt oder dieser nicht widersprochen wurde)	326	1607,–	426	863,–
18	In Zeile 17 enthaltene Beiträge zur Krankenversicherung, aus denen sich ein Anspruch auf Krankengeld ergibt	328	,–	428	,–
19	Beiträge zu sozialen Pflegeversicherungen – ohne Beiträge, die in Zeile 14 geltend gemacht werden – (z. B. bei Rentnern; bei freiwillig gesetzlich versicherten Selbstzahlern, wenn in die Datenübermittlung eingewilligt oder dieser nicht widersprochen wurde)	329	450,–	429	243,–
	Zu den Zeilen 17 bis 19:				
20	Von der Kranken- und / oder sozialen Pflegeversicherung erstattete Beiträge	330	,–	430	,–
21	In Zeile 20 enthaltene Beiträge zur Krankenversicherung, aus denen sich ein Anspruch auf Krankengeld ergibt	331	,–	431	,–
22	Zuschuss zu den Beiträgen lt. Zeile 17 und / oder 19 – ohne Beträge lt. Zeile 37 und 39 – (z. B. von der Deutschen Rentenversicherung)	332	,–	432	,–
23	Über die Basisabsicherung hinausgehende Beiträge zu Krankenversicherungen (z. B. für Wahlleistungen, Zusatzversicherung) abzüglich erstatteter Beiträge	338	,–	438	,–

Beiträge zur inländischen privaten Kranken- und Pflegeversicherung

– Füllen Sie die Zeilen 24 bis 28 und 42 bis 45 nur aus, wenn Sie in die Datenübermittlung eingewilligt oder dieser nicht widersprochen haben. –

Zeile			A		B
24	Beiträge zu Krankenversicherungen (nur Basisabsicherung, keine Wahlleistungen)	350	,–	450	,–
25	Beiträge zu Pflege-Pflichtversicherungen	351	,–	451	,–
	Zu den Zeilen 24 und 25:				
26	Von der privaten Kranken- und / oder Pflege-Pflichtversicherung erstattete Beiträge	352	,–	452	,–
27	Zuschuss von dritter Seite zu den Beiträgen lt. Zeile 24 und / oder 25 (z. B. von der Deutschen Rentenversicherung)	353	,–	453	,–
28	Über die Basisabsicherung hinausgehende Beiträge zu Krankenversicherungen (z. B. für Wahlleistungen, Zusatzversicherung) abzüglich erstatteter Beiträge	354	,–	454	,–
29	Beiträge (abzüglich erstatteter Beiträge) zu zusätzlichen Pflegeversicherungen (ohne Pflege-Pflichtversicherung)	355	,–	455	,–

Beiträge zur ausländischen gesetzlichen oder privaten Kranken- und Pflegeversicherung

Zeile			stpfl. Person / Ehemann / Lebenspartner(in) A EUR		Ehefrau / Lebenspartner(in) B EUR
31	Beiträge (abzüglich steuerfreier Zuschüsse – ohne Beträge lt. Zeile 37 –) zur Krankenversicherung, die mit einer inländischen Krankenversicherung vergleichbar ist (nur Basisabsicherung, keine Wahlleistungen)	333	,—	433	,—
32	In Zeile 31 enthaltene Beiträge zur Krankenversicherung, aus denen sich kein Anspruch auf Krankengeld ergibt	334	,—	434	,—
33	Beiträge (abzüglich steuerfreier Zuschüsse – ohne Beträge lt. Zeile 39 –) zur sozialen Pflegeversicherung / Pflege-Pflichtversicherung, die mit einer inländischen Pflegeversicherung vergleichbar ist	335	,—	435	,—
34	**Zu den Zeilen 31 bis 33:** Von der Kranken- und / oder sozialen Pflegeversicherung / Pflege-Pflichtversicherung erstattete Beiträge	336	,—	436	,—
35	In Zeile 34 enthaltene Beiträge zur Krankenversicherung, aus denen sich kein Anspruch auf Krankengeld ergibt, und zur sozialen Pflegeversicherung	337	,—	437	,—
36	Über die Basisabsicherung hinausgehende Beiträge (abzüglich erstatteter Beiträge) zu Krankenversicherungen und zusätzlichen Pflegeversicherungen (z. B. für Wahlleistungen, Zusatzversicherung)	339	,—	439	,—

Steuerfreie Arbeitgeberzuschüsse

Steuerfreie Arbeitgeberzuschüsse zur

Zeile					
37	– gesetzlichen Krankenversicherung lt. Nr. 24 a der Lohnsteuerbescheinigung	360	,—	460	,—
38	– privaten Krankenversicherung lt. Nr. 24 b der Lohnsteuerbescheinigung	361	,—	461	,—
39	– gesetzlichen Pflegeversicherung lt. Nr. 24 c der Lohnsteuerbescheinigung	362	,—	462	,—

Als Versicherungsnehmer für andere Personen übernommene Kranken- und Pflegeversicherungsbeiträge

40 IdNr. der mitversicherten Person 600

„Andere Personen" sind z. B. Kinder, für die **kein** Anspruch auf Kindergeld / Kinderfreibetrag besteht (bei Anspruch auf Kindergeld / Kinderfreibetrag sind die Eintragungen in den Zeilen 31 bis 37 der Anlage Kind vorzunehmen).

41 Name, Vorname, Geburtsdatum der mitversicherten Person

Zeile			stpfl. Person / Ehegatten / Lebenspartner EUR
42	Beiträge (abzüglich steuerfreier Zuschüsse) zu privaten Krankenversicherungen (nur Basisabsicherung, keine Wahlleistungen)	601	,—
43	Beiträge (abzüglich steuerfreier Zuschüsse) zu Pflege-Pflichtversicherungen	602	,—
44	**Zu den Zeilen 42 bis 43:** Von der privaten Kranken- und / oder Pflege-Pflichtversicherung erstattete Beiträge	603	,—
45	Beiträge (abzüglich erstatteter Beiträge) zu privaten Kranken- und / oder Pflegeversicherungen (ohne Basisabsicherung, z. B. für Wahlleistungen, Zusatzversicherung)	604	,—

Weitere sonstige Vorsorgeaufwendungen

Zeile			stpfl. Person / Ehemann / Lebenspartner(in) A EUR		Ehefrau / Lebenspartner(in) B EUR
46	Arbeitnehmerbeiträge zur Arbeitslosenversicherung lt. Nr. 27 der Lohnsteuerbescheinigung	370	,—	470	,—
47	Beiträge (abzüglich steuerfreier Zuschüsse und erstatteter Beiträge) zu – Kranken- und Pflegeversicherungen **(Gesamtbetrag)** (nur einzutragen, wenn Sie nicht in die Datenübermittlung eingewilligt oder dieser widersprochen haben; Einträge zu zusätzlichen Pflegeversicherungen sind nur in Zeile 29 vorzunehmen)	371	,—	471	,—

Zeile			stpfl. Person / Ehegatten / Lebenspartner EUR
48	– Versicherungen gegen Arbeitslosigkeit – ohne Beiträge, die in Zeile 46 geltend gemacht werden –	500	,—
49	– freiwilligen eigenständigen Erwerbs- und Berufsunfähigkeitsversicherungen	501	,—
50	– Unfall- und Haftpflichtversicherungen sowie Risikoversicherungen, die nur für den Todesfall eine Leistung vorsehen	502	400,—
51	– Rentenversicherungen mit Kapitalwahlrecht und / oder Kapitallebensversicherungen mit einer Laufzeit von mindestens 12 Jahren sowie einem Laufzeitbeginn und der ersten Beitragszahlung vor dem 1.1.2005	503	,—
52	– Rentenversicherungen ohne Kapitalwahlrecht mit Laufzeitbeginn und erster Beitragszahlung vor dem 1.1.2005 (auch steuerpflichtige Beiträge zu Versorgungs- und Pensionskassen) – ohne Altersvorsorgebeiträge, die in der Anlage AV geltend gemacht werden –	504	,—

Ergänzende Angaben zu Vorsorgeaufwendungen

Es bestand 2016 keine gesetzliche Rentenversicherungspflicht aus dem **aktiven** Dienstverhältnis / aus der Tätigkeit

Zeile			stpfl. Person / Ehemann / Lebenspartner(in) A			Ehefrau / Lebenspartner(in) B	
53	– als Beamter / Beamtin	380		1 = Ja	480		1 = Ja
54	– als Vorstandsmitglied / GmbH-Gesellschafter-Geschäftsführer/in	381		1 = Ja	481		1 = Ja
	– als (z. B. Praktikant/in, Student/in im Praktikum)						
55	Bezeichnung: WEITERBESCHÄFTIGTE ALTERSRENTNERIN	382		1 = Ja	482	1	1 = Ja
56	Aufgrund des genannten Dienstverhältnisses / der Tätigkeit bestand hingegen eine Anwartschaft auf Altersversorgung	383		1 = Ja 2 = Nein	483		1 = Ja 2 = Nein
57	Die Anwartschaft auf Altersversorgung wurde ganz oder teilweise ohne eigene Beitragsleistungen erworben (Bei Vorstandsmitgliedern / GmbH-Gesellschafter-Geschäftsführern: Falls nein, bitte geeignete Unterlagen einreichen.)	384		1 = Ja 2 = Nein	484		1 = Ja 2 = Nein
58	Es wurde Arbeitslohn aus einem **nicht aktiven** Dienstverhältnis – insbesondere Betriebsrente / Werkspension – bezogen, bei dem es sich nicht um steuerbegünstigte Versorgungsbezüge (Zeilen 11 bis 16 der Anlage N) handelt. Bei Altersteilzeit ist hier keine Eintragung vorzunehmen.	385		1 = Ja	485		1 = Ja

Zeile		
1	Name	STEUERMANN
2	Vorname	SIEGFRIED
3	Steuernummer	12/345/678910

Anlage R

Jeder Ehegatte / Lebenspartner mit Renten und Leistungen aus Altersvorsorgeverträgen hat eine eigene Anlage R abzugeben.

☒ stpfl. Person / Ehemann Lebenspartner(in) A

☐ Ehefrau / Lebenspartner(in) B

7

Renten und andere Leistungen

Leibrenten / Leistungen

Zeile		1. Rente	2. Rente	3. Rente
4	1 = aus **inl. gesetzlichen Rentenversicherungen** 2 = aus **inl. landwirtschaftlicher Alterskasse** 3 = aus **inl. berufsständischen Versorgungseinrichtungen** 4 = aus eigenen **zertifizierten Basisrentenverträgen** 9 = aus **ausl. Versicherungen / Rentenverträgen**	100 1 Bitte 1, 2, 3, 4 oder 9 eintragen.	150 Bitte 1, 2, 3, 4 oder 9 eintragen.	200 Bitte 1, 2, 3, 4 oder 9 eintragen.
5	Rentenbetrag (einschließlich Einmalzahlung und Leistungen)	101 EUR 19129,–	151 EUR ,–	201 EUR ,–
6	Rentenanpassungsbetrag (in Zeile 5 enthalten)	102 1106,–	152 ,–	202 ,–
7	Beginn der Rente	103 01022012	153 TTMMJJJJ	203 TTMMJJJJ
	Vorhergehende Rente:			
8	Beginn der Rente	105 TTMMJJJJ	155 TTMMJJJJ	205 TTMMJJJJ
9	Ende der Rente	106 TTMMJJJJ	156 TTMMJJJJ	206 TTMMJJJJ
10	Nachzahlungen für mehrere vorangegangene Jahre / Kapitalauszahlung (in Zeile 5 enthalten)	111 ,–	161 ,–	211 ,–
	Öffnungsklausel:			
11	Prozentsatz (lt. Bescheinigung Ihres Versorgungsträgers)	112 , %	162 , %	212 , %
12	die Rente erlischt / wird umgewandelt spätestens am	113 TTMMJJJJ	163 TTMMJJJJ	213 TTMMJJJJ
13	bei Einmalzahlung: Betrag	114 ,–	164 ,–	214 ,–

Leibrenten (ohne Renten lt. Zeile 4)

Zeile		1. Rente	2. Rente	3. Rente
14	6 = aus **inl. privaten Rentenversicherungen** 7 = aus **inl. privaten Rentenversicherungen** mit zeitlich **befristeter Laufzeit** 8 = aus **sonstigen Verpflichtungsgründen** (z. B. Renten aus Veräußerungsgeschäften) 9 = aus **ausl. Versicherungen**	130 6 Bitte 6, 7, 8 oder 9 eintragen.	180 Bitte 6, 7, 8 oder 9 eintragen.	230 Bitte 6, 7, 8 oder 9 eintragen.
15	Rentenbetrag	131 EUR 2400,–	181 EUR ,–	231 EUR ,–
16	Beginn der Rente	132 01052012	182 TTMMJJJJ	232 TTMMJJJJ
17	Geburtsdatum des Erblassers bei Garantiezeitrenten	136 TTMMJJJJ	186 TTMMJJJJ	236 TTMMJJJJ
18	Die Rente erlischt mit dem Tod von			
19	Die Rente erlischt / wird umgewandelt spätestens am	133 TTMMJJJJ	183 TTMMJJJJ	233 TTMMJJJJ
20	Nachzahlungen für mehrere vorangegangene Jahre (in Zeile 15 enthalten)	134 ,–	184 ,–	234 ,–

Steuerstundungsmodelle

Einkünfte aus Gesellschaften / Gemeinschaften / ähnlichen Modellen i. S. d. § 15b EStG (lt. gesonderter Aufstellung) EUR

21 ,–

Leistungen aus Altersvorsorgeverträgen und aus der betrieblichen Altersversorgung

Zeile			1. Rente (EUR)		2. Rente (EUR)
31	Leistungen aus einem Altersvorsorgevertrag, einem Pensionsfonds, einer Pensionskasse oder aus einer Direktversicherung lt. Nummer 1 der Leistungsmitteilung	500	,–	550	,–
32	Leistungen aus einem Pensionsfonds lt. Nummer 2 der Leistungsmitteilung	501	,–	551	,–
33	Bemessungsgrundlage für den Versorgungsfreibetrag	502	,–	552	,–
34	Maßgebendes Kalenderjahr des Versorgungsbeginns	524	J J J J	574	J J J J
35	Bei unterjähriger Zahlung: Erster und letzter Monat, für den Versorgungsbezüge gezahlt wurden	522	Monat M M – 523 Monat M M	572	Monat M M – 573 Monat M M
36	Leistungen aus einer betrieblichen Altersversorgung lt. Nummer 3 der Leistungsmitteilung	505	,–	555	,–
37	Beginn der Leistung	506	T T M M J J J J	556	T T M M J J J J
38	Beginn der vorhergehenden Leistung	518	T T M M J J J J	568	T T M M J J J J
39	Ende der vorhergehenden Leistung	519	T T M M J J J J	569	T T M M J J J J
40	Leibrente aus einem Altersvorsorgevertrag oder aus einer betrieblichen Altersversorgung lt. Nummer 4 oder Leistungen wegen schädlicher Verwendung lt. Nummer 8a der Leistungsmitteilung	507	,–	557	,–
41	Beginn der Rente	508	T T M M J J J J	558	T T M M J J J J
42	Geburtsdatum des Erblassers bei Rentengarantiezeit	530	T T M M J J J J	580	T T M M J J J J
43	Abgekürzte Leibrente aus einem Altersvorsorgevertrag oder aus einer betrieblichen Altersversorgung lt. Nummer 5 oder Leistungen wegen schädlicher Verwendung lt. Nummer 8b der Leistungsmitteilung	509	,–	559	,–
44	Beginn der Rente	510	T T M M J J J J	560	T T M M J J J J
45	Die Rente erlischt / wird umgewandelt spätestens am	511	T T M M J J J J	561	T T M M J J J J
46	Andere Leistungen lt. den Nummern 6, 7 und 9 oder Leistungen wegen schädlicher Verwendung lt. den Nummern 8c und 8d der Leistungsmitteilung oder der Auflösungsbetrag bei Aufgabe der Selbstnutzung oder der Reinvestitionsabsicht **vor** dem Beginn der Auszahlungsphase oder der Verminderungsbetrag lt. Bescheid der Zentralen Zulagenstelle für Altersvermögen	512	,–	562	,–
47	Auflösungsbetrag bei Wahl der Einmalbesteuerung des Wohnförderkontos lt. Bescheid der Zentralen Zulagenstelle für Altersvermögen	535	,–	585	,–
48	Auflösungsbetrag bei Aufgabe der Selbstnutzung oder der Reinvestitionsabsicht **nach** dem Beginn der Auszahlungsphase lt. Bescheid der Zentralen Zulagenstelle für Altersvermögen	536	,–	586	,–
49	Beginn der Auszahlungsphase	537	T T M M J J J J	587	T T M M J J J J
50	Zeitpunkt der Aufgabe der Selbstnutzung oder Reinvestitionsabsicht	538	T T M M J J J J	588	T T M M J J J J
51	Nachzahlungen für mehrere vorangegangene Jahre (lt. Nummer 10 der Leistungsmitteilung)	516	,–	566	,–

Werbungskosten

Zeile	Art der Aufwendungen	Kz	EUR
52	Werbungskosten zu den Zeilen 5 und 15 (Art der Aufwendungen): RENTENBERATUNG, GEWERKSCHAFTSBEITRAG	800	195,–
53	Werbungskosten zu den Zeilen 10 und 20 (Art der Aufwendungen)	801	,–
54	Werbungskosten zu den Zeilen 31 und 46 (Art der Aufwendungen)	802	,–
55	Werbungskosten zu Zeile 32 (Art der Aufwendungen)	803	,–
56	Werbungskosten zu den Zeilen 36, 40 und 43 (Art der Aufwendungen)	806	,–
57	Werbungskosten zu Zeile 47 (Art der Aufwendungen)	808	,–
58	Werbungskosten zu Zeile 48 (Art der Aufwendungen)	809	,–
59	Werbungskosten zu Zeile 51 (Art der Aufwendungen)	805	,–

Anlage KAP

- [x] zur Einkommensteuererklärung
- [ ] zur Erklärung zur Festsetzung der Kirchensteuer auf Kapitalerträge
- [x] stpfl. Person / Ehemann / Lebenspartner(in) A
- [ ] Ehefrau / Lebenspartner(in) B

1 Name: STEUERMANN

2 Vorname: SIEGFRIED

3 **Steuernummer** 12/345/678910

Bitte Steuerbescheinigung(en) im Original einreichen!

Einkünfte aus Kapitalvermögen, Anrechnung von Steuern

54

Anträge

Zeile		Kz.	Eintrag	
4	Ich beantrage die Günstigerprüfung für sämtliche Kapitalerträge. **(Bei Zusammenveranlagung: Die Anlage KAP meines Ehegatten / Lebenspartners ist beigefügt.)**	01	1	1 = Ja
5	Ich beantrage eine Überprüfung des Steuereinbehalts für bestimmte Kapitalerträge.	02		1 = Ja

Erklärung zur Kirchensteuerpflicht

Zeile		Kz.	Eintrag	
6	Ich bin kirchensteuerpflichtig und habe Kapitalerträge erzielt, von denen Kapitalertragsteuer, aber keine Kirchensteuer einbehalten wurde.	03		1 = Ja

Kapitalerträge, die dem inländischen Steuerabzug unterlegen haben

Zeile		Kz.	Beträge lt. Steuerbescheinigung(en) EUR	Kz.	korrigierte Beträge (lt. gesonderter Aufstellung) EUR
7	Kapitalerträge	10	1955,–	20	,–
8	In Zeile 7 enthaltene Gewinne aus Aktienveräußerungen i. S. d. § 20 Abs. 2 Satz 1 Nr. 1 EStG	12	155,–	22	,–
9	Ersatzbemessungsgrundlage i. S. d. § 43a Abs. 2 Satz 7, 10, 13 und 14 EStG (enthalten in Zeile 7)	14	,–	24	,–
10	Nicht ausgeglichene Verluste **ohne** Verluste aus der Veräußerung von Aktien	15	,–	25	,–
11	Nicht ausgeglichene Verluste aus der Veräußerung von Aktien i. S. d. § 20 Abs. 2 Satz 1 Nr. 1 EStG	16	,–	26	,–

Sparer-Pauschbetrag

Zeile		Kz.	EUR
12	In Anspruch genommener Sparer-Pauschbetrag, der auf die in den Zeilen 7 bis 11 erklärten Kapitalerträge entfällt (ggf. „0“)	17	1602,–
	Bei Eintragungen in den Zeilen 7 bis 11, 14 bis 20, 33 bis 44, 58 und 60:		
13	In Anspruch genommener Sparer-Pauschbetrag, der auf die in der Anlage KAP **nicht** erklärten Kapitalerträge entfällt (ggf. „0“)	18	,–

Kapitalerträge, die nicht dem inländischen Steuerabzug unterlegen haben

Zeile		Kz.	EUR
14	Inländische Kapitalerträge (ohne Betrag lt. Zeile 19)	30	,–
15	Ausländische Kapitalerträge (ohne Betrag lt. Zeile 58)	34	,–
16	In den Zeilen 14 und 15 enthaltene Gewinne aus Aktienveräußerungen i. S. d. § 20 Abs. 2 Satz 1 Nr. 1 EStG	32	,–
17	In den Zeilen 14 und 15 enthaltene Verluste **ohne** Verluste aus der Veräußerung von Aktien	35	,–
18	In den Zeilen 14 und 15 enthaltene Verluste aus der Veräußerung von Aktien i. S. d. § 20 Abs. 2 Satz 1 Nr. 1 EStG	36	,–
19	Zinsen, die vom Finanzamt für Steuererstattungen gezahlt wurden	60	,–

Kapitalerträge, die der tariflichen Einkommensteuer unterliegen

(nicht in den Zeilen 7, 14, 15, 33 und 38 enthalten)

Zeile		Kz.	EUR
20	Hinzurechnungsbetrag nach § 10 AStG	75	,–
21	Laufende Einkünfte aus sonstigen Kapitalforderungen jeder Art, aus stiller Gesellschaft und partiarischen Darlehen (ohne Betrag lt. Zeile 60)	70	,–
22	Gewinn aus der Veräußerung oder Einlösung von Kapitalanlagen lt. Zeile 21	71	,–
23	Ich beantrage für die Einkünfte lt. Zeile 24 die Anwendung der tariflichen Einkommensteuer – ***bitte Anleitung beachten*** –		1 = Ja
	Laufende Einkünfte aus einer unternehmerischen Beteiligung an einer Kapitalgesellschaft		
24	Gesellschaft, Finanzamt und Steuernummer	72	,–

Steuerstundungsmodelle

Zeile		EUR
	Einkünfte aus Gesellschaften / Gemeinschaften / ähnlichen Modellen i. S. d. § 15b EStG (lt. gesonderter Aufstellung)	
25		,–

Erträge aus Beteiligungen (lt. gesonderter und einheitlicher Feststellung)

1. Beteiligung
Gemeinschaft, Finanzamt und Steuernummer
31

2. Beteiligung
Gemeinschaft, Finanzamt und Steuernummer
32

Zeile		Kz	EUR
	– mit inländischem Steuerabzug		
33	Kapitalerträge	40	,–
34	In Zeile 33 enthaltene Gewinne aus Aktienveräußerungen i. S. d. § 20 Abs. 2 Satz 1 Nr. 1 EStG	42	,–
35	Ersatzbemessungsgrundlage i. S. d. § 43a Abs. 2 Satz 7, 10, 13 und 14 EStG (enthalten in Zeile 33)	44	,–
36	Nicht ausgeglichene Verluste **ohne** Verluste aus der Veräußerung von Aktien	45	,–
37	Nicht ausgeglichene Verluste aus der Veräußerung von Aktien i. S. d. § 20 Abs. 2 Satz 1 Nr. 1 EStG	46	,–
	– ohne inländischen Steuerabzug		
38	Kapitalerträge (ohne Beträge lt. Zeile 42 und 58)	50	,–
39	In Zeile 38 enthaltene Gewinne aus Aktienveräußerungen i. S. d. § 20 Abs. 2 Satz 1 Nr. 1 EStG	52	,–
40	In Zeile 38 enthaltene Verluste **ohne** Verluste aus der Veräußerung von Aktien	55	,–
41	In Zeile 38 enthaltene Verluste aus der Veräußerung von Aktien i. S. d. § 20 Abs. 2 Satz 1 Nr. 1 EStG	56	,–
42	Gewinn aus der Veräußerung anteiliger Wirtschaftsgüter bei Veräußerung einer unmittelbaren oder mittelbaren Beteiligung an einer Personengesellschaft	61	,–
43	In Zeile 42 enthaltene Gewinne / Verluste aus Aktienveräußerungen	62	,–
	– die der tariflichen Einkommensteuer unterliegen		
44	Hinzurechnungsbetrag nach § 10 AStG	76	,–
45	Laufende Einkünfte aus sonstigen Kapitalforderungen jeder Art, aus stiller Gesellschaft und partiarischen Darlehen (ohne Betrag lt. Zeile 60)	73	,–
46	Gewinn aus der Veräußerung oder Einlösung von Kapitalanlagen lt. Zeile 45	74	,–

Steuerabzugsbeträge zu Erträgen in den Zeilen 7 bis 18 und zu Beteiligungen in den Zeilen 31 bis 43

Zeile		Kz	lt. Bescheinigung(en) EUR, Ct	Kz	aus Beteiligungen EUR, Ct
47	Kapitalertragsteuer	80	86,31	90	,
48	Solidaritätszuschlag	81	4,75	91	,
49	Kirchensteuer zur Kapitalertragsteuer	82	7,77	92	,
50	Angerechnete ausländische Steuern	83	,	93	,
51	Anrechenbare noch nicht angerechnete ausländische Steuern	84	,	94	,
52	Fiktive ausländische Quellensteuern (nicht in den Zeilen 50 und 51 enthalten)	85	,	95	,

Anzurechnende Steuern zu Erträgen in den Zeilen 21 bis 24, 45 und 46 und aus anderen Einkunftsarten

Zeile		Kz	EUR, Ct	Kz	EUR, Ct
53	Kapitalertragsteuer	86	,	96	,
54	Solidaritätszuschlag	87	,	97	,
55	Kirchensteuer zur Kapitalertragsteuer	88	,	98	,

Beschränkung der Anrechenbarkeit der Kapitalertragsteuer nach § 36a EStG

56 Ich habe Kapitalerträge erzielt, bei denen die Voraussetzungen für eine volle Anrechnung der Kapitalertragsteuer nach § 36a EStG nicht erfüllt sind. 06 1 = Ja

Nach der Zinsinformationsverordnung (ZIV) anzurechnende Quellensteuern

Zeile		Kz	EUR, Ct
57	Summe der anzurechnenden Quellensteuern nach der ZIV (lt. Bescheinigung)	99	,

Familienstiftungen nach § 15 AStG (lt. Feststellung)

Einkünfte einer ausländischen Familienstiftung, die **nicht** der tariflichen Einkommensteuer unterliegen

Zeile		Kz	EUR, Ct
58	Bezeichnung, Finanzamt und Steuernummer	38	,–
59	Anzurechnende ausländische Steuern (zu Zeile 58)	08	,
60	Einkünfte einer ausländischen Familienstiftung, die der tariflichen Einkommensteuer unterliegen (siehe Zeile 18 der Anlage AUS)	78	,–

Zeile		
1	Name / Gemeinschaft	STEUERMANN
2	Vorname	SIEGFRIED
3	Steuernummer	12/345/678910

Anlage SO

☒ zur Einkommensteuererklärung

☐ zur Feststellungserklärung

Sonstige Einkünfte (ohne Renten und ohne Leistungen aus Altersvorsorgeverträgen)

55

Zeile		Kz	stpfl. Person / Ehemann / Lebenspartner(in) A / Gemeinschaft EUR	Kz	Ehefrau / Lebenspartner(in) B EUR
	Wiederkehrende Bezüge				
4	Einnahmen aus	158	,—	159	,—
	Ausgleichsleistungen zur Vermeidung des Versorgungsausgleichs		EUR		EUR
5	soweit sie vom Geber als Sonderausgaben abgezogen werden können	144	,—	145	,—
	Unterhaltsleistungen		EUR		EUR
6	soweit sie vom Geber als Sonderausgaben abgezogen werden können	146	,—	147	,—
	Werbungskosten		EUR		EUR
7	zu den Zeilen 4 bis 6	160	,—	161	,—
	Leistungen		EUR		EUR
8	Einnahmen aus		,—		,—
9	Einnahmen aus	+	,—	+	,—
10	Summe der Zeilen 8 und 9	164	,—	165	,—
11	Werbungskosten zu den Zeilen 8 und 9	176 –	,—	177 –	,—
12	Einkünfte	=	,—	=	,—
13	Die 2015 nach Maßgabe des § 10d Abs. 1 EStG vorzunehmende Verrechnung nicht ausgeglichener negativer Einkünfte 2016 aus Leistungen (Zeile 12) soll wie folgt begrenzt werden		,—		,—
	Abgeordnetenbezüge		EUR		EUR
14	Steuerpflichtige Einnahmen ohne Vergütung für mehrere Jahre	200	,—	201	,—
15	In Zeile 14 enthaltene Versorgungsbezüge	202	,—	203	,—
16	Bemessungsgrundlage für den Versorgungsfreibetrag	204	,—	205	,—
17	Maßgebendes Kalenderjahr des Versorgungsbeginns	216	JJJJ	217	JJJJ
18	**Bei unterjähriger Zahlung:** Erster und letzter Monat, für den Versorgungsbezüge gezahlt wurden	206	Monat MM – 208 Monat MM	207	Monat MM – 209 Monat MM
19	Sterbegeld, Kapitalauszahlungen / Abfindungen und Nachzahlungen von Versorgungsbezügen (in Zeile 14 enthalten)	210	,—	211	,—
20	In Zeile 14 **nicht** enthaltene Vergütungen für mehrere Jahre (lt. gesonderter Aufstellung)	212	,—	213	,—
21	In Zeile 20 enthaltene Versorgungsbezüge	214	,—	215	,—
22	Aufgrund der vorgenannten Tätigkeit als Abgeordnete(r) bestand eine Anwartschaft auf Altersversorgung ganz oder teilweise ohne eigene Beitragsleistung	242	1 = Ja 2 = Nein	243	1 = Ja 2 = Nein
	Steuerstundungsmodelle		EUR		EUR
23	Einkünfte aus Gesellschaften / Gemeinschaften / ähnlichen Modellen i. S. d. § 15b EStG (lt. gesonderter Aufstellung)		,—		,—

Private Veräußerungsgeschäfte

Grundstücke und grundstücksgleiche Rechte (z. B. Erbbaurecht) In den Zeilen 34 bis 40 bitte nur den steuerpflichtigen Anteil erklären.

Bezeichnung des Grundstücks (Lage) / des Rechts

31 MEISENWEG 7, 12435 STEUERHAUSEN, WOHNUNG EG

32 Zeitpunkt der Anschaffung (z. B. Datum des Kaufvertrags, Zeitpunkt der Entnahme aus dem Betriebsvermögen) 0 1 0 7 1 0 — Zeitpunkt der Veräußerung (z. B. Datum des Kaufvertrags, auch nach vorheriger Einlage ins Betriebsvermögen) 3 0 0 6 1 6

Nutzung des Grundstücks bis zur Veräußerung

33 X zu eigenen Wohnzwecken — vom – bis: ___ — ___ m² — × zu anderen Zwecken (z. B. als Arbeitszimmer, zur Vermietung) — vom – bis: 1.7.10–30.6.16 — 80 m²

			EUR
34	Veräußerungspreis oder an dessen Stelle tretender Wert (z. B. Teilwert, gemeiner Wert)		240 000,–
35	Anschaffungs- / Herstellungskosten oder an deren Stelle tretender Wert (z. B. Teilwert, gemeiner Wert) ggf. zzgl. nachträglicher Anschaffungs- / Herstellungskosten	–	220 000,–
36	Absetzungen für Abnutzung / Erhöhte Absetzungen / Sonderabschreibungen	+	24 000,–
37	Werbungskosten im Zusammenhang mit dem Veräußerungsgeschäft	–	2 560,–
38	Gewinn / Verlust (zu übertragen nach Zeile 39)	=	41 440,–

			stpfl. Person / Ehemann / Lebenspartner(in) A / Gemeinschaft EUR		Ehefrau / Lebenspartner(in) B EUR
39	**Zurechnung des Betrags aus Zeile 38**	110	41 440,–	111	,–
40	Gewinne / Verluste aus weiteren Veräußerungen von Grundstücken und grundstücksgleichen Rechten (lt. gesonderter Aufstellung)	112	,–	113	,–

Andere Wirtschaftsgüter (Veräußerungen von Gegenständen des täglichen Gebrauchs sind ausgenommen)

Art des Wirtschaftsguts

41

42 Zeitpunkt der Anschaffung (z. B. Datum des Kaufvertrags) T T M M J J — Zeitpunkt der Veräußerung (z. B. Datum des Kaufvertrags) T T M M J J

			EUR
43	Veräußerungspreis oder an dessen Stelle tretender Wert (z. B. gemeiner Wert)		,–
44	Anschaffungskosten (ggf. gemindert um Absetzung für Abnutzung) oder an deren Stelle tretender Wert (z. B. Teilwert, gemeiner Wert)	–	,–
45	Werbungskosten im Zusammenhang mit dem Veräußerungsgeschäft	–	,–
46	Gewinn / Verlust (zu übertragen nach Zeile 47)	=	,–

			stpfl. Person / Ehemann / Lebenspartner(in) A / Gemeinschaft EUR		Ehefrau / Lebenspartner(in) B EUR
47	**Zurechnung des Betrags aus Zeile 46**	114	,–	115	,–
48	Gewinne / Verluste aus weiteren Veräußerungen von anderen Wirtschaftsgütern (lt. gesonderter Aufstellung)	116	,–	117	,–

Anteile an Einkünften

Gemeinschaft, Finanzamt und Steuernummer

49

			EUR		EUR
50	Anteil am Gewinn / Verlust	134	,–	135	,–
51	Die 2015 nach Maßgabe des § 10d Abs. 1 EStG vorzunehmende Verrechnung nicht ausgeglichener negativer Einkünfte 2016 aus privaten Veräußerungsgeschäften soll wie folgt begrenzt werden		,–		,–

1	Name	STEUERMANN
2	Vorname	SIEGFRIED
3	Steuernummer	12/345/678910

Anlage S

Jeder Ehegatte / Lebenspartner mit Einkünften aus selbständiger Arbeit hat eine eigene Anlage S abzugeben.

[X] stpfl. Person / Ehemann / Lebenspartner(in) A

[ ] Ehefrau / Lebenspartner(in) B

Einkünfte aus selbständiger Arbeit

Bei Inanspruchnahme der §§ 4g, 6b, 6c, 7g EStG und / oder R 6.6 EStR und bis zur vollständigen Auflösung / Übertragung, bei Ausführung umsatzsteuerpflichtiger Umsätze unter Verzicht auf die Kleinunternehmerregelung sowie bei Betriebseinnahmen ab 17.500 € ist für jeden Betrieb, soweit keine Bilanz erstellt wird, zusätzlich eine Anlage EÜR elektronisch zu übermitteln. Eine Bilanz ist stets elektronisch zu übermitteln.

Gewinn (ohne die Beträge in den Zeilen 31, 35 und 40; bei ausländischen Einkünften: Anlage AUS beachten) — 22

Zeile		Kennzahl	EUR
4	aus freiberuflicher Tätigkeit (genaue Berufsbezeichnung oder Tätigkeit): VORTRÄGE LT. GEWINNERMITTLUNG	100/300	1 250,–
5	aus einer weiteren freiberuflichen Tätigkeit (genaue Berufsbezeichnung oder Tätigkeit)	101/301	,–
6	lt. gesonderter Feststellung (Finanzamt und Steuernummer)	110/310	,–
7	aus Beteiligung (Gesellschaft, Finanzamt und Steuernummer) 1. Beteiligung	120/320	,–
8	aus allen weiteren Beteiligungen	130/330	,–
9	aus Gesellschaften / Gemeinschaften / ähnlichen Modellen i. S. d. § 15b EStG		,–
10	aus sonstiger selbständiger Arbeit (z. B. als Aufsichtsratsmitglied)	140/340	,–
11	aus allen weiteren Tätigkeiten (genau bezeichnen)	150/350	,–
12	In den Zeilen 4 bis 8, 10 und 11 nicht enthaltener steuerfreier Teil der Einkünfte, für die das **Teileinkünfteverfahren** gilt – Berechnung lt. gesonderter Aufstellung –	160/360	,–
13	In den Zeilen 4 bis 8 enthaltene positive Einkünfte i. S. d. § 2 Abs. 4 UmwStG	131/331	,–
14	Steuerpflichtiger Teil der Leistungsvergütungen als Beteiligter einer Wagniskapitalgesellschaft, die **vor** dem 1.1.2009 gegründet wurde (§ 18 Abs. 1 Nr. 4 EStG) — Gesellschaft, Finanzamt und Steuernummer	170/370	,–
15	Steuerpflichtiger Teil der Leistungsvergütungen als Beteiligter einer Wagniskapitalgesellschaft, die **nach** dem 31.12.2008 gegründet wurde (§ 18 Abs. 1 Nr. 4 EStG) — Gesellschaft, Finanzamt und Steuernummer	180/380	,–
16	Ich beantrage für den in den Zeilen 4 bis 8 und 35 enthaltenen Gewinn die Begünstigung nach § 34a EStG und / oder es wurde zum 31.12.2015 ein nachversteuerungspflichtiger Betrag festgestellt. Einzureichende **Anlage(n) 34a**		Anzahl

Veräußerungsgewinn

vor Abzug etwaiger Freibeträge bei Veräußerung / Aufgabe eines **ganzen Betriebs,** eines **Teilbetriebs,** eines ganzen **Mitunternehmeranteils** (§ 16 EStG)

Zeile		Kennzahl	EUR
31	Veräußerungsgewinn, für den der **Freibetrag nach § 16 Abs. 4 EStG** wegen dauernder Berufsunfähigkeit oder Vollendung des 55. Lebensjahres **beantragt** wird. Für nach dem 31.12.1995 erfolgte Veräußerungen / Aufgaben wurde der Freibetrag nach § 16 Abs. 4 EStG bei keiner Einkunftsart in Anspruch genommen.	200/400	,–
32	In Zeile 31 enthaltener steuerpflichtiger Teil, für den das **Teileinkünfteverfahren** gilt	210/410	,–
33	Auf den Veräußerungsgewinn lt. Zeile 31 wurde zumindest teilweise § 6b oder § 6c EStG angewendet.	201/401	1 = Ja
34	Veräußerungsgewinn lt. Zeile 31, für den der **ermäßigte Steuersatz** des § 34 Abs. 3 EStG wegen dauernder Berufsunfähigkeit oder Vollendung des 55. Lebensjahres beantragt wird. Für nach dem 31.12.2000 erfolgte Veräußerungen / Aufgaben wurde der ermäßigte Steuersatz des § 34 Abs. 3 EStG bei keiner Einkunftsart in Anspruch genommen.	220/420	,–
35	Veräußerungsgewinn(e), für den / die der **Freibetrag nach § 16 Abs. 4 EStG nicht beantragt** wird oder **nicht zu gewähren** ist	230/430	,–
36	In Zeile 35 enthaltener steuerpflichtiger Teil, für den das **Teileinkünfteverfahren** gilt	240/440	,–
37	Auf den / die Veräußerungsgewinn(e) lt. Zeile 35 wurde zumindest teilweise § 6b oder § 6c EStG angewendet.	231/431	1 = Ja, für die / alle Veräußerung(en) 2 = Ja, aber nicht für alle Veräußerungen
38	In Zeile 35 enthaltener Veräußerungsgewinn, für den der **ermäßigte Steuersatz** des § 34 Abs. 3 EStG wegen dauernder Berufsunfähigkeit oder Vollendung des 55. Lebensjahres beantragt wird. Für nach dem 31.12.2000 erfolgte Veräußerungen / Aufgaben wurde der ermäßigte Steuersatz des § 34 Abs. 3 EStG bei keiner Einkunftsart in Anspruch genommen.	250/450	,–
39	In Zeile 38 enthaltener steuerpflichtiger Teil, für den das **Teileinkünfteverfahren** gilt	260/460	,–
40	Veräußerungsverlust nach § 16 EStG	270/470	,–
41	In Zeile 40 enthaltener steuerpflichtiger Teil, für den das **Teileinkünfteverfahren** gilt	280/480	,–

42 X **Zu den Zeilen 31 bis 39:** Erwerber ist eine Gesellschaft, an der die veräußernde Person oder ein Angehöriger beteiligt ist (lt. gesonderter Aufstellung).

Sonstiges

Zeile		Kennzahl	EUR
43	In den Zeilen 4 bis 11 enthaltene begünstigte sonstige Gewinne i. S. d. § 34 Abs. 2 Nr. 2 bis 4 EStG	190/390	,–
44	Saldo aus **Entnahmen und Einlagen** i. S. d. § 4 Abs. 4a EStG im Wirtschaftsjahr **(bei mehreren Betrieben Erläuterungen lt. gesonderter Aufstellung)**		,–
45	**Schuldzinsen** aus der Finanzierung von Anschaffungs- / Herstellungskosten von Wirtschaftsgütern des **Anlagevermögens**		,–

Einnahmen aus der nebenberuflichen Tätigkeit als

Zeile		Kennzahl	Gesamtbetrag	Kennzahl	davon als steuerfrei behandelt	Rest enthalten in Zeile(n)
46	DOZENT VOLKSHOCHSCHULE	191/391	2 800 €	192/392	2 400 €	4
47		193/393	€	194/394	€	

Zeile			
1	Name: STEUERMANN		**Anlage N** Jeder Ehegatte / Lebenspartner mit Einkünften aus nichtselbständiger Arbeit hat eine eigene Anlage N abzugeben.
2	Vorname: SIEGLINDE		
3	**Steuernummer** 12/345/678910		stpfl. Person / Ehemann / Lebenspartner(in) A
4	eTIN lt. Lohnsteuerbescheinigung(en), sofern vorhanden: STRMSGLN42K10X	eTIN lt. weiterer Lohnsteuerbescheinigung(en), sofern vorhanden: STRMSGLN42K302	X Ehefrau / Lebenspartner(in) B

Einkünfte aus nichtselbständiger Arbeit

4

Zeile	Angaben zum Arbeitslohn	Kz.	Lohnsteuerbescheinigung(en) Steuerklasse 1 – 5 (EUR, Ct)	Kz.	Lohnsteuerbescheinigung(en) Steuerklasse 6 oder einer Urlaubskasse (EUR, Ct)
5	**Steuerklasse**	168	3		
6	Bruttoarbeitslohn	110	8400,—	111	3600,—
7	Lohnsteuer	140	0,00	141	247,00
8	Solidaritätszuschlag	150	0,00	151	0,00
9	Kirchensteuer des Arbeitnehmers	142	,	143	,
10	**Nur bei Konfessionsverschiedenheit:** Kirchensteuer für den Ehegatten / Lebenspartner	144	,	145	,
			1. Versorgungsbezug		2. Versorgungsbezug
11	**Steuerbegünstigte Versorgungsbezüge** (in Zeile 6 enthalten)	200	3600,—	210	,—
12	Bemessungsgrundlage für den Versorgungsfreibetrag lt. Nr. 29 der Lohnsteuerbescheinigung	201	3600,—	211	,—
13	Maßgebendes Kalenderjahr des Versorgungsbeginns lt. Nr. 30 der Lohnsteuerbescheinigung	206	2013	216	JJJJ
14	Bei unterjähriger Zahlung: Erster und letzter Monat, für den Versorgungsbezüge gezahlt wurden, lt. Nr. 31 der Lohnsteuerbescheinigung	202 – 203	Monat MM – Monat MM	212 – 213	Monat MM – Monat MM
15	Sterbegeld, Kapitalauszahlungen / Abfindungen und Nachzahlungen von Versorgungsbezügen lt. Nr. 32 der Lohnsteuerbescheinigung (in den Zeilen 6 und 11 enthalten)	204	,—	214	,—
16	Ermäßigt zu besteuernde Versorgungsbezüge für mehrere Jahre lt. Nr. 9 der Lohnsteuerbescheinigung	205	,—	215	,—
17	**Entschädigungen** (Bitte Vertragsunterlagen einreichen) / **Arbeitslohn für mehrere Jahre**			166	,—
18	Steuerabzugsbeträge zu den Zeilen 16 und 17: Lohnsteuer	146	,	152 Solidaritätszuschlag	,
19	Kirchensteuer Arbeitnehmer	148	,	149 Kirchensteuer Ehegatte / Lebenspartner	,
20	Steuerpflichtiger Arbeitslohn, von dem kein Steuerabzug vorgenommen worden ist (soweit nicht in der Lohnsteuerbescheinigung enthalten)			115	,—
21	Steuerfreier Arbeitslohn nach Doppelbesteuerungsabkommen / sonstigen zwischenstaatlichen Übereinkommen (Übertrag aus den Zeilen 52, 70 und / oder 81 der ersten **Anlage N-AUS**)			139	,—
22	Steuerfreier Arbeitslohn nach Auslandstätigkeitserlass (Übertrag aus Zeile 66 der ersten **Anlage N-AUS**)			136	,—
23	Steuerfreie Einkünfte (Besondere Lohnbestandteile) nach Doppelbesteuerungsabkommen / sonstigen zwischenstaatlichen Übereinkommen / Auslandstätigkeitserlass (Übertrag aus Zeile 80 der ersten **Anlage N-AUS**)			178	,—
24	Beigefügte **Anlage(n) N-AUS**				Anzahl
25	Grenzgänger nach (Beschäftigungsland)	116	Arbeitslohn in ausländischer Währung ,—	135	Schweizerische Abzugsteuer in SFr ,
26	Steuerfrei erhaltene Aufwandsentschädigungen / Einnahmen		aus der Tätigkeit als	118	EUR ,—
27	**Kurzarbeitergeld, Zuschuss zum Mutterschaftsgeld, Verdienstausfallentschädigung nach dem Infektionsschutzgesetz, Aufstockungsbeträge nach dem Altersteilzeitgesetz, Altersteilzeitzuschläge nach Besoldungsgesetzen (lt. Nr. 15 der Lohnsteuerbescheinigung)**			119	,—
28	**Angaben über Zeiten und Gründe der Nichtbeschäftigung** (Bitte Nachweise einreichen)				

Werbungskosten – ohne Beträge lt. Zeile 91 bis 94 – 8

Wege zwischen Wohnung und erster Tätigkeitsstätte / Sammelpunkt / weiträumigem Tätigkeitsgebiet (Entfernungspauschale)

Zeile	Erste Tätigkeitsstätte in (PLZ, Ort und Straße)	vom	bis	Arbeitstage je Woche	Urlaubs- und Krankheitstage
31	12305 BERLIN, STEUERNAGELSTR. 45	0101	3112	5	30
32		TTMM	TTMM		

Sammelpunkt / nächstgelegener Zugang zum weiträumigen Tätigkeitsgebiet (PLZ, Ort und Straße)

Zeile		vom	bis		
33		TTMM	TTMM		
34		TTMM	TTMM		

Zeile	Ort lt. Zeile	aufgesucht an Tagen	einfache Entfernung	davon mit eigenem oder zur Nutzung überlassenem Pkw zurückgelegt	davon mit Sammelbeförderung des Arbeitgebers zurückgelegt	davon mit öffentl. Verkehrsmitteln, Motorrad, Fahrrad o. Ä., als Fußgänger, als Mitfahrer einer Fahrgemeinschaft zurückgelegt	Aufwendungen für Fahrten mit öffentlichen Verkehrsmitteln (ohne Flug- und Fährkosten) EUR	Behinderungsgrad mind. 70 oder mind. 50 und Merkzeichen „G"
35	31	110 220	111 10 km	112 km	113 km	10 km	114 ,—	115 1 = Ja
36		130	131 km	132 km	133 km	km	134 ,—	135 1 = Ja
37		150	151 km	152 km	153 km	km	154 ,—	155 1 = Ja
38		170	171 km	172 km	173 km	km	174 ,—	175 1 = Ja

39 Arbeitgeberleistungen lt. Nr. 17 und 18 der Lohnsteuerbescheinigung und von der Agentur für Arbeit gezahlte Fahrtkostenzuschüsse — steuerfrei ersetzt 290 EUR ,— pauschal besteuert 295 EUR ,—

Beiträge zu Berufsverbänden (Bezeichnung der Verbände)

40 GEWERKSCHAFTSBEITRAG 310 96,—

Aufwendungen für Arbeitsmittel – soweit nicht steuerfrei ersetzt – (Art der Arbeitsmittel bitte einzeln angeben.)

Zeile		EUR		
41	FACHBÜCHER	140,—		
42	ABSCHREIBUNG PC	+ 350,—	320	490,—

Aufwendungen für ein häusliches Arbeitszimmer

43 325 ,—

Fortbildungskosten – soweit nicht steuerfrei ersetzt –

44 330 ,—

Weitere Werbungskosten – soweit nicht steuerfrei ersetzt –

Flug- und Fährkosten bei Wegen zwischen Wohnung und erster Tätigkeitsstätte / Sammelpunkt / weiträumigem Tätigkeitsgebiet

45 ,—

Sonstiges (z. B. Bewerbungskosten, Kontoführungsgebühren)

Zeile				
46	KONTOFÜHRUNGSGEBÜHR	+ 16,—		
47		+ ,—		
48		+ ,—	▶ 380	16,—

Reisekosten bei beruflich veranlassten Auswärtstätigkeiten

49 Die Fahrten wurden ganz oder teilweise mit einem Firmenwagen oder im Rahmen einer unentgeltlichen Sammelbeförderung des Arbeitgebers durchgeführt — 401 2 (1 = Ja, 2 = Nein)

– Falls „Ja": Für die Fahrten mit Firmenwagen oder Sammelbeförderung dürfen mangels Aufwands keine Eintragungen zu Fahrtkosten in Zeile 50 vorgenommen werden. –

Fahrt- und Übernachtungskosten, Reisenebenkosten

50 MESSEBESUCHE (SIEHE ANLAGE) 410 290,—

51 **Vom Arbeitgeber steuerfrei ersetzt** 420 ,—

Pauschbeträge für Mehraufwendungen für Verpflegung

Bei einer Auswärtstätigkeit im Inland:

Zeile		Kz		
52	Abwesenheit von mehr als 8 Stunden (bei Auswärtstätigkeit ohne Übernachtung)	470	2	Anzahl der Tage
53	An- und Abreisetage (bei einer mehrtägigen Auswärtstätigkeit mit Übernachtung)	471	2	Anzahl der Tage
54	Abwesenheit von 24 Stunden	472	3	Anzahl der Tage
55	Kürzungsbeträge wegen Mahlzeitengestellung (eigene Zuzahlungen sind ggf. gegenzurechnen)	473	,—	
56	Bei einer Auswärtstätigkeit im Ausland (Berechnung bitte in einer gesonderten Aufstellung):	474	96,—	
57	**Vom Arbeitgeber steuerfrei ersetzt**	490	,—	

Mehraufwendungen für doppelte Haushaltsführung

Allgemeine Angaben

61 Der doppelte Haushalt wurde aus beruflichem Anlass begründet — 501 am T T M M J J J J

Grund

62

63 Der doppelte Haushalt hat seitdem ununterbrochen bestanden — 502 bis T T M M 2016

Beschäftigungsort (PLZ, Ort, Staat – falls im Ausland und abweichend vom Staat, in dem der doppelte Haushalt liegt –)

64

65 Der doppelte Haushalt liegt im Ausland 507 1 = Ja — Staat

66 Es liegt ein **eigener Hausstand** am Lebensmittelpunkt vor Falls ja, in — 503 1 = Ja 2 = Nein

(PLZ, Ort)

67 — 504 seit T T M M J J J J

68 Der Begründung des doppelten Haushalts ist eine Auswärtstätigkeit am selben Beschäftigungsort unmittelbar vorausgegangen — 505 1 = Ja

69 Anstelle der Mehraufwendungen für doppelte Haushaltsführung werden in den Zeilen 31 bis 39 Fahrtkosten für **mehr** als eine Heimfahrt wöchentlich geltend gemacht — 506 1 = Ja

– Wird die Zeile 69 mit „Ja" beantwortet, sind Eintragungen in den Zeilen 70 bis 85 nicht vorzunehmen. –

Fahrtkosten

70 Die Fahrten wurden mit einem **Firmenwagen** oder im Rahmen einer unentgeltlichen **Sammelbeförderung** des Arbeitgebers durchgeführt — 510 1 = Ja, insgesamt 2 = Nein 3 = Ja, teilweise

– Soweit die Zeile 70 mit „Ja, insgesamt" beantwortet wird, sind Eintragungen in den Zeilen 71, 72, 74 und 76 nicht vorzunehmen. Bei „Ja, teilweise" sind Eintragungen in diesen Zeilen nur für die mit dem eigenen oder zur Nutzung überlassenen privaten Fahrzeug durchgeführten Fahrten vorzunehmen. –

Erste Fahrt zum Ort der ersten Tätigkeitsstätte und letzte Fahrt zum eigenen Hausstand

71 mit privatem Kfz 511 gefahrene km — Kilometersatz bei Einzelnachweis (Berechnung bitte in einer gesonderten Aufstellung) 512 EUR , Ct

72 mit privatem Motorrad / Motorroller 522 gefahrene km — Kilometersatz bei Einzelnachweis (Berechnung bitte in einer gesonderten Aufstellung) 523 EUR , Ct

73 mit öffentlichen Verkehrsmitteln oder entgeltlicher Sammelbeförderung (lt. Nachweis) — 513 EUR ,—

Wöchentliche Heimfahrten

74 einfache Entfernung (ohne Flugstrecken) 514 km — 515 Anzahl

75 Kosten für öffentliche Verkehrsmittel (lt. Nachweis – ohne Flug- und Fährkosten) — 516 EUR ,—

Nur bei Behinderungsgrad von mindestens 70 oder mindestens 50 und Merkzeichen „G"

76 einfache Entfernung (ohne Flugstrecken) 524 km — davon mit privatem Kfz zurückgelegt 517 km — 518 Anzahl — Kilometersatz bei Einzelnachweis (Berechnung bitte in einer gesonderten Aufstellung) 519 EUR , Ct

77 Kosten für öffentliche Verkehrsmittel (lt. Nachweis – ohne Flug- und Fährkosten) — 520 EUR ,—

78 Flug- und Fährkosten (zu den Zeilen 74 bis 77) oder Kosten für entgeltliche Sammelbeförderung für Heimfahrten (lt. Nachweis) — 521 ,—

Kosten der Unterkunft am Ort der ersten Tätigkeitsstätte

79 Aufwendungen lt. Nachweis (z. B. Miete einschließlich Stellplatz- / Garagenkosten, Nebenkosten, Abschreibungen und Ausstattungskosten) — 530 ,—

80 Größe der Zweitwohnung des doppelten Haushalts im Ausland — 531 m^2

Pauschbeträge für Mehraufwendungen für Verpflegung

Die Verpflegungsmehraufwendungen lt. Zeilen 81 bis 84 können nur für einen Zeitraum von 3 Monaten nach Bezug der Unterkunft am Ort der ersten Tätigkeitsstätte geltend gemacht werden; geht der doppelten Haushaltsführung eine Auswärtstätigkeit voraus, ist dieser Zeitraum auf den Dreimonatszeitraum anzurechnen.

Bei einer doppelten Haushaltsführung im Inland:

81 An- und Abreisetage — 541 Anzahl der Tage

82 Abwesenheit von 24 Stunden — 542 Anzahl der Tage

83 Kürzungsbetrag wegen Mahlzeitengestellung (eigene Zuzahlungen sind ggf. gegenzurechnen) — 544 EUR ,—

84 Bei einer doppelten Haushaltsführung im Ausland (Berechnung bitte in einer gesonderten Aufstellung) — 543 ,—

Sonstige Aufwendungen (z. B. Kosten für den Umzug, jedoch ohne Kosten der Unterkunft)

85 — 550 ,—

86 Summe der Mehraufwendungen für **weitere** doppelte Haushaltsführungen (Berechnung bitte in einer gesonderten Aufstellung) — 551 ,—

87 **Vom Arbeitgeber / von der Agentur für Arbeit insgesamt steuerfrei ersetzt** — 590 ,—

Werbungskosten in Sonderfällen

– Die in den Zeilen 91 bis 94 erklärten Werbungskosten dürfen nicht in den Zeilen 31 bis 87 enthalten sein –

Zeile		Kz	EUR
	Werbungskosten zu steuerbegünstigten Versorgungsbezügen lt. Zeile 11 Art der Aufwendungen		
91		682	,—
	Werbungskosten zu steuerbegünstigten Versorgungsbezügen für mehrere Jahre lt. Zeile 16 Art der Aufwendungen		
92		659	,—
	Werbungskosten zu Entschädigungen / Arbeitslohn für mehrere Jahre lt. Zeile 17 Art der Aufwendungen		
93		660	,—
94	Werbungskosten zu steuerfreiem Arbeitslohn lt. Zeile 21 und 22 **(Übertrag** aus den Zeilen 75 und 82 der ersten Anlage N-AUS)	657	,—
	Werbungskosten zu steuerpflichtigem Arbeitslohn, von dem kein Steuerabzug vorgenommen worden ist lt. Zeile 20 – in den Zeilen 31 bis 87 enthalten – Art der Aufwendungen		
95		656	,—
96	Werbungskosten zu Arbeitslohn für eine Tätigkeit im Inland, wenn ein weiterer Wohnsitz in Belgien vorhanden ist – in den Zeilen 31 bis 87 enthalten –	675	,—

Begriffsübersicht von A–Z

Alters- sowie Versorgungsbezüge tragen verschiedene und manchmal auch ziemlich verwirrende Bezeichnungen. Meist sind sie mit den Begriffen „Rente" oder „Pension" verbunden. Die folgende Übersicht listet Bezeichnungen in alphabetischer Reihenfolge auf, die in diesem Zusammenhang häufig verwendet werden. Sie konzentriert sich dabei vor allem auf die steuerliche Seite der aufgeführten Schlagworte. Außerdem geht es darum, welche Konsequenzen sich für die Steuererklärung ergeben können. Alle blau gedruckten Begriffe werden in dieser Begriffsübersicht erläutert.

AKA-Rente: Das sind Bezüge aus kommunalen und kirchlichen Zusatzversorgungskassen. Die Abkürzung geht auf die „Arbeitsgemeinschaft kommunale und kirchliche Altersversorgung" zurück. Die AKA-Rente wird vor allem als Zusatzversorgung an ehemalige Mitarbeiter kommunaler und kirchlicher Einrichtungen beziehungsweise an ihre Hinterbliebenen gezahlt. Die Besteuerung richtet sich nach der Art und Weise der vorausgegangenen Einzahlung. So werden Rentenzahlungen, für die der Arbeitgeber pauschal besteuerte Leistungen eingezahlt hat, mit dem Ertragsanteil besteuert (→ Seite 146). Gleiches gilt für Rentenzahlungen, die auf Pflichtbeiträgen beruhen, die Arbeitnehmer aus eigenem versteuertem Einkommen eingezahlt haben. Wenn Arbeitnehmer Teile ihres Gehalts steuer- und sozialabgabenfrei umgewandelt und als Beiträge in ihre AKA-Rente eingezahlt haben, sind so entstandene Rentenzahlungen voll steuerpflichtig. Steuerpflicht gilt auch für Rentenzahlungen, für die in der Einzahlungsphase die Riester-Förderung in Anspruch genommen wurde. Was wie zu versteuern ist, ergibt sich aus der Leistungsmitteilung des Versicherungsträgers und wird von dort in die Anlage R übernommen (→ Seite 116).

Altersrente: Das sind Zahlungen wegen Alters vor allem aus der gesetzlichen Rentenversicherung. Die wichtigste Form ist die Regelaltersrente für Menschen ab 65. Andere Formen der Altersrente sind zum Beispiel die vorgezogenen Renten für langjährig Versicherte, für Frauen, wegen Arbeitslosigkeit, für Schwerbehinderte und nach Altersteilzeit. Die Altersrente wird häufig auch als gesetzliche Rente, Sozialversicherungsrente oder als Versichertenrente bezeichnet. Steuerlich werden die verschiedenen Formen der Altersrente gleich behandelt. Es gibt einen steuerfreien und einen steuerpflichtigen Teil. Die genaue Aufteilung richtet sich seit 2005 nach dem Jahr des Rentenbeginns. Wer 2005 oder früher in Rente ging, muss 50 Prozent seiner Altersrente versteuern. Die andere Hälfte bleibt steuerfrei. Rentenbeginn im Jahr 2006 bedeutete 52 Prozent Steuerpflicht, 2016 müssen Neurentner 72 Prozent versteuern. Für jeden neuen Rentnerjahrgang erhöht sich der steuerpflichtige Anteil (→ Seite 145). Der bei Renteneintritt festgelegte steuerfreie Euro-Betrag bleibt lebenslang erhalten. Der Rentenbetrag wird in die Anlage R eingetragen.

Auslandsrente: Die Besteuerung deutscher Altersbezüge im Ausland ist nicht einheitlich geregelt. Sie erfolgt in Abhängigkeit von einer ganzen Reihe von Faktoren, zum Beispiel von der Aufenthaltsdauer im Ausland, vom konkreten Aufenthaltsland, von der Art des Altersbezugs, von den zwischenstaatlichen Vereinbarungen zwischen Deutschland und dem Aufenthaltsland oder von zusätzlichen Einkünften. Deshalb sollten Rentner und Pensionäre, die ganz oder teilweise ins Ausland übersiedeln wollen, nicht nur die damit verbundenen rentenrechtlichen Fragen klären, sondern sich auch rechtzeitig über die steuerlichen Konsequenzen informieren. Gleiches kann sich auch für Ruheständler lohnen, die in Deutschland Zahlungen ausländischer Versorgungsträger erhalten, etwa aus der Schweiz oder aus Frankreich. So kann es erhebliche steuerliche Auswirkungen haben, ob eine ausländische Versorgungszahlung in Deutschland wie eine **Altersrente** oder wie eine **Pension** behandelt wird oder ob sie steuerfrei bleibt (→ Seite 66 und 72). Für die Besteuerung im Ausland lebender Rentner, die keine weiteren deutschen Einkünfte haben, ist bundesweit das Finanzamt Neubrandenburg zuständig. Übrigens werden auch die gut eine halbe Million ins Ausland gezahlten Renten an die Finanzverwaltung gemeldet.

Basisrente: Das ist eine monatliche lebenslange Rente aus einer privaten Rentenversicherung. Sie wurde 2005 eingeführt. Bekannter ist die Basisrente unter dem Begriff „Rürup-Rente", benannt nach dem Wirtschaftswissenschaftler Professor Bert Rürup. Die Beiträge zu einer Basisrente dürfen grundsätzlich als Sonderausgaben abgesetzt werden. Die Basisrente gibt es frühestens ab 60 und sie unterliegt einer Reihe von Bedingungen, zum Beispiel ist sie weder vererbbar noch beleihbar. Wurde der Vertrag 2012 oder später abgeschlossen, erfolgt die Rentenzahlung frühestens ab dem 62. Geburtstag. Zahlungen aus der Basisrente sind bisher eher selten, da es diese Versicherung erst seit 2005 gibt. Die Rente ist ebenso steuerpflichtig wie die **Altersrente** (siehe dort). Ihr steuerpflichtiger Anteil richtet sich nach dem Jahr des Rentenbeginns (→ Seite 145). Der Rentenbetrag wird in die Anlage R eingetragen.

Beamtenpension: siehe **Pension**

Berufsunfähigkeitsrente: siehe **Erwerbsminderungsrente**

Betriebliche Altersversorgung: Betriebliche Altersversorgung ist ein Sammelbegriff für alle Leistungen, die Rentner und Pensionäre (und ihre Hinterbliebenen) im Zusammenhang mit einer früheren Erwerbstätigkeit erhalten. Darunter fallen Leistungen, die ausschließlich oder teilweise vom Arbeitgeber beziehungsweise vom Arbeitnehmer finanziert wurden. Es gibt fünf Formen oder „Durchführungswege" der betrieblichen Altersversorgung: **Direktzusage, Unterstützungskasse, Pensionskasse, Direktversicherung** und **Pensionsfonds**. Die Besteuerung von Leistungen aus der betrieblichen Altersversorgung ist nicht einheitlich. Je nach Form, Finanzierung und Förderung sind die Leistungen entweder voll oder mit dem Ertragsanteil (→ Seite 146) oder gar nicht steuerpflichtig. Was wie zu versteuern ist, ergibt sich in der Regel aus der Leistungsmitteilung des Versicherungsträgers. Daraus geht hervor, was auf welches Steuerformular gehört. Wenn in diesem Zusammenhang Unklarheiten auftreten, kann es zweckmäßig sein, beim Versicherungsträger oder beim Finanzamt nachzufragen.

Betriebspension: siehe **Pension**

Betriebsrente: Betriebsrente ist ein umgangssprachlich sehr häufig gebrauchter Sammelbegriff für alle Arten der Altersversorgung, die aus einer früheren Erwerbstätigkeit stammen. Er bezeichnet Renten ebenso wie Pensionen und andere Zahlungen und damit Altersbezüge, die steuerlich sehr unterschiedlich behandelt werden. Deshalb kommt der Begriff Betriebsrente in diesem Ratgeber, der sich auf die verschiedenen steuerlichen Aspekte der Altersversorgung konzentriert, eher selten vor (siehe **betriebliche Altersversorgung**).

Direktversicherung: Die Direktversicherung ist die wohl unbürokratischste Form der **betrieblichen Altersversorgung**. Es handelt sich um eine **Lebensversicherung**, die der Arbeitgeber für den Arbeitnehmer abschließt. In Versicherungsverträge, die vor 2005 abgeschlossen wurden, dürfen jährlich bis zu 1752 Euro eingezahlt werden, die der Arbeitgeber pauschal versteuert, bei bestimmten Gruppenverträgen erhöht sich diese Grenze auf 2148 Euro. Für Neuverträge ab 2005 entfällt die Möglichkeit einer Pauschalbesteuerung. Die Erträge einer Direktversicherung sind entweder voll, teilweise oder gar nicht steuerpflichtig. Hat der Arbeitgeber die Beiträge pauschal versteuert, muss der Arbeitnehmer Rentenzahlungen mit dem Ertragsanteil versteuern (→ Seite 146). Erfolgt die Auszahlung als Kapitalabfindung „auf einen Schlag", kann sie steuerfrei sein, wenn der Vertrag vor 2005 abgeschlossen wurde, mindestens 12 Jahre gelaufen ist und einige weitere Bedingungen erfüllt sind (siehe **Lebensversicherung**). Wenn in der Einzahlungsphase die Riester-Förderung gewährt wurde, sind die Auszahlungen voll steuerpflichtig (→ Seite 76). Volle Steuerpflicht gilt auch bei Nutzung der sogenannten Entgeltumwandlung. Das bedeutet hier die Umwandlung von Arbeitslohn in Beiträge zu einer Direktversicherung. Dabei dürfen derzeit bis zu vier Prozent der Beitragsbemessungsgrenze in der gesetzlichen Rentenversicherung steuer- und abgabenfrei bleiben. Das entsprach 2016 einem Betrag von 2976 Euro im Jahr. Zusätzlich können pro Jahr bis zu 1800 Euro steuerfrei, aber sozialabgabenpflichtig eingezahlt werden. Entscheidend für die Eintragung in die Steuererklärung ist, was auf der Leistungsmitteilung des Rentenversicherungsträgers steht (→ Seite 116).

Direktzusage: Die Direktzusage ist die weitaus häufigste Form der betrieblichen Altersversorgung. Der Arbeitgeber verpflichtet sich, dem Arbeitnehmer beziehungsweise dessen Hinterbliebenen eine zuvor vereinbarte Leistung zu zahlen. In der Regel ist das eine Altersrente oder eine Hinterbliebenenrente. Wenn der Arbeitgeber die Beiträge allein übernimmt, sind sie ohne Begrenzung in der Höhe steuer- und abgabenfrei. Es können aber auch Gehaltsteile des Arbeitnehmers in Beiträge umgewandelt werden. Die bleiben ebenfalls unbegrenzt steuerfrei. Die Freiheit von Sozialabgaben endet allerdings bei vier Prozent der Beitragsbemessungsgrenze in der gesetzlichen Rentenversicherung. Das entsprach 2016 einem Betrag von 2976 Euro im Jahr. Eine Riester-Förderung ist nicht möglich. Durch die Möglichkeit des Arbeitgebers, relativ hohe Beiträge steuer- und sozialversicherungsfrei einzuzahlen, wird die Direktzusage häufig als Absicherung für Führungskräfte genutzt. Bei einem Wechsel des Arbeitgebers kann sie allerdings selten fortgeführt werden. Leistungen aus einer Direktzusage werden grundsätzlich wie Arbeitslohn besteuert (siehe **Pension**). Das Finanzamt berücksichtigt den Versorgungsfreibetrag, den Zuschlag zum Versorgungsfreibetrag (→ Seite 153) und die Werbungskostenpauschale von 102 Euro. Die Leistungen gehören auf die Anlage N.

Erwerbsminderungsrente: Erwerbsminderungsrenten sind Zahlungen, die das Einkommen ersetzen, wenn die Erwerbsfähigkeit ganz oder teilweise weggefallen ist. Gezahlt wird längstens bis zum 65. Geburtstag. Danach erfolgt die Umwandlung in eine Altersrente. Ab 2001 wurde das System der gesetzlichen Berufs- und Erwerbsunfähigkeitsrenten durch Erwerbsminderungsrenten abgelöst. Eine Erwerbsminderungsrente aus der gesetzlichen Rentenversicherung wird seit 2005 wie eine **Altersrente** besteuert. Je nach Jahr des Rentenbeginns sind mindestens 50 Prozent der Rente steuerpflichtig. Das gilt auch für bereits bestehende Renten und bedeutet für die Betroffenen in der Regel eine deutliche Erhöhung ihres steuerpflichtigen Rententeils. Die Besteuerung privater Erwerbsminderungsrenten erfolgt mit dem Ertragsanteil. Das bringt seit 2005 sogar eine Steuerentlastung, denn der Ertragsanteil wurde abgesenkt (→ Seite 146). Gesetzliche und private Erwerbsminderungsrenten gehören in die Anlage R.

Erwerbsunfähigkeitsrente: siehe **Erwerbsminderungsrente**

Gesetzliche Rente: siehe **Altersrente**

Hinterbliebenenrente: Hinterbliebenenrenten sind Leistungen an nächste Angehörige eines Verstorbenen. Die wichtigsten Formen sind **die Witwen-/Witwerrente** und die **Waisenrente** aus der gesetzlichen Rentenversicherung. Die Hinterbliebenenrente aus der gesetzlichen Versicherung wird steuerlich wie Altersrente behandelt (→ Seite 145). Das gilt für zeitlich begrenzte Renten, zum Beispiel Waisenrenten, ebenso wie für lebenslange Renten. Hatte der Verstorbene selbst bereits eine Rente aus der gesetzlichen Rentenversicherung bezogen, ist für die Höhe des steuerpflichtigen Anteils einer Hinterbliebenenrente nicht das Jahr des Beginns der Hinterbliebenenrente maßgeblich, sondern das frühere Jahr des Rentenbeginns des Verstorbenen. Das ist für den Betroffenen steuerlich in der Regel das günstigere Jahr, weil der steuerpflichtige Rentenanteil seit 2005 mit jedem neuen Jahr wächst (→ Beispiele Seite 73 bis 74).

Kapitallebensversicherung: siehe **Lebensversicherung**

Kriegsdienstbeschädigtenrente: siehe **Steuerfreie Rente**

Lebensversicherung: Leistungen privater Lebens- und Rentenversicherungen gehören für viele Menschen zur Altersversorgung. Die Auszahlung einer Lebensversicherung kann als Kapitalabfindung „auf einen Schlag", in Form von Raten oder als Rentenzahlung erfolgen. Lebensversicherungen, die vor 2005 abgeschlossen wurden, bleiben als Kapitalabfindung unter bestimmten Voraussetzungen steuerfrei, zum Beispiel, wenn sie mindestens zwölf Jahre gelaufen sind und mindestens fünf Jahre Beiträge gezahlt wurden.

Kapitalabfindungen aus Lebensversicherungen, die seit 2005 abgeschlossen wurden, sind nicht mehr steuerfrei. Erfolgt die Auszahlung nach mindestens 12 Jahren Laufzeit und frühestens nach dem 60. Geburtstag, kann die Hälfte der Erträge steuerfrei sein. Wurde der Vertrag 2012 oder später abgeschlossen, gilt das frühestens ab dem 62. Geburtstag. Wenn anstelle der Auszahlung der Gesamtsumme eine Rente vereinbart wurde, sind die Rentenzahlungen mit dem Ertragsanteil steuerpflichtig, und zwar unabhängig davon, ob der Vertrag vor oder nach 2005 abgeschlossen wurde (→ Seite 146). Die Zahlungen gehören auf die Anlage R. Wenn eine Voraussetzung der Steuerbegünstigung nicht erfüllt wurde, zum Beispiel die Mindestlaufzeit von 12 Jahren, werden die Erträge der Lebensversicherung voll steuerpflichtig und gehören als Kapitaleinkünfte auf die Anlage KAP.

Leibrente: Leibrente ist ein häufig genutzter Begriff für Rentenzahlungen, die regelmäßig (meist monatlich) in gleicher Höhe fließen, zum Beispiel als **Altersrente** oder als **Hinterbliebenenrente** aus der gesetzlichen Rentenversicherung. Eine Leibrente gibt es aber auch in Form einer **Privatrente**. Leibrenten werden bis zum Lebensende gezahlt oder als sogenannte abgekürzte Leibrente auf eine Höchstlaufzeit beschränkt. Das kann zum Beispiel eine private **Erwerbsminderungsrente** sein, die bis zum regulären Rentenbeginn läuft. Eine Leibrente aus der gesetzlichen Versicherung wird steuerlich wie eine **Altersrente** behandelt. Private Leibrenten sind mit dem Ertragsanteil steuerpflichtig.

Mütterrente: Der Begriff ist ein Schlagwort für die bessere rentenrechtliche Anerkennung von Kindererziehungszeiten für Mütter und Väter von Kindern, die vor 1992 geboren wurden. Diesen Eltern werden seit dem 1. Juli 2014 bei der Rentenberechnung zwei Jahre Kindererziehungszeit gutgeschrieben. Vorher war es nur ein Jahr. Das bedeutete zum 1. Juli 2014 eine Erhöhung der Monatsrente pro Kind um 28,61 Euro in den alten Bundesländern und 26,39 Euro in den neuen. Eltern mit später geborenen Kindern erhalten unverändert drei Jahre Kindererziehungszeit (→ Seite 34).

Pension: Unter dem Begriff Pension werden landläufig Alters- und Hinterbliebenenbezüge von Beamten, Richtern und Berufssoldaten verstanden. Es sind in jedem Fall Zahlungen, die unmittelbar vom früheren Arbeitgeber geleistet werden. Es gibt solche Altersbezüge aber nicht nur im öffentlichen Dienst, sondern auch in der privaten Wirtschaft, zum Beispiel, wenn der Arbeitgeber seinen Beschäftigten ein von ihm finanziertes Ruhegehalt zahlt (siehe **Direktzusage**). In der privaten Wirtschaft kann diese Versorgungsleistung ganz unterschiedliche Bezeichnungen haben, zum Beispiel Werkspension, Betriebspension oder **Betriebsrente**. Sie wird steuerlich grundsätzlich wie eine Pension öffentlich Bediensteter behandelt. Steuererleichterungen für Werkspensionen in Form von Freibeträgen gibt es aber im Unterschied zu Beamtenpensionen in der Regel erst ab 63. Nach dem Alterseinkünftegesetz werden seit 2005 auch Pensionen härter besteuert. Auch hier sinken die Freibeträge schrittweise. Pensionen gelten steuerlich als nachträgliche Arbeitseinkünfte. Der Versorgungsfreibetrag, der Zuschlag zum Versorgungsfreibetrag (→ Seite 153) und die Werbungskostenpauschale von 102 Euro werden vom Finanzamt berücksichtigt. Pensionszahlungen gehören nicht auf die Anlage R, sondern auf die Anlage N.

Pensionsfonds: Pensionsfonds sind in Deutschland seit 2002 als jüngste Form der **betrieblichen Altersversorgung** zugelassen. Es handelt sich um selbstständige Unternehmen, die gegen Beitragszahlung eine lebenslange kapitalgedeckte Altersversorgung anbieten und garantieren. Sie sind aber keine Versicherungsunternehmen und dürfen ihr Vermögen folglich ohne die Einschränkungen anlegen, die für Versicherungsunternehmen gelten. So dürfen sie mehr als 35 Prozent des angesparten Kapitals in Aktien investieren, mit höheren Renditechancen und höheren Risiken als bei den anderen Formen betrieblicher Altersversorgung. Pensionsfonds können bei Arbeitgeberwechsel problemlos „mitgenommen" werden. Arbeitnehmer dürfen Gehaltsteile umwandeln und in einen Pensionsfonds einzahlen. Bis zu vier Prozent der Beitragsbemessungsgrenze in der gesetzlichen Rentenversicherung bleiben steuer- und sozialabgabenfrei. Das entsprach 2016 einem Betrag von 2 976 Euro im Jahr. Darüber hinaus können bis zu 1 800 Euro steuerfrei, aber sozialversicherungspflichtig eingezahlt werden. Für Einzahlungen aus bereits versteuertem Geld ist eine Riester-Förderung möglich. Rentenzahlungen sind in diesem Fall voll steuerpflichtig. Eine Auszahlung als Kapitalabfindung ist grundsätzlich nicht möglich. Eine Ausnahme erlaubt aber unter bestimmten Voraussetzungen die Auszahlung von 30 Prozent des angesparten Vermögens bei Rentenbeginn. Die Bezüge aus Pensionsfonds gehören auf die Anlage R.

Pensionskasse: Pensionskassen sind spezielle Versicherungsunternehmen. Sie organisieren die betriebliche Altersversorgung entweder für ein größeres Unternehmen als „klassische Pensionskasse" oder für mehrere Unternehmen als „offene Pensionskasse". Die Finanzierung erfolgt durch Einzahlungen des Arbeitgebers, des Arbeitnehmers und durch Erträge, die die Pensionskasse erwirtschaftet hat. Die Umwandlung von Arbeitslohn in Beiträge zu einer Pensionskasse ist möglich. Dabei dürfen derzeit bis zu vier Prozent der Beitragsbemessungsgrenze in der gesetzlichen Rentenversicherung steuer- und sozialversicherungsfrei bleiben. Das entsprach 2016 einem Betrag von 2 976 Euro im Jahr. Zusätzlich können bis zu 1 800 Euro steuerfrei, aber sozialversicherungspflichtig eingezahlt werden. Alternativ ist die Riester-Förderung nutzbar. Hat der Arbeitgeber die Beiträge pauschal versteuert, sind Rentenzahlungen mit dem Ertragsanteil steuerpflichtig (→ Seite 146). Erfolgt die Auszahlung als Kapitalabfindung „auf einen Schlag", kann sie steuerfrei sein, wenn der Vertrag vor 2005 abgeschlossen wurde, mindestens 12 Jahre gelaufen ist und einige weitere Bedingungen erfüllt sind (siehe **Lebensversicherung**). Wurde die Riester-Förderung oder die steuerlich geförderte Entgeltumwandlung genutzt, sind die Auszahlungen voll steuerpflichtig. Entscheidend für die Eintragung in die Steuererklärung ist, was auf der Leistungsmitteilung der Pensionskasse steht (→ Seite 116).

Pensionszusage: siehe **Direktzusage**

Privatrente: Privatrenten sind Leistungen, die auf der Grundlage privater Vereinbarungen gezahlt werden. Beispielsweise gibt es Privatrenten als Gegenleistung für den Verkauf eines Grundstücks oder im Zusammenhang mit Vermögensübertragungen in der Familie. Privatrenten haben ganz unterschiedliche steuerliche Folgen und ihre Vereinbarung erfordert in der Regel professionellen steuerlichen Beistand. Erhält jemand von einem Verwandten oder Bekannten eine private Rente ohne Gegenleistung, ist sie als Unterhaltsleistung einkommensteuerfrei. Eventuelle erbschaft- und schenkungsteuerliche Folgen sind dabei allerdings immer mit einzukalkulieren. Erfolgt die Zahlung einer Privatrente als kaufmännisch kalkulierte Gegenleistung für den Verkauf eines Grundstücks oder anderer Vermögenswerte, ist die Rente mit dem Ertragsanteil steuerpflichtig (→ Seite 146). Wird im Ergebnis einer Vermögensübertragung unter Angehörigen eine Versorgungsleistung gezahlt, kann diese mit dem Ertragsanteil oder voll steuerpflichtig sein. Achtung: Der Gesetzgeber hat die Steuerbegünstigung von Privatrenten bei der Vermögensübertragung unter Angehörigen seit 2008 auf bestimmte Arten von Betriebsvermögen eingeschränkt. Geht es um andere Vermögensarten, kann der Zahler die Kosten nicht mehr als Sonderausgaben absetzen, der Empfänger braucht aber auch nichts mehr zu versteuern. Vor 2008 abgeschlossene Vereinbarungen werden weiter gefördert, auch wenn sie nicht auf Betriebsvermögen beruhen.

Private Rentenversicherung: siehe **Lebensversicherung**

Rente: In diesem Ratgeber wird Rente als Sammelbegriff für regelmäßig wiederkehrende Zahlungen aufgrund von

Rechtsansprüchen verwendet. Nähere Erläuterungen finden Sie unter den verschieden Formen und Arten von Renten, zum Beispiel unter **Altersrente** oder **Hinterbliebenenrente**.

Regelaltersrente: siehe **Altersrente**

Riester-Rente: Die Riester-Rente ist eine staatlich geförderte Form der privaten beziehungsweise **betrieblichen Altersversorgung**. Namenspatron ist der ehemalige Bundesarbeitsminister Walter Riester. Die Förderung erfolgt durch eine sogenannte Grundzulage, die von 2002 bis 2008 von 38 Euro auf 154 Euro angestiegen ist. Wer den 25. Geburtstag noch nicht gefeiert hat, bekommt den (einmaligen) „Einsteiger-Bonus" von 200 Euro. Eltern erhalten zusätzlich eine Kinderzulage, die pro Kind von 46 Euro 2002 auf 185 Euro erhöht wurde. Für ab 2008 geborene Kinder gibt es 300 Euro Zulage. Zusätzlich berücksichtigt das Finanzamt einen Sonderausgabenabzug von maximal 2100 Euro, wenn er eine höhere Entlastung bringt als die Zulagen. Eingezahlte Beiträge sind dadurch einschließlich der Zulagen bis maximal 2100 Euro steuerfrei. Um die Förderung zu erhalten, müssen die Anlageprodukte zulagenfähig sein und dafür einige Kriterien erfüllen, so dürfen nur lebenslange Leistungen erbracht werden, und zwar frühestens ab dem 60. Geburtstag, bei ab 2012 abgeschlossenen Verträgen frühestens ab dem 62. Geburtstag. Die Auszahlungen sind voll steuerpflichtig, egal ob sie aus Riester-Verträgen der privaten oder betrieblichen Altersversorgung stammen. Sie gehören in die Anlage R. Seit 2008 wird auch die Finanzierung von selbstgenutztem Wohneigentum über Riester-Verträge stärker gefördert. Ruheständler, die im EU-Ausland leben, brauchen ihre Riester-Förderung nicht mehr zurückzuzahlen. Sie müssen die Auszahlung aber in Deutschland versteuern.

Rürup-Rente: siehe **Basisrente**

Schadensersatzrente: siehe **Steuerfreie Rente**

Schmerzensgeldrente: siehe **Steuerfreie Rente**

Sofortrente: Die Sofortrente ist eine Sonderform der privaten Altersversorgung. Der künftige Rentenempfänger zahlt an ein Versicherungsunternehmen einen größeren Betrag, und das Unternehmen beginnt sofort mit der Rentenzahlung. Die Sofortrente ist mit dem Ertragsanteil steuerpflichtig (→ Seite 146).

Sozialversicherungsrente: siehe **Altersrente**

Steuerfreie Rente: Manche Renten bleiben gemäß gesetzlichen Vorgaben steuerfrei, dazu gehören auch Renten aus der gesetzlichen Unfallversicherung (gezahlt von Berufsgenossenschaften) und Renten für Wehr- und Zivildienstgeschädigte, Kriegsbeschädigte sowie deren Hinterbliebene, Schadensersatz- und bestimmte Schmerzensgeldrenten.

Unfallrente: siehe **Steuerfreie Rente**

Unterstützungskasse: Unterstützungskassen sind häufig auch als „U-Kassen" bezeichnete eigenständige Versorgungseinrichtungen von Unternehmen und der traditionsreichste Weg der **betrieblichen Altersversorgung**. Es gibt sie bereits seit mehr als 160 Jahren. U-Kassen sind keine Versicherungsunternehmen und werden auch nicht von der Bundesanstalt für Finanzdienstleistungsaufsicht kontrolliert. Sie arbeiten eng mit dem Arbeitgeber zusammen. U-Kassen sind bei der Vermögensanlage besonders flexibel, allerdings können sie bei einem Wechsel des Arbeitgebers nur selten weitergenutzt werden. Die Finanzierung der Leistungen erfolgt durch Einzahlungen des Arbeitgebers, die Umwandlungen des Gehalts des Arbeitnehmers und durch Kapitalerträge, die von der U-Kasse erwirtschaftet worden sind. Eine Riester-Förderung ist nicht möglich. Andererseits gibt es aber keine Begrenzung der Steuer- und Abgabenfreiheit für Beiträge, die der Arbeitgeber einzahlt. Werden Gehaltsteile des Arbeitnehmers in Beitragszahlungen an eine U-Kasse umgewandelt, bleiben sie unbegrenzt steuerfrei. Die Sozialversicherungsfreiheit endet allerdings bei vier Prozent der Beitragsbemessungsgrenze in der gesetzlichen Rentenversicherung. Das entsprach 2016 einem Betrag von 2 976 Euro im Jahr. Leistungen aus einer U-Kasse werden grundsätzlich wie Arbeitslohn besteuert (siehe auch **Pension**). Das Finanzamt zieht aber den Versorgungsfreibetrag, den Zuschlag zum Versorgungsfreibetrag (→ Seite 153) und die Werbungskostenpauschale von 102 Euro ab. Die Leistungen aus der U-Kasse gehören auf die Anlage N.

VBL-Rente: Das ist eine Rente für die Beschäftigten des öffentlichen Dienstes und deren Hinterbliebene. Die Abkürzung steht für Versorgungsanstalt des

Bundes und der Länder. Die Besteuerung erfolgt unterschiedlich. Rentenzahlungen, für die der Arbeitgeber pauschal besteuerte Leistungen eingezahlt hat, werden mit dem Ertragsanteil besteuert (→ Seite 146). Gleiches gilt für Rentenzahlungen, die auf Pflichtbeiträgen beruhen, die der Arbeitnehmer aus versteuertem Einkommen eingezahlt hat. Wenn Einzahlungen über Gehaltsumwandlung oder mit Riester-Förderung liefen, sind die Auszahlungen voll steuerpflichtig. Oft muss ein einheitlicher Rentenbetrag aufgeteilt werden, weil seine einzelnen Bestandteile unterschiedlich besteuert werden. Darüber informiert die Leistungsmitteilung des Versicherungsträgers. Von dort werden die Daten in die Anlage R übernommen (→ Seite 116). Die auf der Leistungsmitteilung bescheinigten Beiträge zur Kranken- und Pflegeversicherung gehören als abzugsfähige Sonderausgaben in die Anlage Vorsorgeaufwand (→ Seite 67). Das wird von den VBL-Rentnern leider häufig vergessen!

Veräußerungsrente: siehe **Privatrente**

Versorgungswerke: Versorgungswerke sind berufsständische (oder vergleichbare) Einrichtungen, in die zum Beispiel Anwälte, Ärzte oder andere Freiberufler einzahlen. Die Werke zahlen an ihre Mitglieder und deren Angehörige im Alter oder bei Bedürftigkeit Versorgungsbezüge aus. Diese Versorgungsbezüge werden im Prinzip so besteuert wie die Altersrente. Die Höhe des steuerpflichtigen Anteils richtet sich nach dem Jahr des Versorgungsbeginns. Lag der Versorgungsbeginn 2005 oder früher, beträgt der steuerpflichtige Anteil 50 Prozent, bei Versorgungsbeginn 2016 sind es 72 Prozent (→ Seite 145). Als Ausnahme gibt es eine sogenannte Öffnungsklausel für Menschen, die bis Ende 2004 mindestens zehn Jahre lang Beiträge oberhalb des Höchstbeitrags zur gesetzlichen Rentenversicherung eingezahlt haben. Das betrifft ganz besonders Selbstständige mit einem hohen Einkommen. Als Nachweis ist eine Bescheinigung erforderlich, die das Versorgungswerk auf Antrag des Versicherten ausstellt. Die geforderten zehn Jahre müssen nicht aufeinander folgen. Gelingt der Nachweis, wird der Teil der Rente, der auf Beiträgen oberhalb der Beitragsbemessungsgrenze beruht, nur mit dem Ertragsanteil besteuert (→ Seite 74 und Seite 146).

Waisenrente: Waisenrente können Kinder Verstorbener unter bestimmten Voraussetzungen bis zum 18. Geburtstag erhalten. Wenn sie noch in der Ausbildung sind, geht das grundsätzlich auch noch bis 27. Dieses Höchstalter wurde übrigens nicht wie beim Kindergeld auf 25 verringert. Steuerlich wird die Waisenrente dem Kind zugerechnet und erhöht somit nicht das Einkommen der Witwe oder des Witwers. Seit 2005 richtet sich der steuerpflichtige Rentenanteil von Waisenrenten aus gesetzlichen Versicherungen nach dem Jahr des Rentenbeginns wie bei der Altersrente. War der Rentenbeginn 2005 oder früher, sind 50 Prozent der Rente steuerpflichtig, 2016 bedeutet 72 Prozent Steuerpflicht (→ Seite 145). Waisenrenten aus einer privaten Rentenversicherung werden mit dem Ertragsanteil versteuert (→ Seite 146).

Wehrdienstgeschädigtenrente: siehe **steuerfreie Renten**

Werkspension: siehe **Pension**

Werksrente: siehe **Pension**

Witwenrente/Witwerrente: Witwen- beziehungsweise Witwerrenten aus der gesetzlichen Versicherung werden seit 2005 einheitlich besteuert. Die Höhe des steuerpflichtigen Anteils richtet sich nach dem Jahr des Erstbezugs der Rente durch den Verstorbenen. Erfolgte die erste Zahlung 2005 oder früher, sind 50 Prozent der Rente steuerpflichtig. Floss die erste Zahlung 2016, sind es 72 Prozent. Der steuerpflichtige Rentenanteil steigt jährlich wie bei der **Altersrente** für jeden neuen Rentnerjahrgang an (→ Seite 10 und 145). Eine Kapitalabfindung anlässlich einer Wiederverheiratung bleibt steuerfrei. Wenn die neue Ehe geschieden wird, lebt die alte Witwen- beziehungsweise Witwerrente wieder auf, einschließlich des seinerzeitigen steuerpflichtigen Anteils. Witwen- und Witwerrenten aus einer privaten Rentenversicherung sind mit dem Ertragsanteil steuerpflichtig (→ Seite 146).

Zivildienstgeschädigtenrente: siehe **steuerfreie Rente**

Zusatzversorgungskassen: Zusatzversorgungskassen sind Einrichtungen des öffentlichen Dienstes des Bundes, der Länder, Kommunen, Kirchen und Sparkassen. Sie bieten die ergänzende Altersversorgung des Personals dieser Einrichtungen an. Die größte Zusatzversorgungskasse ist die Versorgungsanstalt des Bundes und der Länder (siehe **VBL-Rente** und auch **AKA-Rente**).

Stichwortverzeichnis

V

W

Z

11., aktualisierte Auflage

Stiftung Warentest
Lützowplatz 11–13
10785 Berlin
Telefon 0 30/26 31–0
Fax 0 30/26 31–25 25
www.test.de
email@stiftung-warentest.de

USt-IdNr.: DE136725570

Vorstand: Hubertus Primus
Weitere Mitglieder der Geschäftsleitung:
Dr. Holger Brackemann, Daniel Gläser

Programmleitung: Niclas Dewitz

Autor: Hans W. Fröhlich
Projektleitung: Ursula Rieth
Lektorat: Heike Plank
Mitarbeit: Ute Brandt, Karsten Treber
Korrektorat: Hartmut Schönfuß
Fachliche Unterstützung: Uwe Rauhöft
Titelentwurf: Susann Unger, Berlin

Layout: Büro Brendel, Berlin
Grafik, Satz: Ulrike Hahn, Anne-Katrin Körbi
Bildredaktion: Anne-Katrin Körbi
Bildnachweis: thinkstockphoto (Titel);
Innen: Thinkstock: Keith Brofsky (S. 7, 72), MarianVejcik (S. 7), adrian825 (S. 8, 11), moodboard (S. 15), aerogondo (S. 16), elxeneize (S. 24), IPGGutenbergUKLtd (S. 27), filmfoto (S. 30), monkeybusiness (S. 34, 44, 140), Esebene (S. 38), Wavebreakmedia Ltd (S. 54), Ivan Mikhaylov (S. 61), AnaBGD (S. 75), SarapulSar38 (S. 85), m-imagephotography (S. 103), gpointstudio (S. 106), Hongqi Zhang (S. 112), Rostislav_Sedlacek (S. 128)

Produktion: Vera Göring
Verlagsherstellung: Rita Brosius (Ltg.), Susanne Beeh
Litho: tiff.any, Berlin
Druck: Rasch Druckerei und Verlag GmbH & Co. KG, Bramsche

ISBN: 978-3-86851-391-2

Wir haben für dieses Buch 100% Recyclingpapier und mineralölfreie Druckfarben verwendet. Stiftung Warentest druckt ausschließlich in Deutschland, weil hier hohe Umweltstandards gelten und kurze Transportwege für geringe CO_2-Emissionen sorgen. Auch die Weiterverarbeitung erfolgt ausschließlich in Deutschland.